아이중심·놀이중심의
예술수업

유아동의 자율성과 상상력을 한껏 살리는
융합예술교육에 대한 이해와 실전 가이드

아이중심·놀이중심의 예술수업

1판 1쇄 발행 2020년 2월 27일   **1판 2쇄 발행** 2021년 9월 3일

지은이 김태희

펴낸이 전광철   **펴낸곳** 협동조합 착한책가게

주소 서울시 마포구 독막로 28길 10, 109동 상가 B101-957호

등록 제2015-000038호(2015년 1월 30일)

전화 02) 322-3238   **팩스** 02) 6499-8485

이메일 bonaliber@gmail.com

ISBN 979-11-90400-04-6 (03370)

- 책값은 뒤표지에 있습니다.
- 잘못된 책은 구입하신 서점에서 바꾸어 드립니다.

유아동의 자율성과 상상력을 한껏 살리는
융합예술교육에 대한 이해와 실전 가이드

아이중심·놀이중심의

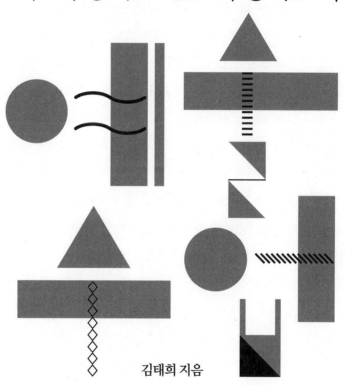

김태희 지음

COOPERATIVE
착한책가게

머리말

지난 수년간 수백 회 가까이 예술교육에 관한 강연과 자문, 컨설팅을 해왔습니다. 이전 책《행복한 인재로 키우는 예술의 힘》이 과분하게도 많은 분들에게 호응을 얻은 덕분입니다. '예술은 특별한 것이 아닌 모든 사람의 것'이라는 단순한 이야기를 한 것인데, 본능이자 집밥과 같은 예술의 생활화를 위해 유아동의 시기를 강조하다 보니 제 이야기가 어느새 학부모와 예술가, 교육과 정책에까지 닿아 있었습니다. 전문가 같은 본새로 전국을 다녔지만 그 시간 동안 보석 같은 아이들과 만나는 예술교육 현장은 보람과 확신만을 주지는 않았습니다. 현장의 여전한 갈증과 한계는 돌아오는 길마다 긴 그림자로 따라왔습니다. 저의 부족함과 한계도 자꾸 들추어내 숱한 밤을 부끄러움으로 보내기도 했습니다. 결국 현장은 고민과 궁금함에 자료를 찾고, 실험하고, 도전하고, 좌절하고, 기뻐하게끔 저를 등 떠밀었고, 이 책을 쓰는 제법 고단한 과정과 마침내 출간을 하는 용기도 갖게 해주었습니다. 글을 통해 쏟아낸 예술교육에 대한 수많은 질문과 점검, 반성은 한 명의 예술교육자인 제 자신에게 건네는 이야기이기도 합니다.

반갑게도 유아를 대상으로 하는 교육과정인 누리과정이 대폭 개정되어 2020년부터 시행됩니다. 2019년 기사를 통해 개정교육의 핵심이 '아이중심·놀이중심'이라는 것을 본 순간 무릎을 탁 쳤습니다. 지난 몇 년 동안 유아예술교육 분야를 더욱 확장하고자 정부와 지자체의 유아문화예술교육 컨설턴트와 교육자로 활동하기도 했고, 예술과 놀이를 통한 유아교육 센터를 운영해보기도 하였습니다. 그 때마다 '유아예술교육만큼은 이러해야 하는데….'라고 혀끝에서 맴돌기만 하던 것들이 '아이중심·놀이중심'의 개념으로 명확히 정리가 된 것입니다. 가장 자유로운 상상의 시기를 보내는 '유아'와 정답이 없는 창조적 영역 '예술', 여기에 국가의 미래상이라 할 수 있는 교육철학이 '아이중심·놀이중심'이라니! 마치 어떤 막강한 슈퍼 파워의 생명체라도 만난 것만 같은 느낌이었습니다.

그순간 당연히 지금까지 해오던 기능중심, 교사중심 예술교육의 틀을 과감하게 깨뜨려보고 싶은 마음이 들었지요. 위에서 내려다보는 교사, 결과를 내야만 하는 예술, 교재와 교안에 의존하는 수업을 제대로 내다버리고 싶었습니다. 예술교사의 창의적 사고와 내적 성장을 옹호하면서 당당하게 이를 실천하는 방법을 찾아가고자 하였습니다. 아이 자체를 온전한 인격체이자 최고의 예술가로서 인정하고, 아이 내면의 힘과 아이가 배움을 얻는 최고의 방법인 놀이의 힘을 적극 지지하고자 하였습니다. 그런 마음과 연구과정을 꾹꾹 담아 이 책을 썼습니다.

그러다 보니 이 책은 기존의 예술교육 책과는 달리 이상하고 불친절한 책이 되었습니다. 예술수업에 대해 말하면서 그 흔한 교안 하나, 사례 하나, 심지어 수업사진 한 장 찾아볼 수 없기 때문입니다. 유아예술 놀이를 전문으로 하는 센터를 운영했는데 교안 하나 사진 한 장이 없어서일까요? 아닙니다. 오히려 그런 것 때문에 교사의 창의성을 가두게 될까 봐, 또다시 교안에 의존하게 될까 봐, 교사 스스로의 사고를 멈출까 봐, 사례만 가져다 쓰고 핵심은 보지 않을까 봐, 책의 교안을 정답처럼 여길까 봐, 사진을 보고 비교하거나 한정지어 버릴까 봐, 교안 때문에 책을 살까 봐, 그래서 교사와 아이의 상상력과 창의력이 함께 발휘되어야 하는 '아이중심·놀이중심'의 예술교육이 또다시 실패하게 될까 봐 고민에 고민을 거듭했습니다. 글만으로 창의적인 수업 방법을 전달하는 것이 결코 쉽지는 않겠지만 예술교사들이 교안에 의존하지 않고 스스로 상상하고 사고하는 힘만큼은 반드시 키울 수 있기를 바랐습니다.

더불어 이 책이 '아이중심·놀이중심'을 강조하다 보니 '예술의 힘' 자체를 강조하던 제가 개정된 누리과정의 유행을 좇거나 섣부른 제안을 하는 것처럼 보이지 않을까 하는 우려도 듭니다. '아이중심·놀이중심 교육'은 유아교육 사상사에서도 중요한 영역이고 지금까지도 수많은 연구를 통해 유아예술교육 최적의 목적과 방법으로서 증명되고 있음에도 말입니다. 그러나 만약 '아이중심·놀이중심 교육'이 정말 한때의 정책적 구호이거나 한철 교육적 유행에 지나지 않는다 하더라도 그 또한 괜찮습니다. 이 유행을 통해, 또 이 책을 통해 아이중심·놀이중심의 예술교육에 대한 관심과 논의가 조금이라도 확산될 수 있다면 그것만으로도 무척 기쁘고 다행인 일입니다.

예술은 아주 어린 시절부터 저를 키워왔습니다. 부유하지는 않았지만 예술이 집밥처럼 자연스러운 가정에서 자랐고, 중요한 성장의 시기마다 멋진 예술교사들을 만났습니다. 그들을 통해 예술작품을 즐기고 향유하며 표현하는 것을 배웠습니다. 삶이 마치 예술과 같아서 하나의 작품을 위해 긴 시간, 지루한 시간을 거쳐야 한다는 것, 삶에는 환하게 빛나는 순간과 불이 꺼지는 순간이 함께 있다는 것도 배웠지요. 일을 할 때나 문제가 생겼을 때 예술에서와 같은 창의적 생각이 유용하며, 돌아와 혼자 쉴 때마저도 예술이 친구이자 위로가 된다는 것도 배웠습니다. 예술의 힘은 어쩌면 제게 삶의 힘 그 자체인 것입니다.

그래서 저는 예술에게도, 예술의 힘을 아직 만나지 못한 아이들에게도 보이지 않는 빚을 지고 있다고 생각합니다. 그 빚을 제 온 삶을 통해 갚아나가야 하는데, 글쎄 예술은 지금 이 순간에도 다시 음악으로, 영화로, 그림으로, 시로, 계절과 자연, 사람과 삶의 모든 아름다운 것으로 저에게 위로와 풍요를 주고 또 주기만 합니다. 부디 이 책을 통해 조금이나마 그 부채감과 고마움을 갚을 수 있기를 바라며, 책이 나올 수 있게 도와준 착한책가게 식구들과 이성숙 이사님, 바라예술성장연구소의 소중한 파트너들, 그리고 예술의 힘을 키워

주신 부모님과 늘 내편인 나의 가족들에게 감사드립니다.

더불어 오늘도 아이들과 놀이와 예술로 북적대는 교실에서 땀 흘리며, 울고, 웃고, 좌절하다, 또다시 일어나기를 반복하는 우리 모든 예술교육자들에게 가장 큰 존경과 감사의 마음을 전하고 싶습니다. 우리가 키우는 것은 단지 작은 아이가 아닌, 나라와 세계의 미래, 그 자체이기에 함께 예술로 뛰어노는 오늘의 시간은 결코 헛되지 않을 것입니다.

추천사

오랜 세월 교육개혁을 궁리해오면서 "교육은 그 자체가 예술이어야 한다" "모든 어린이는 예술가다" "학생들로 하여금 말하고 표현하고 행동하도록 하라"는 말을 자주 해왔고, 그 실천을 위해 교사가 먼저 예술과 만나고, 수업과 예술이 자연스럽게 융합되는 교육을 위해 노력하고 있습니다. 이런 가운데 이 책을 보면서, 이 땅의 아이들이 예술과 함께, 예술을 통해, 예술성을 발휘하며 성장하게 하는 교육은 어떻게 가능하며, 교사는 무엇을 해야 하는지 큰 영감을 받을 수 있었습니다.

— **안승문** | 울산 교육연수원장

'세상의 예술'은 다양합니다. 다양하기 때문에 '세상의 예술'이라 할 수 있겠지요. 예술을 가르치는 방법 또한 다양합니다. 그 다양함 속에서도 '놀이중심'의 예술은 쉽게 간과하지 못할 정도로 반짝거리고, 여기에 '아이중심'의 소중한 가치까지 지니고 있다면 우리는 이를 보석이라고 부르지요. 이 책은 보석과도 같은 유아예술교육을 더욱 빛내고 단단하게 만드는 역할을 할 것입니다.

— **김경철** | 한국교원대학교 유아교육과 교수

모든 어린이는 예술가입니다. 이 아이들이 성인이 되어서도 자신의 방식대로 창의적인 표현을 할 수 있도록 가르치는 것이 바로 예술교육의 참 목표라고 할 수 있습니다. 그러나 이러한 예술교육의 목표를 달성하기 위해서 '어떻게 해야 하는가'에 대한 답을 아는 교사는 그리 많지 않습니다. 이 책의 저자는 수년간 유아 예술교육 활동을 통해 쌓아온 자신의 경험을 녹여 현장에서 유아에게 예술교육을 하는 구체적인 방법에 대한 노하우를 제시합니다. 유아중심·놀이중심 개정 누리과정에서 제안하는 예술교육 방법에 대해 알고 싶은 모든 이들에게 이 책을 권합니다.

— **권이정** | 국립공주대학교 유아교육과 교수 및 부설유치원 원장

유아의 모든 말과 행동이 예술임을 모두 잘 알기에 유아문화예술교육은 더 어렵고, 그래서 훨씬 섬세하게 접근해야 합니다. 책머리에 있는 "예술교사의 역할은 안전한 도전의 테두리 안에서 새로운 자극요소를 제공해주는 예술 파트너"라는 저자의 한 문장만으로도 아이가 주인공이면서 놀이가 예술이 되도록 유아교사 그리고 예술가이자 교육자들에게 좋은 영감을 줄 것이라는 확신이 들었습니다.

— **최지윤** | 한국문화예술교육진흥원 아동청소년교육팀장

이 책을 보면서 유아예술교육 현장에서 문화예술교육 전문 컨설턴트인 저자와의 만남으로 교실이 변화되었던 경험이 떠올랐습니다. 그 경험은 '진정성 있는 컨설팅'과 '구체적인 방향' 제시로 책에 고스란히 녹아 있습니다. 아이중심·놀이중심 예술수업이 어떤 의미인지, 어떻게 행동으로 옮겨야 하는지 알기를 원하는

교사라면 이 책을 통해 분명한 방향과 지혜를 찾을 수 있을 것입니다.

— **이성애** | 유아문화예술교육 주강사, 톡톡창의 및 분화성감 스토리예술터 대표

급변하는 4차 산업혁명의 물결 속에 창의적이고 주도적인 인재를 키우는 것이 우리 모두의 중요한 과제가 되었습니다. 문화예술은 이제 과학과 기술, 모든 산업과 결합하는 창조산업의 핵심으로서 교육에 있어서도 더 이상 놓치지 말아야 할 부분입니다. 이 책은 예술교육에 대한 새로운 가치와 창의적인 접근을 제시하고 있어 더 나은 미래교육을 고대해온 이들에게 큰 도움이 될 것입니다.

— **고정민** | 홍익대학교 문화예술경영대학원 교수 및 미래산업전략연구소 소장

예술은 태초부터 있었고 모든 사람은 예술을 누릴 본능과 권리를 갖고 있습니다. 이 책은 국가의 미래인 아이들에게 생활에서부터 예술을 접하는 건강한 삶의 방식을 알려주고, 그러한 교육환경을 만들어주어야 하는 우리의 과제에 대해 이야기합니다. 인위적인 예술이 아닌, 삶과 본능으로서의 예술을 꿈꾸는 예술교사라면 꼭 읽어야 할 책으로 추천합니다.

— **박승현** | 서울문화재단 지역문화본부장

• 차례 •

3장. 수업의 질을 높이는 예술교사의 역할

4장. 아이의 창의성을 살리는 예술수업 실전 가이드

5장. 더 나은 예술교육을 위한 점검

프롤로그

　우리 교육에 있어 '예술'과 '유아' 영역은 형제 많은 집안의 어린 동생들 같습니다. 개정안 하나에 나라가 들썩이는 초·중·고 교육이나 영어, 수학 같은 과목에 비해 '예술'과 '유아' 영역은 교육의 방향과 질에 대한 사회적 관심이 낮은 편이지요. '유아예술교육'은 이 두 가지를 합친 것이니 교육에 서열이 있다면 동생들 중에서도 새 옷 한번 입기 어려운 막내일 것입니다. 그러나 주위를 둘러보면 유아예술교육은 어느새 광범위하게 확대되고 있습니다. 공연과 전시, 체험전은 유아 관객이 넘쳐나고 백화점 문화센터의 유아예술교육 프로그램은 개설되기가 무섭게 정원이 마감됩니다. 이런 현상에 비추어볼 때 많은 사람들이 그 이유를 자세히 설명하지는 못하더라도 유아기에 창의성이 중요하고, 이 창의성을 키우는 데 예술이 필요하다고 느끼는 것만은 분명합니다.

　불확실성으로 대변되는 4차 산업혁명이 현실로 다가오면서 좀 더 편리한 세상에 대한 기대만큼 인공지능을 통한 직업의 역습과 그로 인한 인간소외, 갈등에 대한 우려도 높아졌습니다. 지금까지 지식을 잘 습득하는 아이, 배운 대로 잘해내는 아이로 키우는 교육을 했다면 이제는 스스로 새로운 직업과 환경을 창조하는 아이, 여러 가지 정신적, 사회적 문제에 맞서 건강한 정서와 균형감을 가진 아이로 키우는 교육이 필요합니다. 아이의 창의적, 정서적 성장에 적합한 도구로서 정답이 없는 교육인 예술은 그 어느 때보다도 소중한 가치를 지닙니다. 여기에 생활 자체가 예술인 시기, 창조적인 놀이를 통해 스스로 자라는 시기인 유아기에는 예술이 본능이자 삶이며, 그 이상의 배움과 성장의 도구로서 좀 더 큰 의미를 갖게 됩니다.

이 같은 시대의 흐름 속에 공교육의 시작인 누리과정이 7년 만에 '아이중심·놀이중심'의 교육 방향으로 개정되었습니다. 지금까지 우리나라 교육 대부분이 교사가 이끌어가는 교사중심, 학습중심의 수업이었다면 아이중심·놀이중심 교육은 배움의 방향과 방법을 아이가 주도적, 창의적으로 선택하고, 그것을 놀이와 같이 긍정적인 정서로 집중하고 확장하며 이끌어나가는, 가장 '예술'과 '유아'에 맞닿아 있는 교육 방향이라고 할 수 있습니다.

그러나 막상 아이들을 만나는 교사와 예술가 입장에서는 '아이중심 · 놀이중심' 교육이 어떠한 차이와 변화를 불러올지 감이 잡히지 않을 수 있습니다. 또 변화를 주고 싶은 마음은 있지만 어떻게 시작해야 할지 몰라 부담스럽기만 할 수도 있습니다. 놀이나 아이를 중심에 두면 아이에게 교육이 이뤄지지 않거나 아무것도 가르쳐주는 것이 없다는 생각, 아이를 끼고 앉아 무엇인가를 알려주어야만 유능한 선생님이라는 생각, 명확한 계획안이나 진도, 결과물이 나와

야만 좋은 예술교육이라는 생각 등 우리의 오랜 관습과 인식을 대체하기에 '아이중심·놀이중심'은 아직 낯선 개념이기 때문입니다. 더불어 돌아보면 우리 또한 교과서와 선생님 중심의 주입식 교육을 받은 기억이 대부분이지요. 행하는 것은 본 것으로부터 나오지만 아쉽게도 아이 스스로 주도하며 배워가는 놀이 같은 수업, 그리고 그런 수업을 하는 선생님을 만나본 경험이 우리 교육 현실상 거의 없는 것입니다. 그러므로 아이중심·놀이중심의 창의적인 유아예술수업을 뚝딱! 만들어내라고 하기 전에 먼저 우리가 받은 교육에 대한 위로가 필요합니다. 또 수업 방식과 프로그램만 바꾸는 것이 아니라 변화를 위해 예술교사들의 경험과 인식, 불안에 이르는 내면까지 천천히 돌아볼 수 있는 충분한 시간도 필요하지요.

그 여정을 함께하면서 창의적인 수업으로의 변화를 이끄는 데 도움을 주고자 이 책을 썼습니다. '아이의 창의성을 살리는 예술교육 방법으로서 아이중심·놀이중심 수업이 의미 있는가?', '아이는 정말 스스로, 정말 놀이로 배울 수 있는가?', '교사는 어떤 역할을 해야 하며 이제 무엇을 해야 하는가?'에 대한 진지한 고민을 담았습니다. 그리고 예술은 가르쳐야 하는 것이라는 생각에서 벗어나 아이 스스로 이미 본능적인 예술을 하고 있음을, 그래서 최고의 예술가들을 만나는 것이 유아예술교육임을 이야기합니다. 예술교사의 역할도 가르치거나 지시하는 사람이 아닌, 안전한 도전의 테두리 안에서 새로운 자극요소를 제공하고 도와주는 예술 매개자이자와 놀이 파트너가 되는 것입니다.

　이 같은 내용을 예술교사 자신의 것으로 만들기 위해 책의 흐름에 몸을 맡기고 각 장을 따라가 보기 바랍니다. 1장에서는 먼저 예술과 예술교육이 유아에게, 그리고 미래교육으로서 어떤 가치를 지니는지 살펴보았습니다. 또 효과적인 유아예술교육을 위해 알아야 할 유아들의 기본적인 성장발달과 예술교육과의 관계에 대해서도 이야기합니다.

　2장에서는 최적의 예술교육을 위한 방향이자 방법으로서 '아이중심', '놀이중심', '창의와 융합'에 대해 설명합니다. 이 세 가지 요소 각각의 특징과 중요성을 제대로 파악하면 그 다음 3장의 예술교사의 역할과 준비에 대해서도 쉽게 이해할 수 있습니다. 3장에서는 예술교사의 다양한 개입역할과 효과적인 상호작용 방법, 그리고 예술교사가 응용할 수 있는 창의적 사고기법에 관해 이야기합니다.

　4장에서는 아이중심·놀이중심의 창의성 넘치는 예술수업을 위해 교육계획의 과정을 새롭게 고찰해보고, 예술교사와 아이의 상상력과 창의성을 살리는 수업 구성의 실제를 경험해봅니다. 마지막 5장에서는 더 나은 예술수업을 위한 성장과 점검에 대해 살펴봅니다, 예술교사가 가지는 실질적인 불안과 방해요소를 함께 극복하고 진정한 용기와 내적 성장을 지지하면서 마무리합니다.

　예술수업은 살아있는 생물과도 같아서 같은 교안, 같은 재료라도 수업 현장의 공기와 아이들이 그때그때 내뿜는 에너지에 따라 전혀 다른 수업이 됩니다. 이 책 전반에서 아이와 놀이를 중심에 둔 창의적 사고를 강조하면서 고기(사례, 교안)가 아닌 고기 잡는 방법을 애써 글로 표현하였습니다. 부족하나마 고기 잡는 방법을 통해 지금까지 나와 있는 수많은 자료를 창의적인 나만의 수업 재료로 활용하고, 더 나아가 참고자료 하나 없이도 끈 하나 종이 하나만으로 열 시간, 백 시간의 풍성한 예술수업을 만들어낼 수 있는 진정한 창의성과 예술의 힘을 얻게 되기를 바라는 마음입니다.

이 책은 전체적으로 유아를 중심으로 이야기하고 있지만 융합적, 창의적 예술교육에 관한 내용은 연령과 상관없이 폭넓게 적용할 수 있습니다. 또 예술교육 현장의 유아교사와 예술가, 두 그룹 모두를 위한 책으로, 유아교육기관의 교사들은 그동안 부족하다고 느껴온 예술적 전문성을 보완할 수 있는 창의적 사고와 확장의 중요성을 발견하는 수업으로, 또 예술가들은 자신의 전공이나 입시 예술교육의 틀을 깨고 유아를 깊이 있게 이해하면서 예술적 영감을 펼치는 수업으로 안내하고자 하였습니다.

이 책은 아이중심·놀이중심의 창의적 예술수업을 이야기하지만, 가장 중심에 있는 것은 바로 아이들을 직접 만나는 예술교사들이라고 할 수 있습니다. 예술교사가 아이 같은 상상력과 창의성을 발휘할 때 수업의 놀라운 변화가 일어나기에, 교사에게 더 집중하고자한 것입니다. 만약 여러분이 교육의 새로운 변화에 설렘과 두려움을 함께 가지고 있다면, 아이들에게 "안 돼요." "하지 않아요."라는 말을 하면서도 의심을 품어왔다면, 놀이와 같이 풍요롭고 즐거운 수업을 꿈꿔왔다면, 그러다 번번이 교육현장에서 용기를 잃었다면, 그럼에도 아이들에게 제대로 된 예술의 힘을 보여주고 싶다면, 그런 예술교사들이라면, 이 책이 마음에 뜨거움과 현장에서의 유용함을 전해주는 책으로서 조금이나마 도움이 될 것입니다. 그래서 예술수업을 계획하고 실행하기 위해 아이들을 만나러 가는 길, 그 품에 품은 한 권의 책이 바로 이 책이 되기를, 그러다 어느 날 책이 주는 틀과 한계마저 뛰어넘어서 더 넓게 열린 예술수업을 하고 더 멀리 예술의 힘을 나누게 되기를 바랍니다.

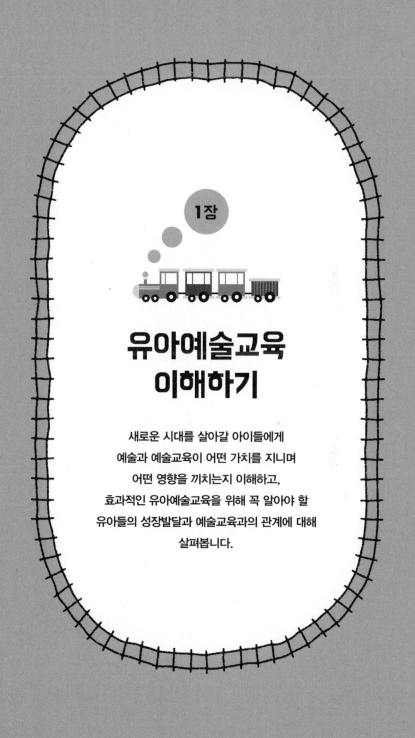

1장

유아예술교육 이해하기

새로운 시대를 살아갈 아이들에게
예술과 예술교육이 어떤 가치를 지니며
어떤 영향을 끼치는지 이해하고,
효과적인 유아예술교육을 위해 꼭 알아야 할
유아들의 성장발달과 예술교육과의 관계에 대해
살펴봅니다.

유아에게 예술은 무엇일까

사람을 사랑하는 것보다 더 예술적인 것은 없다.
나는 예술을 통해 사람들을 어루만지고 싶다.
그리고 그들이 이렇게 말하길 바란다.
"마음이 깊은 사람이구나. 마음이 따뜻한 사람이구나."

| 빈센트 반 고흐 |

유아*에게 예술이란 무엇일까요? 수면이나 식사, 배변활동과 같이 예술은 유아들이 하는 매우 자연스럽고 본능적인 활동이라고 할 수 있습니다. 유아들이 인위적인 자극을 받지 않은 상태에서 어떤 활동을 하는지 지켜본 적이 있나요? 여러 가지 장난감과 집안 도구들을 가지고 자연스럽게 소꿉놀이, 가게놀이, 공룡놀이와 같은 극놀

● 이 책에서 유아는 누리과정의 만3~5세를 말하며, 유아동, 아이, 아동 등의 지칭은 유아와 초등학생을 포괄하는 일반적인 어린이의 의미로 사용된다.

이를 합니다. 스케치북의 흰 장이 남아나지 않을 만큼 많은 그림을 그리기도 하고, 가사나 멜로디를 잘 알지 못해도 하루 종일 노래를 지어 흥얼거리지요. 여기저기서 점프하고 춤추고 온몸을 움직이며 몸동작과 음악을 즐기기도 하고요.

예술은 본능 그 자체

누군가 그렇게 하라고 시키지 않아도, 훌륭한 예술선생님이 가르쳐주지 않아도, 부끄러움이 없는 이 아이들은 하루 종일 예술로 놀고 예술로 꿈꾸고 예술로 이야기하는 것만 같습니다. 인생 최고의 예술가로서의 시기를 지나는 것이지요. 유아기는 뇌 발달이 폭발적으로 일어나는 시기입니다. 특히 전두엽의 발달은 동물과 구분되는 전인적인 성장을 이루는 데 큰 역할을 합니다. 그리고 예술은 이러한 전두엽을 자극하고 발달시키는 데 도움을 줍니다. 소꿉놀이, 가게놀이와 같은 연극활동은 사회성, 공감력, 상호작용, 배려, 문제해결력과 같은 능력을 길러줍니다. 노래 부르고 춤추며 그림 그리는 등의 활동은 소·대근육 발달과 함께 협응력˙과 정서발달, 감정조절 능력과 창의력 등 유아의 전반적인 발달을 도와줍니다. 사람이 사람다워지는 데 있어 가장 필요한 것들을 바로 이 시기에 예술적 놀이를 통해 배워가는 것입니다.

주변에서 "그분 참 사람 좋아."라거나 "저 사람은 참 인간적이야."라고 생각되는 사람들을 한번 떠올려봅시다. 이는 "그 사람 학벌이 좋아."나 "그 사람은 돈을 잘 벌어."보다 높은 차원의 삶과 인간에 대한 평가일 것입니다. 다시 말해, 학습에 관여하는 '두정엽' 발달의 전 단계로서 유아기에 이루어지는 '전두엽'의 발달은 그야말로 작은 생명체들이 자라 평생 건강한 몸과 마음을 지닌 사람으로 살 수 있게 해주는 소중한 밑거름이라 할 수 있습니다.

이렇듯 세상 모든 아이들이 자연 상태로 있을 때 예술로 놀이를 한다는 것은 다음과 같은 의미를 지닙니다. 첫째, 예술은 가르치고 교육해야 하는 것이 아니라 모든 인간의 세포 속에 프로그래밍 되어 있는 것, 즉 자연스러운 본능임을 알려줍니다. 자신을 표현하고 유희를 즐기고 아름다움과 조화를 찾는, 인간의 본능인 것이지요.

둘째는 아이들에게 예술은 취미나 전문기술이 아닌, 음식이나 운동과 같이 성장에 관여하는 도구라는 점입니다. 아이의 생존과 성장에 영향을 주는 것은 평등하게 진화한 것이 많습니다. 빈곤국의 엄마와 부유한 나라 엄마의 모유가 영양과 성분에 있어 생존에 영향을 끼칠 만한 차이가 없다는 것이 한 예입니다. 우뇌와 전두엽 발

● 협응력(協應力, coordination)은 근육·신경기관·운동기관 등의 움직임을 상호 조정하는 능력, 즉 머리·어깨·입·팔·손가락 등을 시각적 탐사와 연결하여 움직이는 신체적 조절능력을 말한다(교육학 용어사전). 유아에게 있어 머리로 생각한 것을 눈으로 보면서 손으로 만지고 몸으로 움직일 수 있는 협응력의 발달은 매우 중요한 발달과업 중 하나다.

달에 영향을 끼치는 예술 또한 매우 평등한 성장기제입니다. 소똥에 흙을 섞어 갖고 노는 아프리카 아이들에게나 무독성 클레이를 갖고 노는 선진국 아이들에게나, 조형놀이는 똑같이 소근육을 발달시키고 협동심과 사회성, 미적 감각과 조형능력을 키워줍니다. 결국 예술은 부와 빈곤, 재능의 유무와 관계없이 모든 아이의 것이고, 모든 인간의 것입니다. 세상 모든 엄마의 모유처럼 인간이 성장하는 과정에 한없이 공평하고도 따뜻하게 곁에 있는 것이 바로 예술입니다.

유아기 예술교육의 중요성

그렇다면 유아에게 예술은 어떻게 작용하는 것일까요? 예술활동이 아이의 본능이라면 아이를 자연 상태 그대로 두기만 해도 된다는 것일까요? 혹은 부모와 교사의 교육적 역할이 없어도 된다는 것일까요? 수많은 의문이 생길 수 있습니다. 이에 대해 유아기에는 모든 예술 놀이가 전인적 성장의 자양분이 된다는 것을 강조하고 싶습니다. 스펀지처럼 접하는 것을 그대로 받아들이는 시기이기 때문에 그 어느 때보다도 양질의 자극과 교육, 올바른 상호작용을 적극적으로 제공해주어야 한다는 것입니다.

예술 영역과 관련한 영유아의 감각 및 행동 발달은 매우 정교하고 빠르게 이뤄집니다. 영유아 감각 발달에 대한 연구는 최근에 들어서야 이루어졌는데, 아이들도 어른과 같이 아름다운 것을 선호하고, 반응하며, 구별한다는 것이 증명되고 있습니다.[1] 언어적인 표현이나 평가를 하지 못한다고 해서 유아가 아무것도 모를 것이라 생각하면 안 됩니다. 그런 추측하에 예술교육을 대충 구성하거나 함부로 해서는 안 되는 것이지요. 유아가 노래 한 곡을 배우는 것, 연극을 하는 것, 음정 박자에 맞게 소리를 내거나 색칠을 하는 것은 하나의 기술적 발달에만 그치는 것이 아니기 때문입니다.

영국의 예술인문연구위원회Arts and Humanities Research Council, AHRC에서 발간한 보고서[2]에 따르면 예술교육은 일반적인 기술을 습득하는 것을 넘어서 배움에 대한 중요한 습관을 만들어준다고 합니다. 호기심, 가능성, 반복해서 연습하려는 의지, 어떤 것을 당연한 것으로 받아들이지 않는 마음, 그리고 스스로에 대한 비평을 통한 내면 강화 등을 동시에 습득하고 성장해나간다는 것입니다. 또한 훌륭한 예술교육은 아이들에게 자신감과 동기를 부여하며, 친사회적인 행동을 강화하고 문제해결과 의사소통능력, 사회성을 길러준다고 강조합니다.

이 같은 예술교육이 유아기에 더욱 양질의 것으로 제공되어야 하는 것은 당연하겠지요. 한 두뇌 발달 보고서[3]에서는 인간의 논리적 사고와 사회 정서적 능력이 대부분 유아기에 완성된다고 이야기합니다. 유아기에 양질의 학습 환경과 교육이 제공될 경우 뇌세포 수와 신경회로가 증가하지만, 반대로 그렇지 못할 경우 평생을 두고 회복하기가 어려울 뿐만 아니라 상당한 사회적 비용이 들 수 있다고 우려하고 있습니다. 또 유아기에 이루어진 양질의 교육이 아이들의 학습 준비와 학업수행력, 사회적응력을 향상시키고 상위학교 진학률과 취업률을 높이는 반면, 범죄율은 감소시킨다는 연구결과[4]도 있습니다. 그렇기에 우리나라뿐만 아니라 국가의 미래를 생각하는 많은 선진국들이 유아교육의 중요성을 강조하면서 유아기 최적의 교육 도구이자 방법으로 예술을 활용하고 있습니다.

유아예술교육에 대한 우리나라와 세계의 인식

4차 산업혁명기에 들어서면서 전 세계가 창의적이고 자기 주도적인 인재를 키우는 데 집중하고 있습니다. 우리나라에서도 정답이 없는 유일한 영역인 예술의 중요성이 강조되고 있으며, 특히 나라의 미래가 될 아이들이 있는 학교와 유아교육기관에서도 다양한 변화의 조짐이 보입니다. 문화예술교육을 기능이나 취미를 위한 것으로 여기지 않고, 전 세계 사회 경제적 변화에 발맞춰 우리 아이들이 교육을 통해 지녀야 할 핵심역량이자 사회통합의 중요한 가치로 여기게 된 것입니다. 다음의 표[5]에서 보면, 2013년부터 지난 10여 년간 경제와 사회 트렌드가 급변하면서 그에 따른 교육 이슈 또한 새로운 국면을 맞이하고 있는 것을 알 수 있습니다. 융복합적 글로벌 산업

사회로 접어들면서 좀 더 창의적이고 융합적인 인재를 키우는 교육, 사회의 복잡성으로 인해 생겨나는 갈등과 삶의 질을 관리할 수 있도록 하는 교육이 요구되고 있습니다.

경제변화 트렌드		교육 이슈
2013	2023	
글로벌 경제시대	글로벌 경제 확대	• 글로벌 창의인재 • 국제전문가 양성
GDP 2만 달러	GDP 4만 달러(선진국 진입)	• 직업의 다양화 • 직업 진로교육
제조업 중심의 산업구조	• 신 서비스 산업(IT + 서비스 산업) • 신 제조업(IT + 제조업) • 융복합 산업 부흥	• 융복합 인재 • 서비스 인재 • 소프트 파워

표 1 • 경제변화 트랜드에 따른 교육 이슈

사회변화 트렌드		교육적 이슈
2013	2023	
양극화	양극화 심화	• 교육양극화, 교육 불평등 및 형평성 • 교육복지 • 공생발전
양적 성장사회	질적 성숙사회	• 삶의 질 • 미래사회의 핵심역량 개발
낮은 사회의 질 (Social Quality)	사회의 질 상승	• 사회의 질을 높이는 교육 • 갈등 극복을 위한 평화교육 • 신뢰 사회를 지향하는 가치관 교육 • 청소년 시민의식 교육

표 2 • 사회변화 트렌드에 따른 교육 이슈

2015년 한국문화예술교육진흥원이 발표한《유아 문화예술교육 프로그램 분석을 통한 발전방안 연구 보고서》[6]에도 이 같은 세계의 인식과 흐름이 잘 나타나 있습니다.

- 유네스코는 예술을 특별한 것이 아닌 기본적이고 보편적인 교육 영역으로 규명하며, 예술을 수단으로 보지 않고 예술의 본질적 가치와 실천적 경험 자체로 의미가 있다는 것을 강조합니다. 또한 문화예술교육을 다음과 같이 정의하고 크게 두 가지 방향과 목표를 이야기합니다.

  ❶ 문화·예술을 통한 학습Learning through the arts/culture
    - 과거와 현재를 아우르는 예술적 표현과 문화적 자원들을 배움과 학습의 도구로 어떻게 활용하느냐에 초점
    - 사회에서 발전되어온 문화, 예술, 기술 등을 학제와 융합

  ❷ 문화·예술 내에서의 학습Learning in the arts/culture
    - 다양한 문화적 관점과 문화 간 이해를 강조
    - 문화적 다양성의 중요성을 이해하고 사회통합 행동 패턴을 강화
    - 대부분의 OECD국가에서는 음악, 미술, 신체 활동과 같은 예술 영역을 교육과정으로 두어 유아의 총체적 발달holistic development 을 추구하고 있습니다.

- 미국의 국가핵심 예술교육 기준National Standards for Arts Education을 살펴보면 예술을 교육의 도구가 아니라 궁극적인 교육의 도달점으로 강조하면서 생각하기, 배우기, 창조하기를 위한 새로운 방식의 예술교육

을 촉진하고 있습니다.

- 영국의 국가수준 교육과정에 제시된 유아예술교육은 '표현 영역'으로, 창의성 발달에 초점을 두고 있습니다. 문화예술을 통해 유아가 자신의 사고, 생각, 감정을 탐색하고 공유할 수 있는 기회를 제공하는 것을 목표로 합니다.

- 독일은 국가표준 교육과정이 없고 대신 각 교육기관들이 자율적으로 교육과정을 개발하여 운영합니다. 그러나 기본적으로 유아문화예술은 호기심, 탐색, 체험, 놀이 등을 통한 창의성 발달을 가장 중요한 공통의 목적으로 삼고 있습니다.

우리나라 교육과정으로 본 예술에 대한 인식

우리나라에서는 유아들을 위한 국가 표준 교육과정으로서 예술이 어떻게 이야기되고 있을까요? 2020년 개정된 누리과정의 예술 경험 영역을 통해 예술을 어떻게 정의하고 있으며 어떤 내용을 제안하고 있는지 확인해보겠습니다.

여기서 주목할 것은 바로 문장 마지막에 쓰인 동사들입니다. 한국말은 결론이 마지막에 나오기 때문에 끝까지 들어봐야 한다는 이야기도 있듯, 누리과정에서 예술 경험 영역의 목표, 범주와 내용을 어떤 동사로 끝맺고 있는가를 살펴보면 우리가 아이들과 함께 예술을 통해 어떠한 방향으로 가야 하는지를 알 수 있습니다. 하나하나 살펴보면 다음과 같은 여섯 개의 동사를 찾을 수 있습니다.˙

누리과정 예술 경험 영역의 목표

아름다움과 예술에 관심을 가지고 창의적 표현을 즐긴다
1. 자연과 생활 및 예술에서 아름다움을 느낀다.
2. 예술을 통해 창의적으로 표현하는 과정을 즐긴다.
3 다양한 예술 표현을 존중한다.

누리과정 예술 경험 영역의 범주와 내용

첫 번째 내용 범주: 아름다움 찾아보기
- 자연과 생활에서 아름다움을 느끼고 즐긴다.
- 예술적 요소에 관심을 갖고 찾아본다.

두 번째 내용 범주: 창의적으로 표현하기
- 노래를 즐겨 부른다.
- 신체, 사물, 악기로 간단한 소리와 리듬을 만들어본다.
- 신체나 도구를 활용하여 움직임과 춤으로 자유롭게 표현한다.
- 다양한 미술재료와 도구로 자신의 생각과 느낌을 표현한다.
- 극놀이로 경험이나 이야기를 표현한다.

세 번째 내용 범주: 예술 감상하기
- 다양한 예술을 감상하며 상상하기를 즐긴다.
- 서로 다른 예술 표현을 존중한다.
- 우리나라 전통 예술에 관심을 갖고 친숙해진다.

표 3 • 2020년 개정 누리과정 예술 경험 영역의 목표와 내용

• 표 3에서 두 번째 내용 범주의 '즐겨 부른다'와 '만들어본다'는 '표현한다'와 비슷한 의미로 볼 수 있기에 하나의 개념으로 간주했습니다.

이번에는 이 여섯 가지 동사에 우리의 주어인 '아이'와 목적어인 '예술'을 붙여보겠습니다.

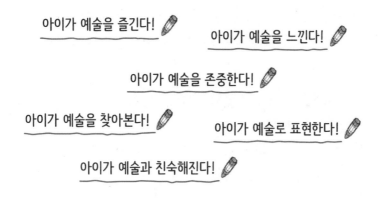

어떤 느낌이 드나요? 예술이라는 것이 가르치거나 주입하거나 실력을 높이거나 평가하거나 강압적으로 해야 하는 것처럼 느껴지기보다는 오히려 즐기고, 느끼고, 존중하고, 찾고, 표현하고, 친숙해

진다는 말 덕분에 긴장이 풀리고 편안하게 느껴지지 않나요? 이를 통해 누리과정의 유아예술 경험 영역이 추구하는 목표와 내용은 목표 지향적이고 평가적인 학습 대신, 스스로 즐거운 놀이에 몰입할 때 느낄 수 있는 긍정적 정서와 창의적 사고를 향하고 있다는 것을 알 수 있습니다. 아이중심·놀이중심의 교육철학과 가치가 이제 모든 유아예술교육에 반영되어야 한다는 것입니다. 그러므로 '모든 아이의 본능인 예술, 아이들의 발달과정인 예술, 정답이 없는 교육인 예술, 아이 스스로 창조해가는 예술, 모든 아이가 당연하게 누리고 표현할 권리가 있는 예술', 이것이 예술교사들이 유아예술을 생각할 때 가져야 할 인식과 다짐이 되어야 합니다. 앞서 살펴본 여섯 가지 동사들을 떠올리며 다음과 같이 한번 소리 내어 말해볼까요? 아이들에게 예술은 이것이면 충분합니다. 충분하고말고요!

"보석같이 소중한 우리 ○○반 친구들아!

예술을 그저 즐겨보자!

네 작은 온몸으로 느껴보자!

너의 예술을 존중받고 친구의 예술도 존중해주자!

모든 것에서, 모든 곳에서 예술을 찾아보자!

너의 감정에 따라 마음껏 예술로 표현해보자!

그래서 네 삶에서 멋진 친구가 될 예술과 친해져보자!"

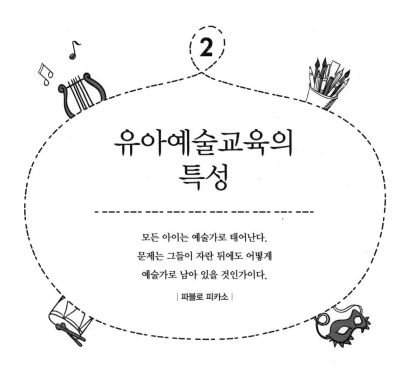

유아예술교육의 특성

모든 아이는 예술가로 태어난다.
문제는 그들이 자란 뒤에도 어떻게
예술가로 남아 있을 것인가이다.

| 파블로 피카소 |

우리가 유아문화예술 교육에 대해 이야기 나누기 전에 먼저 '예술교육'에 관해 살펴보려 합니다. 예술교육은 '예술'과 '교육'이라는 두 단어가 만나 만들어진 합성어로, 수학교육이나 역사교육, 예

● 문화예술(文化藝術)은 문화와 예술을 합친 용어로, 예술이 우리가 일반적으로 알고 있는 음악, 미술, 문학과 같은 것을 의미한다면 문화는 사회가 공유하는 삶의 방식, 가치관, 인간의 지적·정신적·창의적 활동 등 좀 더 넓은 범위를 포괄한다(《문화예술교육의 이해》(이정화, 2014, 커뮤니케이션북스)). 예술은 문화적 가치를 동시에 담는 경우가 일반적이고 공적 영역이나 교육 영역에서도 '예술교육'보다는 '문화예술교육'이라는 단어를 더 빈번히 사용하고 있다. 유아기에는 그 구분이 좀 더 모호해지므로 이 책에서는 '예술교육'과 '문화예술교육'을 큰 구별 없이 혼용해 사용하였다.

절교육과 같이 일상에서 널리 쓰입니다. 그러나 다른 교육들과는 달리 근본적인 것에서 비롯되는 질문과 연구가 끊이지 않고 있습니다. '예술교육은 예술인가 교육인가', '예술도 교육이 필요한가', '예술교육에서 예술과 교육 중 무엇이 더 중요한가'와 같은 것입니다. 예술과 교육은 대체 어떤 관계이며, 유아에게 예술교육은 어떤 의미를 갖고 있을까요?

예술교육은 예술일가, 교육일까

우리 교육계에서는 예술이 오래 전부터 음악, 미술, 무용과 같이 교과로 편성되어 있습니다. 더 나아가 다른 과목들처럼 기술과 기법, 예술사와 감상능력 등으로 단원과 평가지표를 세분화하여 암기나 숙달, 숙련을 통해 평가받는 것으로 인식되고 있지요. 공교육에서의 예술교육 상황이 이렇다 보니 일부 예술가들은 이를 경계하기 위해 '예술'을 '교육'하는 것이 옳지 않다고 말하기도 합니다. 옳고 그름이 없는 예술에 있어서 무엇인가를 가르친다는 것이 모순이자 상호 충돌된다는 것입니다. 그러나 잘못된 것은 교육 그 자체가 아니라 지금까지 예술을 가르치고 평가해온 교육의 목적과 방법이라는 것을 우리 모두 잘 알고 있습니다. 오히려 교육이 상상력과 창의력을 열어주는 양질의 자극이 된다면 아이들이 지닌 예술성은 더욱 커질 수 있지요. 그러므로 예술교육은 일반적인 교육과는 그 과정과 방법이 다르지만 아이와 우리 모두에게 꼭 필요한 교육 영역이라고 할 수 있습니다. 박응희, 이병준[2012][7]의 연구에서는 예술계와 교육계의 입장 차이를 설명하면서 예술교육이 가지는 독자성을 다음과 같이 이야기합니다.

> 예술교육과 관련하여 예술에 종사하는 사람들은 주로 예술 행위에 초점을 두는 반면, 교육에 종사하는 사람들은 학습에 변화가 일어나는 과정에 초점을 둔다. 이 때문에 문화·예술 행위와 학습·경험 과정 사이에 별 차이점이 없다고 언급할 경우 '문화예술활동'과 '문화예술 교육활동'의 차이는 없게 되며 문화예술교육의 독자성도 훼손되게 된다.

결국 예술계의 의견처럼 '예술적 실천'을 통해 표현할 자유와 타인과의 차이, 다양한 방법과 개방성을 우선으로 두는 것이나, 교육계의 의견처럼 '교육적 실천'으로서 학습의 과정에서 얻어지는 변화와 효과에 초점을 두는 것이나 모두 예술교육이라고 할 수 있습니다. 다만 예술과 교육의 상반된 가치지향성 속에서 무엇에 더 중심을 두느냐에 따라 예술교육은 무한대의 내용을 가질 수 있고 그 질 또한 달라진다는 것을 고려해야 합니다.[8] 마치 예술이 그러하듯 예술교육에도 정답은 없기 때문입니다. 그러므로 예술교육의 목적과 방향을 효과적으로 설정하기 위해서는 학습자의 특성과 예술교육의 목적, 주어진 환경 등 여러 가지 상황을 고려하되, 다음에 이야기할, '예술'과 '교육' 사이의 몇 가지 가치분류 속에서 가장 적합한 지점을 찾아낼 필요가 있습니다. 특히 유아를 대상으로 예술교육을 할 때에는 더욱 그러해야 합니다.

첫 번째는 '창의적 예술교육'과 '기술적 예술교육'에 관한 것입니다. 이것은 '무엇을' 그리고 '어떻게' 교육하느냐는 기준에 따라 나뉩니다. 피아노를 배울 때 연주기술을 향상시키는 기술적 영역과 떠오르는 느낌을 피아노로 표현하도록 하는 창의적 영역은 차이가 있습니다. 판소리 한 대목을 전통 그대로 전수받는 것은 고도의 기술적 예술교육에 가깝고, 자신의 목소리로 부르고 싶은 노래를 부르게 하는 것은 기술이나 능력과는 관계없는 창의적, 발산적 예술교육으로 볼 수 있지요.

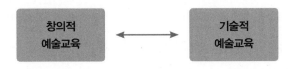

즉 작곡이나 글을 쓰는 것, 그림을 그리는 것, 창작무용 등이 '창의적 예술 영역'이라면 악기연주 기법, 전통음악과 전통무용의 전수, 그림 기법 등은 '기술적 예술 영역'에 가깝습니다. '기술적 예술교육'은 전공자와 좀 더 다양한 표현을 원하거나 전통을 전수하고자 하는 이들에게 중요한 의미를 지닙니다. 그런가 하면 '창의적 예술교육'

은 기술적 능력이 부족한 유아동이나 처음 예술을 접하는 이들에게 적합하며, 미적 경험에서 오는 즐거움이나 창의적 사고 훈련을 위한 것으로서 의미가 있습니다.

창의적 영역은 평가의 기준이 주관적일 수 있기 때문에 대부분의 예술대학 입시에서는 기술적 영역을 등급화해서 당락을 결정합니다. 그래서 일부 예술 전공자들의 경우 입시를 위해 받은 고도의 기술적 예술교육에 익숙하여 아이들을 위한 창의적 예술수업을 구성하기 어려워하는 모습을 보입니다. 창의적 예술교육과 기술적 예술교육 중 어느 하나가 우위에 있는 것이 아닌데, 아이러니하게도 예술가들이 인생에서 가장 중요한 시기인 청소년기에 경험한 예술이 주입식의 기술적 교육에 치우쳐 있어, 창의적인 예술교육자나 예술기획자로 성장하기 위해서는 또 다른 배움과 노력이 필요합니다.

두 번째로 예술교육은 예술적 가치를 지향하는 '행위 자체 중심'과 교육적 실천을 위한 '변화와 학습 중심'으로 구분할 수 있습니다. 이 경우 목적뿐만 아니라 수업의 내용까지 크게 달라집니다. 예를 들어 다양한 만들기 재료를 탐색하고 만져보고 자신이 만들고 싶은 대로 마음껏 꾸미는 것은 행위 자체에 의미를 두는 예술교육입니다. 반면 '집 만들기'나 '얼굴 만들기'처럼 명확한 목적을 가지고 건축물이나 두상의 구조를 이해하고 배워나가는 것은 변화와 학습에 의미를 두는 예술교육이라고 할 수 있습니다.

| 행위 자체 중심의 예술교육 | ←→ | 변화와 학습 중심의 예술교육 |

같은 고전음악을 감상하더라도 행위 자체를 중심에 둘 경우 감상자가 나름대로의 느낌과 영감을 얻는 것에 의미를 두지만, 학습을 통한 변화에 중심을 둘 경우에는 고전음악의 역사적 배경과 양식을 익히는 등 좀 더 학습적인 목적을 강조하고 기대하게 됩니다. 또 뮤지컬을 즐겁게 감상하고 아이들이 원하는 짧은 무대를 친구들과 함께 꾸며보는 활동과, 유명한 뮤지컬을 그대로 재현하고 연습하여 학교 발표회에 올리는 활동은 같은 뮤지컬 수업이라 하더라도 그 내용과 결과가 크게 달라집니다.

세 번째로 예술교육은 '예술을 위한 교육education for arts'과 '예술을 통한 교육education through arts'으로도 구분됩니다. 이는 예술이 교육의 목적인가, 도구인가에 따른 차이를 말합니다. 예술을 위한 교육은 말 그대로 '예술 지향적' 의미를 지닙니다. 예술의 표현과 감상, 전문성 습득 등을 통해 예술적인 능력을 키우고 예술을 통한 즐거움과 미적 경험을 얻는 것을 그 목적으로 두는 것이지요. 반면 '예술을 통한 교육'은 예술이 교육적 목적과 실현을 위해 도구나 수단으로서의 역할을 하는 것을 말합니다.[9] 여러 가지 재료로 바다 속을 상상하여 그리는 것이 '예술을 위한 교육'이라면, 그림을 도구로 삼아 바다 속 생

물의 종류와 생김새를 익히게 하는 것은 '예술을 통한 교육'이라고
할 수 있습니다.

중요한 것은 낮은 연령일수록 교육 전반에서 '예술을 통한 교육'
이 큰 비중을 차지한다는 점입니다. 프랑스의 유치원[école maternelle]에서
는 교육 커리큘럼의 80%가 미술로 이뤄집니다. 모두를 예술가로 만
들기 위한 것일까요? 그렇지 않습니다. 이는 단순히 예술 지향성을
뜻하는 것이 아니라, 유아교육에 있어 예술이 최적의 교수방법임을
보여주는 것입니다. 예를 들어 유아의 경우 언어구사력과 인지수준
이 높지 않기 때문에 일반적인 교과서나 텍스트 자료는 효과적이지
않습니다. 오히려 미술이나 동작, 노래 등 예술을 통해 언어, 수학, 과
학, 규범 등을 교육하는 게 더 효과적이라는 것이지요. 이는 프랑스뿐
만 아니라 대부분 나라의 유아교육에서 볼 수 있는 현상입니다. 더 나
아가 핀란드와 같은 교육선진국에서는 초·중·고등학교에서까지 예
술가와 교사가 협업하여 예술수업을 구성하고 있고, 그 교육 효과도
입증되고 있습니다.

유아예술교육의 자리

　지금까지 유아예술교육의 다양한 유형을 살펴보았습니다. 그렇다면 유아를 위한 예술교육의 기준과 목표는 무엇이 되어야 할까요? 또 어떠한 활동이 유아에게 가장 적합한 예술교육일까요? 각기 다른 연령과 목적을 염두에 둔 예술교육을 한번 비교해보겠습니다.

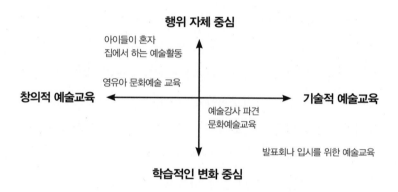

그림 1 · 목적과 방향에 따른 예술교육 구분

　위 그림을 한편 살펴볼까요? 중고등학생에게 예술대학 입학이나 콩쿠르 입상을 위해 예술활동을 하게 한다고 생각해봅시다. 이는 분명 반복학습을 통해 기술과 실기 실력을 변화시키는 데 목적을 두는 활동이자 교육이 될 것입니다. 또 그보다는 동기가 조금 약하지만 발표회를 위해 아이들로 하여금 연극이나 오케스트라 활동을 하게 할 때는 어떨까요? 이 또한 창의성이나 예술행위 자체를 즐기는 것보다는 기술적인 것과 변화에 의미를 두는 예술교육이 될 것입니다. 다시 말해 발표회나 입시준비를 위한 예술교육은 학습적인 변화, 그리고 기술 향상을 위한 예술교육에 가깝습니다. 초·중·고등학교에 예술강사를 파견하는 방식의 예술교육은 좀 더 다양한 예술 장르를 접할 기회가 되지만 실은 기술 향상을 위한 진도 나가기나 결과물에 의존하는 경우가 여전히 많은 편입니다.

한편 유아를 대상으로 하는 교육은 발표회나 입시를 위한 예술교육의 반대편에 있습니다. 유아들이 아무런 개입 없이 자연 상태에서 집이나 유아교육기관에서 예술활동을 하는 경우를 생각해볼까요? 아이들은 자연스럽게 그림을 그리고 조작해보고 몸을 움직이거나 음악을 흥얼거릴 것입니다. 그 속에서 학습 또는 변화라는 목표나 기술을 높이려는 목적은 찾아보기 어렵지요. 물론 때때로 유아가 스스로 학습하거나 기술적 발전을 보이기도 합니다. 그러나 그것은 의도한 것이 아닌, 행위 자체를 즐긴 유아에게 부수적으로 따라온 예술의 긍정적 산물이라 해야 할 것입니다. 유아예술교육은 여기서 한 단계 더 나아갑니다. 양질의 상호작용과 자극을 통해 좀 더 다양한 미적 경험과 활동을 할 수 있게 돕는 것입니다. 그냥 혼자 집에서 그림을 그리고 노래하는 것이 본능적인 유아의 예술활동이라면, 여기에 좀 더 창의적이고 유연한 교사의 역할이 더해지는 것이 유아를 위한 예술교육입니다.

그러나 인위적으로 어느 한쪽에 치우치거나 무언가를 정해놓기보다는 유아의 특성을 있는 그대로 이해하면서 함께 수업을 만들어나갈 것을 권합니다. 처음 한글이나 알파벳을 배우는 유아는 이를 하나의 그림과 기호로 받아들이고, 가르치는 교사 또한 사물이나 그림에 빗대어 접근하는 것처럼 말입니다. 유아들은 이러한 창의적이고 은유적인 예술교육의 자극을 통해 본능적이든 부수적이든 기술적이고 학습적인 성장까지 스스로 얻어낼 수 있는 힘을 갖고 있습니다. 그림으로 배운 글자를 읽고 쓰게 되거나, 발레수업에서 폴짝폴짝 뛰기만 하던 아이가 갈수록 유연해지면서 더 어려운 자세나 동작을 따라 할 수 있게 되거나, 다양한 미술활동을 경험하면서 판화, 수채화, 점묘법과 같은 기법과 기술들에 흥미를 가지게 되는 것처럼 말이지요. 그러므로 유아예술교육은 굳이 기술 향상을 해야 하는 발표회나 콩쿠르와 같은 특별한 상황이 아니라면 유아의 본능에 충실한 표현과 행위 자체에 집중하는 것이 좋습니다. 여기에 상상력과 창의력을 마음껏 발휘하고 확장할 수 있는 미적 경험, 그리고 놀이와 같이 긍정적이고 즐거운 정서를 펼칠 분위기를 마련해준다면, 그 위에서 스스로 탐색하고 발견하고 표현하고 창조하는 최고의 꼬마 예술가들을 만날 수 있을 것입니다.

유아예술교육의 어려움

그럼에도 유아예술교육을 생각할 때 어렵고 막연하게 느껴지는 데에는 여러 가지 이유가 있습니다. 우선 대부분의 예술가들에게 유아는 완전히 새로운 학습자로 느껴집니다. 특히 악기나 연기, 공예 등 기술적 영역을 배우고 가르치는 데 익숙하거나 주로 청소년과 성인을 대상으로 교육을 해온 예술교사들에게는 유아가 낯설고 어려운 존재입니다. 집중력은 짧고 원하는 대로 앉아 있지도 않으며, 심지어 수업 중에 "재미없어요." "어려워요." "하기 싫어요."를 대놓고 직설적으로 말하는, 매우 까다로운 고객과도 같기 때문입니다. 청소년은 청소년대로, 노년기는 노년기대로 그 특징이 있겠지만 아직 사회적 규범과 틀에 짜 맞춰지지 않은 유아기는 예술수업의 대상으로서 그야말로 새롭고 예측할 수 없는 존재입니다.

반면 유아와 일과를 함께 보내는 유아교사들은 이와는 또 다른 이유로 예술교육을 어렵게 느끼곤 합니다. '2013 유아문화예술교육 실태조사 연구'[10]에 따르면 어린이집과 유치원의 유아교사 대부분이 예술교육의 중요성과 필요성을 인식하고 있습니다. 그러나 직접 문화예술교육을 하는 데 있어서는 여러 가지 어려움을 토로합니다. 그 이유로는 첫째로 교사 스스로 문화예술교육에 대한 전문성이 부족하다고 여기는 것, 둘째로는 충실한 수업 준비에 대한 교사의 부담의 크다는 점, 셋째로는 프로그램 내용을 연령별 수준에 맞춰 적용하기 어렵다는 점을 이야기합니다.

우선 예술가들은 유아의 특성을 이해하고 그대로 받아들이는 것이 필요합니다. '왜 저렇게 할까?', '왜 하라는 대로 하지 못할까?'라고 생각하는 것이 아니라, 유아기가 최고의 예술가 시기임을 기억하여 예술가 대 예술가로서 만나는 시간을 기대하고 준비해야 합니다. "달을 먹어보고 싶은데 그러면 밤이 더 깜깜해지겠지요?", "우리 엄마가 파마를 했는데 칼국수 같아서 웃어버렸어요." 유아들은 이렇게 생각지도 못한 표현을 쏟아내며 예술가의 부름에 응답해줄 것입니다. 교사라고 해서 무언가 가르치고 기술을 알려주어야 한다는 부담감을 내려놓기 바랍니다. 오히려 아이들이 수업시간에 교사에게 큰 영감을 주기도 합니다. "모든 어린이는 예술가"라는 피카소의 말처럼 이 작은 예술가들과 함께 내가 가장 사랑하는 예술을 즐긴다는 마음으로 접근해야 합니다.

유아교사의 유아예술수업에 대한 부담은 예술가처럼 아이와의 관계에서 비롯된다기보다는 유아교육기관의 시스템이나 환경, 처우 등 좀 더 다양한 문제와 얽혀 있습니다. 여기에 2020년부터 개정된 아이중심·놀이중심의 누리과정도 여러 모로 고민을 더해주었지요. 교사와 교실의 자율권을 보장한다는 큰 가치를 지니고 있지만, 익숙한 월안, 주안 등의 수업계획안을 따라가는 대신 직접 수업을 준비해야 한다는 사실이 큰 부담으로 느껴질 수밖에 없기 때문입니다.

여기에 여러 가지 교과 외 업무까지 있어, 교사가 예술교육을 위한 전문성을 키우거나 수업 준비에 정성껏 시간을 들이는 것은 힘든 게 현실입니다.

이야기나누기 30분 동안 손 무릎 한 아이 칭찬한 것, 28명 혼자 감당 못 하는 나를 끝없이 자책한 것, 그러면서도 의문을 갖지 않은 것, 움직이지 않은 것, 그리고 비겁하게 혼자 빠져나온 것. 시시때때로 나를 괴롭히는 부채감을 덜 수 있을까요. 바구니 바구니 밤새 준비한 것 없이도, 빽빽하게 적고 외운 일안 없이도, 꼬망세나 키드키즈• 없이도, 종이 몇 장, 노래 하나, 끈 몇 개로도 살아 숨 쉬는 교실이 될 수 있다는 것을, 아이들에게 맡겨보라는 것을, 교사는 힘이 있다는 것을 보여줄 수 있을지도 몰라요.
-SNS에 쓴 전직 유치원 교사의 이야기(2018. 3. 27)[11]

이 글은 퇴직한 한 유치원 교사가 SNS에 올린 글입니다. 이 글을 쓴 교사처럼 아이를 좋아해서 유아교사가 되었고, 배움과 경험을 통해 아이들 스스로가 배우는 힘이 있다는 것도 알고 있지만, 또 그런 수업을 해보고도 싶지만, 바뀌지 않는 교육현실 속에서 자책감과 무력감을 느끼는 교사가 많을 것입니다. 그러나 좌절하고 포기하고 타협하기보다는 변화의 시기를 맞아 기대하고 설렘을 갖는 교사들이

• 유아교육 자료 사이트

더 많을 것입니다. 오히려 '드디어 끈 하나, 종이 하나로도 행복한 수업을 만들 수 있겠다', '아이들의 상상력을 끌어내볼 수 있겠다' 하고 기대하며 노력하는 교사들이 대다수일 것입니다. 유아교사들은 새로운 누리과정으로 맞게 된 변화를 창의적인 예술수업을 할 수 있는 기회로 삼아보기를 바랍니다. 예술에 대한 전문성이 없다는 것에 주목할 것이 아니라, 많은 예술가들이 갖지 못한 유아에 대한 깊은 이해와 상호작용 능력을 가졌다는 것에 집중해보세요. 그것에서 아이 중심의 예술수업에 대한 큰 실마리를 찾을 수 있습니다. 아이들은 무엇을 하고 싶어 할지, 아이들은 여기에 어떤 놀이를 연결하고 싶어 할지, 아이들은 어떤 이야기를 듣고 나누고 만들어내고 싶어 할지 유아교사들은 누구보다 잘 알 수 있으니까요. 이렇게 아이들이 필요로 하는 것, 아이들이 상상하는 것을 따라가다 보면 유아교사들이 가진 구연, 유희, 만들기, 율동 등의 수많은 재능은 아이들과 함께 창의적인 예술수업을 해나가는 데 큰 도움이 될 것입니다.

예술가든 교사이든 유아와 예술로 만나는 자리에 가게 된다면, 자신보다는 아이와 예술을 믿고 아이들과 함께 수업을 만들어가 보기 바랍니다. 예술은 아이의 본능이자 성장도구이며, 예술이 아이를 키우고 또 아이는 스스로 배워나간다는 것을 마음에 단단히 새기고서요.

예술교육을 위한
유아의 성장발달 이해

우리 곁에서 꽃이 피어난다는 것은
얼마나 놀라운 생명의 신비인가.
곱고 향기로운 우주가 문을 열고 있는 것이다.

| 법정스님 |

아이들이 자라는 것은 왠지 아주 쉽고 당연한 전자동 발달 시스템처럼 여겨질 때가 많습니다. 부모나 교사조차 이 놀라운 성장이 지금도 일어나고 있다는 것을 인식하지 못할 때도 있지요. 그러나 아이의 성장을 조금만 자세히 들여다보면 그것은 어른들이 새로운 무언가를 배우는 것과는 차원이 다르다는 것을 알 수 있습니다. 아기들은 앉고 기고 서고 걷고 잡고 삼키고 씹는, '온전히 새로운 모든 것'을 익힐 때마다 스스로 다시 배우고 또 배우기를 수백, 수천 번 반복합니다. 유아들은 새로운 근육을 사용하거나, 새로운 중심으

로 몸을 이동하거나, 새로운 감각을 활용하거나, 새로운 언어를 알기 위해 온몸으로 실험해보면서 익혀갑니다. 넘어지고 실수하더라도 끊임없이 시도하고 경험해보는 의지와 도전이 날마다 넘쳐나는, 한편으로는 매우 경이롭고 존경스럽기까지 한 것이 아이들의 성장 발달입니다. 예술교육이 좀 더 효과적으로 영향을 끼치도록 하려면 교사가 이 같은 유아기의 발달을 이해하고 배려하면서 수업에 충분히 반영할 수 있어야 합니다.

여기에서는 유아교사나 부모들에게는 익숙한 내용일 수 있지만, 유아를 처음 만나는 예술교사들을 위해 간단하게나마 유아의 발달 단계에 대해 살펴보려 합니다. 먼저 '신체와 두뇌 영역'의 발달에 대해 살펴보고, 그 다음으로 '자아개념과 정서 영역'의 발달에 대해 알아보겠습니다. 단 주의할 점은, 아이들 개개인에 따라 발달 수준의 편차가 있다는 것입니다. 또 한 단계에서 다음 단계로 갑자기 이동하는 것이 아니라, 피아제[•]의 주장처럼 각 영역이 서서히 앞뒤로 영향을 주며 연속적으로 발달한다는 것도 기억해야 합니다.

• Piaget(1896~1980). 스위스의 심리학자로, 특히 아동인지발달 연구에 많은 공헌을 하였다. 아동인지발달 단계를 다음 4단계, 즉 감각운동기(Sensory-motor stage), 전조작기(Preoperational stage), 구체적 조작기(Concrete operational stage), 형식적 조작기(Formal operational stage)로 제시하면서, 교사가 단순히 지식을 가르치는 것이 아니라 아동 스스로 지식을 발견하고 배워나갈 수 있도록 도와줄 때 아동이 각 단계에 도달하면서 발달할 수 있다고 강조하였다.

유아의 신체와 두뇌 영역 발달

　유아예술교육에서 유아란 구체적으로 어떤 연령을 말하며, 어떤 특징을 갖고 있을까요? 고대 기록을 살펴보면 그리스의 철학자 플라톤과 아리스토텔레스는 유아를 생후부터 만6세까지로 정의하였습니다. 이후 전 세계 수많은 교육학자들이 다양한 논의를 해온 결과 '유아'는 주로 초등학교 입학 전 아동을 지칭하는 말로 통일되어 쓰이게 되었습니다. 국어사전에 따르면 유아는 생후 1년부터 초등학교 입학 전까지의 아동을 의미하고, 대한민국 영유아보육법에 의하면 만6세 미만의 취학 전 아동을 묶어 영유아라고 말합니다.

　최근 유아 연령에 대한 기준은 2012년 도입된 누리과정에 명시된 만3세~만5세(한국식 나이로 다섯 살~일곱 살)에 맞추는 경향입니다. 한국문화예술교육진흥원 등에서 주관하는 '유아문화예술교육 지원사업'에서도 누리과정의 연령을 대상으로 합니다. 유아들을 처음 접하는 예술교사는 복잡한 나이 체계로 인해 유아의 연령이 헷갈릴 수 있습니다. 유아보육 및 교육 기관에서는 만3, 4, 5세와 같이 만 나이로 쓰는 것이 통상적입니다. 그러나 학부모나 아이들은 나이를 표현할 때 한국나이로 다섯 살, 여섯 살, 일곱 살과 같이 이야기하는 경우가 더 많습니다. 이같이 복잡한 나이 개념은 다행히 초등학교에 입학하면서 1학년은 여덟 살, 2학년은 아홉 살 등 만 나이 개념이 없어지고 정리가 되지만, 유아의 나이 체계에 익숙하지 않은 예술교사들은 만 나이와 한국나이를 동시에 떠올리는 습관(만3세는 다섯 살, 만4세는 여섯 살, 만5세는 일곱 살)을 꼭 가져야 합니다.

자, 그러면 우리가 만날 아이들의 신체와 두뇌, 언어와 인지 등이 어떠한 발달단계를 거치는지 한번 살펴볼까요? 차이를 좀 더 쉽게 이해할 수 있도록 생후부터 유아기까지 함께 살펴보고자 합니다.

만0~2세(생후~네 살)

영아기로 불리는 이 시기에는 다양한 자극을 통해 두뇌와 신체 발달이 빠르게 이루어집니다. 생후 7개월부터는 하루에 약 1.7g씩 뇌의 무게가 커지는데 생후 1년경에는 성인 뇌의 절반, 그리고 생후 2년이 되면 뇌의 무게가 성인 뇌의 75%에 이르게 됩니다. 이때는 건강하게 성장하는 것이 가장 큰 과제이므로 인위적인 교육보다는 주 양육자와 애착을 형성하는 데 집중해야 합니다. 더불어 급속도로 성장하는 두뇌와 신체 발달을 위해 건강한 자극을 주는 것 또한 중요합니다. 다양한 시청각 자극이나 촉각, 여러 가지 움직임을 경험하면 두뇌가 더 건강하고 똑똑해지지요.

만0세는 0개월(생후1~30일)부터 12개월(생후361~390일)•로, 양

● 개월 수의 개념도 나이만큼이나 복잡해서 아기 엄마들조차 헷갈려할 때가 많다. 일반적으로 개월 수는 0개월(생후 1일~30일)부터 시작하는데, 태어난 날을 1일로 셈해서 30일을 다 채우면 다음 개월로 넘어간다.

육자의 도움 없이는 생존과 성장이 불가능한 시기입니다. 한 달 한 달의 성장이 매우 빨라서 1개월째에 턱을 들고, 2개월째에 가슴을 들고, 4개월이 되면 기대어 앉을 수 있고 6개월째에는 혼자 앉을 수 있습니다. 8개월이 되면 기게 되고 11개월부터는 혼자 서거나 걷는 등 아기는 일 년 새 자신의 몸 대부분을 스스로 움직일 수 있게 됩니다. 만0세는 예술적 표현을 명확히 드러내지는 않지만 좋아하는 리듬의 음악을 들으면 박수를 치거나 간단한 동작을 하고, 여러 색과 모양, 촉감에 호기심을 가지며, 단순한 반응과 표현도 하기 시작합니다.

만1세(세 살)부터는 조금씩 자신이 원하는 것을 표현할 수 있게 됩니다. 여러 가지 블록이나 종이벽돌을 쌓기도 하고, 색연필과 필기구로 끄적거리는 것도 좋아합니다. 의미 없는 낙서처럼 보이지만 자신의 손에 의해 색과 선이 나타나는 것 자체를 신기한 놀이로 느낍니다. 움직이는 것에 대한 관심이 커져서 크고 작은 크기의 공을 던지거나 굴리고, 자동차나 수레를 끈에 묶어 끌고 다니는 것도 좋아합니다. 사람이나 동물의 표정, 행동, 소리 등을 단순하게 따라 하

● 의아하겠지만 만1세는 한국나이로 세 살이 된다. 우리가 보편적으로 쓰는 한국나이는 태어나는 순간 한 살이며 해가 바뀔 때마다 한 살, 한 살을 더하기 때문이다. 2020년 8월에 태어난 아이를 예로 들면, 2020년 8월 태어난 날부터 12월까지가 한 살이다. 2021년 새해가 되면 4개월밖에 되지 않았지만 두 살, 2022년 새해가 되면 여전히 16개월밖에 되지 않은 영아지만 한국나이로는 세 살이 된다. 그러나 이 아이가 만 나이로 '만1세'인 이유는 다음과 같다. '만'은 다 채웠다는 의미를 갖기 때문에 12개월을 다 채워야 한 살로 친다. 그러므로 이 아이는 18개월 중 12개월을 한 번만 채웠으므로 '만세'가 되는 것이다. 한국을 제외한 거의 모든 나라에서 쓰는 나이는 '만 나이' 체계로, 외국인들은 성인이라 할지라도 이 같은 셈법을 통해 자신의 개월 수를 알고 있다.

고 그것에 대한 양육자의 반응에 재미있어 하며 초기 극놀이를 경험합니다.

만2세(네 살)는 쌍방향의 상호작용과 다양한 표현이 가능해서 제법 자란 느낌을 받게 됩니다. 소근육이 발달하여 점토놀이나 그림그리기를 즐기기 때문에 새롭고 다양한 재료를 제공하여 자극을 주기에 적합합니다. 높지 않은 곳에 오르내리거나 뛰어내릴 수 있고, 위험한 것과 안전한 것을 조금씩 구별하여 행동합니다. 단순한 역할놀이로서 엄마 흉내를 내거나 공룡과 싸우는 등 간단한 형태의 극 활동을 즐겨 합니다.

이 시기 영아들을 위한 예술교육 프로그램은 어린이집을 제외하면 간혹 문화예술기관에서 진행하는 베이비 드라마나 무료 예술교육 프로그램이 있고, 그 외에는 백화점이나 대형마트 문화센터에서 진행하는 것이 대부분입니다. 어린이집이나 문화센터에서 진행되는 예술교육 대부분은 부모나 교사가 아기와 함께하는 감각놀이와 신체놀이를 중심으로 진행됩니다. 이 시기의 예술 감각 발달은 일회성이 아닌 지속적으로 이루어질 때 긍정적인 영향을 기대할 수 있으므로 주 양육자 및 교사와의 애착 형성을 통한 꾸준한 관심과 자극이 필요합니다.

만3세(다섯 살)

유치원에 입학할 수 있는 만3세는 누리과정이 시작되는 시기로,

아이들의 움직임이 눈에 띄게 많아집니다. 달리다가 슬라이딩하기, 한 발로 버티거나 한 발로 뛰기, 뛰어내리거나 높이 점프하기 등 어른들이 보기에는 다소 모험적이고 거칠어 보이는 활동을 즐기기 시작합니다. 소근육도 더 섬세해져서 제법 형상을 그릴 수 있고, 가위로 간단한 오리기를 할 수 있습니다. 자신의 신체를 시험해보는 것 자체를 놀이로 여기고 동시에 발달까지 자연스럽게 이뤄나가는 시기이지요. 또 말문이 트이고 끊임없이 말하기를 즐기게 되면서 극놀이를 아주 좋아하게 됩니다. 병원놀이, 가게놀이, 괴물놀이 등 구조는 단순하지만 내용은 나름의 역할과 인과를 담는 등 비교적 확장된 형태로 이뤄집니다. 이를 통해 다양한 관계와 문제해결, 언어발달 등을 이뤄가게 됩니다. 단 여전히 발달의 편차가 큰 시기이기에 개월 수의 차이(예를 들어 1월생과 12월생의 차이)에 따라 같은 반이라도 다른 연령으로 보일 만큼 언어나 인지, 대·소근육에 있어 상대적 차이가 있기도 합니다.

만4세(여섯 살)

만4세 아이들은 모험심이 점점 강해집니다. 놀이터나 야외활동 시 오르내리기와 뛰기를 좋아하고 땀에 흠뻑 젖을 만큼 몸을 움직일 때 재미있다고 느낍니다. 또한 또래에 대한 관심이 커지면서 친구들과의 놀이활동이 늘어납니다. 이전에는 같은 공간에서 같은 것을 가지고도 각자의 활동을 하였다면, 이제는 놀이나 활동에 대해 규칙을 정하고 의견을 나누면서 또래와 같이하는 놀이를 즐기게 됩니다.

가위질, 풀칠 등의 세부 조작력이 좀 더 섬세해지고, 새로운 미술 재료나 만들기 재료, 처음 보는 악기, 새로운 움직임과 과제 등에 흥미를 느낍니다. 좋고 싫음이 확실해져서 하고 싶은 것과 하고 싶지 않은 것에 대해 다양한 방식으로 표현을 합니다. 그러나 규칙과 약속도 중요하게 여기는 시기이므로 하기 싫은 것이라도 조금 참을 수는 있지만, 동시에 참아야 하는 상황이나 규칙을 어긴 친구에 대해서는 스트레스를 받기도 합니다. 수업 중 선생님과의 간단한 약속과 규칙은 도움이 되지만, 반대로 너무 제재를 하거나 교사가 일관성 없는 모습을 보이면 역효과를 줄 수도 있습니다.

만5세(일곱 살)

마지막으로 유치원에서 가장 형님반이 되는 만5세는 정서와 학습, 사회적 영역 등 매우 다양한 영역에서 뇌 발달이 이루어지는 시기입니다. 충동성이 조금씩 낮아지고 집중하는 시간은 길어지면서 제법 의젓한 모습을 갖추게 됩니다. 규칙과 순서가 있는 게임과 놀이, 학습 활동을 할 수 있고 미리 계획을 세우는 것도 가능해집니다. 자기중심적인 사고에서 벗어나 공감능력이 높아지기 때문에 이야기에 심취하는 시기이기도 합니다. 역할을 나누어서 극놀이를 할 수도 있고 다양한 역할과 상황에 대해 나름대로의 의미와 평가를 부여하기도 합니다.

대·소근육도 매우 발달하여 높은 곳에서 뛰어내리거나 온몸을 구르는 등 몸을 자유자재로 움직일 수 있습니다. 또 가위로 정해진 모양 오리기, 선에 맞춰 색칠하기, 순서에 따라 종이접기를 할 수 있고, 다양한 방법으로 점토를 조작하는 것도 가능해지지요. 더불어 눈치도 빨라져서 수업시간에 선생님이 무엇을 원하는지, 내가 무엇을 끝내면 책상을 벗어나 놀 수 있는지도 쉽게 파악합니다. 창의적인 사고를 열어주는 개방적 수업이 아닐 때에는 시키는 것을 대충, 그리고 빨리 처리해버리거나 부정적인 언행을 하기도 합니다.

그러나 사실은 아주 창의적이고 호기심 또한 여전해서 만5세와의 시간을 어떻게 보내느냐는 교사 하기에 달려 있다고 해도 지나친 말이 아닙니다. 스스로 간단한 동화책을 읽을 수 있기에 생각과 토론의 폭도 넓어지고, 끝말잇기나 수수께끼와 같이 높은 수준의 언어 활동을 즐길 수 있습니다. 새로운 이야기를 만들거나 노래 가사, 연극 대사 등을 지어낼 수도 있고, 재미있다고 여겨질 경우 몇 번 만에 외워 집이나 다른 곳에서도 흥얼거리고 흉내 낼 수 있습니다. 동생들 앞에서 제법 의젓하여 유치원의 조교로 불리기도 하고, 선생님과의 상호작용에서는 많은 도전과 즐거움을 안겨주기도 하는 아이들이 바로 만5세들입니다.

이와 같이 유아들은 불과 한 살 차이라 해도 동작과 언어, 인지 수준이 크게 차이가 납니다. 그렇다면 예술수업에서 연령에 따른 차이를 어떻게 반영하는 것이 좋은지 다음의 예를 통해 살펴볼까요? 만3세와 만5세 아이들이 각각 색종이 모자이크로 마을을 꾸미는 단체 미술활동을 한다고 가정해봅시다. 여기에는 다음과 같이 다양한 활동이 이루어지며 그 난이도에 따른 능력이 요구됩니다.

1. 마을을 떠올려서 밑그림을 그릴 수 있다(창의력, 표현력)
2. 색종이를 찢거나 자르고, 풀칠을 할 수 있다(소근육, 협응력)
3. 알맞은 색의 색종이 조각을 배치할 수 있다(색인지, 표현력)
4. 공동 활동을 친구들과 함께할 수 있다(협동심, 인내심)
5. 끈기 있게 작업을 마무리할 수 있다(인내심, 지구력)
6. 작품에 대해 스토리텔링을 할 수 있다(창의력, 표현력, 언어능력)

같은 주제와 재료를 가지고 이루어지는 수업이라 해도 만3세(다섯 살)반과 만5세(일곱 살)반 사이에는 과정에 대한 이해에서부터 활동범위, 활동 집중시간, 활동의 유창성, 활동의 과정과 결과물, 활동의 확장성에 이르기까지, 다양하고 명확한 차이가 있습니다. 만3세반은 가위질과 풀칠이 서툴러 종이를 자르느라 모자이크 활동은 조금밖에 하지 못할 수도 있습니다. 만5세반은 필요한 모양이나 조각을 먼저 그리거나 계획하고 가위질을 할 수 있을 만큼 손가락 근육과 조작력이 발달해서 속도 자체가 다를 것입니다. 또 만3세반은 협력이 서툴고, 집중력이 짧아 여기저기 자리를 옮겨 다니며 여러 가지에 주의가 분산될 수 있습니다. 반면 만5세반은 각자가 담당한 모자이크 구역에 대해 나름의 책임감을 가지고 수행하려 하며, 도움이 필요한 친구를 도와주거나 친구에게 도움을 요청하는 등 협동을 통한 활동도 진행할 수 있습니다.

교사가 연령에 따른 이 같은 차이를 알고 있다면 같은 주제와 내용이라도 수업 목표와 내용, 과정과 발문을 각기 다르게 연령에 맞춰 준비할 수 있겠지요. 예를 들어 만3세반 수업에서 모자이크 활동을 통한 창의력과 표현력 등을 목표로 한다면 준비단계에서부터 아이들의 가위질이나 풀칠이 느리다는 점을 고려할 것입니다. 이런 경우 교사가 색종이 조각을 미리 잘라 준비해두었다가 아이들이 자른 종이와 합쳐 모자이크 활동에 집중하게 도와줄 수 있습니다. 또한 풀칠이 느리거나 서툴러서 종이가 제대로 붙지 않을 것을 고려한다면 풀 대신 양면테이프를 준비하여 아이들이 쉽고 빠르게 종이를 붙일 수 있게 배려해줄 수 있습니다.

또 만5세반은 활동수준이 좀 더 높다는 점을 고려하여 교사가 준비한 것(모자이크 활동)을 넘어 다양한 연계활동으로 확장할 수 있게 계획할 수 있겠지요. 모자이크 활동 전후 여러 가지 색이 있는 그림책을 보며 색인지 놀이를 할 수도 있고, 모자이크 작품을 접고 세워서 입체 구조로 만든 뒤 아이들이 하는 놀이를 관찰해 극놀이(역할놀이)로 확장하는 등 신체와 두뇌 발달의 차이에 맞는 예술수업을 구성할 수 있습니다.

유아의 자아개념과 정서 영역 발달

예술교육은 유아의 신체와 두뇌 발달뿐만 아니라 마음과 정서를 건강하게 키워가는 데에도 큰 영향을 줍니다. 이번에는 유아들의 내적 발달, 즉 자아개념과 정서 영역의 발달에 대해 살펴보겠습니다.

먼저 자아개념 발달은 자기 자신에 대해 어떻게 생각하는지를 정립해가는 과정이고, 정서발달은 자기 자신과 외부 상황을 대할 때 나타나는 태도와 반응을 말합니다. 즉, 유아가 성장하는 데 있어 정신과 정서의 단단함을 만들어가는 과정으로, 신체발달이 반복적 훈련으로 만들어지는 것이라면 자아개념과 정서발달은 무의식에 쌓여서 만들어지는 것이라 할 수 있습니다. 개인의 자존감과 정서적 안정감이 어떻게 형성되었느냐는 신체적 상태 이상으로 인간의 삶 전반에 강력한 영향을 끼칠 수 있습니다. 그러므로 예술교사가 유아의 정서발달 과정을 이해하고 고려하는 것은 꼭 필요합니다.

자아개념 발달

자신에 대한 인식인 자아개념의 발달은 어떤 과정으로 이루어질까요? 먼저 갓 태어난 아기는 자신에 대한 개념이 없이 엄마와 내가 한 몸인 것 같은 느낌을 갖고 있습니다. 엄마가 없으면 바로 불안해지는 것처럼 정서가 매우 단순합니다. 아이는 18~25개월을 전후

하여 자신의 신체를 감각적으로 느끼게 되는데 이때 비로소 기초적인 자아개념을 가지게 됩니다. 이 시기 아이들은 거울에 비친 자신의 모습을 관찰하기 좋아합니다. 자신의 모습을 조금씩 언어로 표현하기도 하지요. 그러다 유아기가 되면 자아개념이 좀 더 강해져서 자신에 대해 구체적인 내용들을 열거하면서 설명할 수 있게 됩니다. 또 다른 사람들과 자신, 혹은 이전의 자신과 지금의 자신을 비교하면서 자신의 개념을 찾아가기도 합니다. 다음 표는 영유아가 연령별로 어떠한 자아개념을 갖고 있고 그에 따라 어떠한 표현을 하는지 보여줍니다. 주 양육자에게서 자아를 분리하는 영아기의 기초 단계에서 시작해 단순비교와 자기 표현을 거쳐 타인의 반응이나 평가에 따라 자신을 인식하면서 자아개념을 발달시켜가는 것을 알 수 있습니다.

우리가 만나게 될 유아들과의 수업에서 예술은 아이들의 자아개념을 발견하고 드러내주는 중요한 도구가 됩니다. 아이들이 자신의 손이나 몸을 그리거나, 자신의 신체를 한계까지 움직여보거나, 자기의 모습을 보며 춤을 추고 목소리 높여 소리를 내고 노래를 하는 것으로 내가 누구인지, 내가 어떠한 특징을 갖고 있는지 알 수 있게 됩니다. 또 자신이 창조한 예술작품과 활동을 통해 내가 남들과는 다른 유일한 존재이며, 나 자신으로서의 감정과 표현이 존중받고 있다는 긍정적인 자아개념도 만들어갈 수 있습니다. 이 같은 긍정적 자아개념은 자기 자신에서 시작하여 가족과 친구, 학교와 사회를 바라보는 인식과 개념으로까지 확장될 수 있습니다.

연령	자아개념	표현 예시
~24 개월	• 주 양육자와 분리된 나(자아)에 대한 인식 시작 • 비교는 나타나지 않음 • 나의 행동(울음, 웃음 등)에 대한 타인의 반응에 주목함	(울 때마다 양육자가 안아주는 반응을 하였다면 이를 주목하여 우는 행동을 반복하거나 강화하기도 함)
2~4세	• 자신에 대한 관심이 커짐 • 기본적으로 자신을 긍정적으로 여김	"내가 이거 했어." "나 잘하지?"
	• 자신에 대해 한 번에 한 가지씩 표현할 수 있음	"나는 네 살이야." "예쁜 옷 입고 왔어."
	• 공평성에 관한 단순비교 외에는 비교하지 않음	"형아는 풍선이 두 개야."
	• 나의 행동에 대한 타인의 반응을 인식하고 반응함	(물을 쏟으면 걸레를 가져와서 닦음)
5~7세	• 자신에 대해 구체적인 사실들을 열거하여 정의할 수 있음	"나는 해님반이고, 아파트에 살고, 채연이를 좋아하고, 만들기를 잘해."
	• 자신에 대해 전반적으로 긍정적인 사고를 하며 이를 위해 부정적인 측면을 외면하기도 함	"나는 도둑을 잡을 수 있는데, 하나도 무섭지 않아."
	• 일시적 비교를 하거나 과거와 현재의 활동 등을 비교함	"다섯 살 때는 종이접기를 잘 못했는데 지금은 꽃이랑 배도 접을 수 있어."
	• 자신에 대한 주변의 평가를 인식함 • 주변의 평가(칭찬, 부정) 등을 통해 자신을 조절하기도 함	(긍정적 평가를 받은 행동은 강화하거나 자랑하고자 함)

표 4 • 영유아기 자아개념 발달 및 표현 예시[12, 13]

자아존중감과 자기효능감 발달

유아기는 자아개념과 함께 평생 스스로를 지지하고 회복할 수 있는 정서적인 힘을 키우는 시기이기도 합니다. 대표적인 것이 바로 나 자신이 소중한 존재라고 여기는 자아존중감self-esteem과 내가 할 수 있고 해볼 만하다고 여기는 자기효능감 self-efficacy 입니다. 아기는 태어나면서 기본적으로 긍정적인 정서를 가집니다. 아이들에게 누가 가장 예쁜지 물어보면 자기 자신을 가리키고, "나는 잘해", "나는 할 수 있어."와 같은 말도 당당하게 합니다. 스스로의 경험이 많지 않아 객관적인 비교 자체를 하지 않기 때문입니다. 그러나 유아기와 아동청소년기를 지나며 누군가는 높은 자아존중감과 자기효능감을 가지게 되고, 누군가는 우울하고 부정적인 정서를 가지는 등 환경과 조건에 따라 아이들은 전혀 다른 정서를 갖게 됩니다.

심리학자 에릭슨*은 심리사회적 발달이론을 통해 유아기인 제3단계(만3~5세)를 '주도성 대 죄책감'이 대립하는 시기라고 이야기합니다. 유아는 본능적인 호기심에 따라 주도적으로 탐색하고 도전하고 경험해보려 하지요. 이때 부모나 교사가 그것을 격려하고 도움을 줄 경우 긍정적인 자아존중감과 주도성을 갖게 되지만, 계속 제재하거나 귀찮다는 반응을 보일 경우 아이는 수치심과 죄의식을 느낍니다. 아직 어린 유아는 세상의 모든 새로운 것에 대해 내가 할 수 있는지 없는지, 안전한지 아닌지를 스스로 판단할 수 없습니다. 이때 어른의 관점에서는 "이 쉬운 것을 왜 못 하니?", "왜 하지 않으려 하니?", "왜 말을 안 듣니?" 하고 쉽게 판단하거나 지적하지만 이 같

• Erik Homburger Erikson(1902~1994). 독일 출신의 미국 심리학자로 연령을 7단계로 나눈 심리사회적 발달이론 등 다양한 정신분석과 사회심리 이론에 공헌하였다.

은 부정적 메시지가 아이의 불안감과 좌절, 죄책감을 키울 수 있습니다. 즉 유아기의 긍정적 정서발달은 무엇인가를 스스로 해본 성취감이나 주도성의 축적, 그리고 주변에서 보내는 긍정적인 언어 지지와 평가로 이루어진다고 할 수 있습니다.

다음 예를 통해 예술수업에서 교사가 보이는 관심과 지지가 어떠한 정서적 자극을 주게 되는지 살펴보겠습니다. 가만히 앉아서 하는 활동보다 몸놀이 활동을 좋아하는 다섯 살 진우는 미술시간이 되면 크게 흥미를 느끼지 못하고 돌아다니거나 친구와 장난을 치곤 합니다. 오늘도 처음부터 돌아다니는 진우를 보고 교사가 이렇게 말합니다.

"진우야, 돌아다니지 않아요. 지난번 시간에도 친구들이랑 놀고 돌아다니느라다 완성 못 했지? 오늘도 이렇게 돌아다니면 너만 완성하지 못할 거야. 진우만집에 못 가져가도 괜찮아요?"

물론 교사는 진우가 자리에 앉아 활동을 했으면 하는 바람으로 이런 이야기를 한 것입니다. 하지만 교사의 말을 통해 '네가 돌아다녀서 싫다', '너는 해내지 못할 것이다', '너만 가져가지 못할 것이다', '너는 잘 못 하고 있는 것이다'라는 부정적인 메시지와 자극이 무의식중에 전달됩니다. 이에 진우는 입술을 삐쭉 내밀거나 풀이 죽은 표정을 지으며 툴툴거리는 말이나 행동을 보이게 될 것입니다.

교사의 부정적인 메시지가 부정적인 정서를 형성하고, 아이는 그에 대한 답으로 부정적인 표현을 하는 것입니다. 만약 여기서 교사가 중립적인 메시지 혹은 긍정적인 메시지를 담아 말한다면 어떨까요?

"진우야, 친구들이 하는 것이 궁금했나 보구나. 돌아다녀 보니 친구들 그림이 어때요? 오늘 다 색칠하지 않아도 돼요. 제일 좋아하는 색 하나만 골라 칠해볼까? 진우가 해본다면 정말 멋진 물고기가 나올 것 같거든."

여기에서는 진우가 돌아다니는 것이 싫다거나 진우는 다 할 수 없을 것이라는 부정적 메시지가 느껴지지 않습니다. 아이가 돌아다닌 행동을 중립적으로 반영해주고, 아이가 할 수 있을 만한 것을 제안합니다. 그리고 가볍게 지지하고 격려해주는 긍정적 메시지도 느껴집니다. 다만 교사가 이렇게 말해도 진우는 여전히 앉아 있지 않을 수도 있고, 혼자만 그림을 완성하지 못할 수도 있습니다. 그러나 적어도 미술을 강제로 해야 하는 형벌로 여기거나 미술수업과 교사, 그리고 자기 자신에 대한 부정적인 메시지를 받지는 않았기에 다음 수업, 또는 그 다음 수업에서 진우의 참여를 기대해볼 수 있을 것입니다.

다행스럽게도 유아의 정서발달 체계는 비교적 단순해서 다음 두 가지를 배려하여 조금만 도와주어도 긍정적 영향을 줄 수 있습니다.

첫째는 예술교사의 반복적이고 긍정적인 언어지원입니다. 아이에게 높임말만 쓴다고 존중과 지지를 나타내는 것은 아닙니다. 그속에 있는 메시지가 진짜 전하고자 하는 내용이며, 아이들은 그 뉘앙스만으로도 교사의 말이 지지인지 비난인지 정확히 구분합니다. 반복적으로 "안 돼요." "하지 않아요." "왜 그렇게 하나요?"라고 말한다면 아이는 스스로 '나는 하면 안 돼.' '할 수 없어.' '나는 잘 못해.' '재미없다.'라고 생각하게 됩니다. 이것은 비단 아이와 교사의 관계를 멀어지게 할 뿐만 아니라 아이로 하여금 예술에 대한 관심과 흥미마저 잃게 만들 수 있습니다. 반면 "너는 할 수 있어." "노력하고 있구나." "같이 한번 해보자."라는 중립적이고 긍정적 메시지를 반복적으로 준다면 아이는 예술과 예술교사가 자신을 포용하고 있다는 느낌을 갖게 됩니다. 아이들 모두를 대단한 예술가로 만드는 것이 목표가 아니라면 그저 아이가 '나는 응원받고 있어.' '선생님은 나한테 화나지 않았어.' '나도 한번 해볼까?' 하는 작은 용기를 갖게 하는 것만으로도 충분합니다.

둘째는 아이들이 작은 성취의 경험을 쌓을 수 있게 도와주는 것입니다. 예를 들어 진우가 앉아 있지 않고 돌아다니는 것은 미술활동에 흥미가 떨어지거나, 자신감이 부족하거나, 미술은 좋아하지만 집중력이 낮은 편이어서라는 다양한 방향으로 해석해볼 수 있습니다. 이럴 때는 우선 교사 자신의 목표를 낮추어볼 것을 권합니다. 다 완성해야 한다거나 다른 친구들만큼은 해야 한다는 목표 대신 진우의 세계가 다를 수 있음을 인정하고, 작은 것이라도 한 단계씩 해낼 수 있게 도와주는 것입니다. 유아들에게 작은 성공을 통해 차근차근 성공의 경험을 쌓아나가는 '스몰 스텝Small Step'의 원칙을 적용하는 것은 긍정적인 정서를 발달시키는 데 큰 도움이 됩니다. 색칠 활동을 힘들어하는 아이는 한 가지 색을 잠깐이라도 칠해보는 것에서부터 마음에 드는 두세 가지 색을 더 골라보는 것, 마무리까지 해보는 것으로 차근차근 성취감을 느껴볼 수 있겠지요. 또 새로운 교사나 프로그램을 낯설어하는 아이는 멀리서 지켜보는 것부터 가까이에 앉아만 있는 것, 도구를 만져만 보는 것에 이어 직접 해보는 것까지 순차적으로 접근할 수 있게 하는 등 아이들 각자에게 맞는 성취를 맛볼 수 있게 도와주는 것입니다.

지금까지 살펴본 바와 같이 유아예술교육은 유아의 전인적 발달에 없어서는 안 될 중요한 역할을 하고 있습니다. 유아들은 예술교사들과 작은 예술활동을 함께하면서 성장의 경험, 한계를 넘어보는 경험, 성취의 경험, 자기 표현의 경험, 유희의 경험, 치유의 경험을 맛볼 수 있어야 합니다. 이를 위해 예술교사는 반드시 유아의 신체 및 정서의 발달을 이해하고 이를 수업에 적절히 반영해야 함을 잊지 말기 바랍니다.

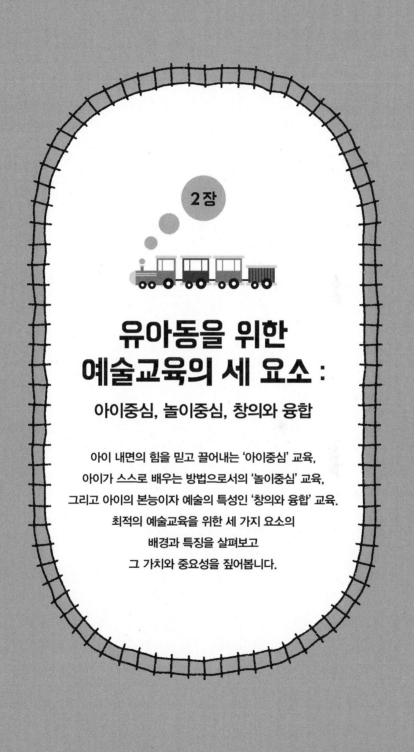

2장

유아동을 위한
예술교육의 세 요소 :

아이중심, 놀이중심, 창의와 융합

아이 내면의 힘을 믿고 끌어내는 '아이중심' 교육,
아이가 스스로 배우는 방법으로서의 '놀이중심' 교육,
그리고 아이의 본능이자 예술의 특성인 '창의와 융합' 교육.
최적의 예술교육을 위한 세 가지 요소의
배경과 특징을 살펴보고
그 가치와 중요성을 짚어봅니다.

아이중심의
예술교육이란 무엇일까

우리가 아이들에게 줄 수 있는 가장 큰 선물은
아이들에게 우리가 가진 소중한 것을 주는 것이 아니라,
아이들 각자가 얼마나 소중한 것을 가지고 있는지
스스로 깨닫게 해주는 것입니다.

| 아프리카 스와힐리 격언 중에서 |

2020년부터 누리과정이 '아이중심·놀이중심'으로 개편되면서 반가움과 우려가 동시에 쏟아졌습니다. 하지만 사실 이것이 대단한 발견이거나 새로운 교육철학은 결코 아닙니다. 특히 '유아 내면에 있는 힘을 믿어야 한다'는 아이중심의 교육철학은 이미 200여 년 전부터 지금까지 수많은 학자들에 의해 강조되어 왔습니다. 교육이론을 배운 유아교사들에게는 누구보다 익숙한 내용이지요. 그런데 왜 예술교사들은 아이를 믿고 따라가는 아이중심의 교육철학과 수업에 대해 어색함을 느낄까요? 또 왜 지금 우리나라 누리과정과 교

육 선진국들의 수업이 아이중심(학생중심)의 방향을 향해 맞춰지는 것일까요?

급변하는 시대에 우리 아이들에게 필요한 교육

인류는 본능적으로 각 시대에 필요한 역량을 중심으로 자녀수를 조절하거나, 후대에게 가르칠 교육내용을 변화시켜왔습니다. 수렵채집 사회에서는 사냥감을 찾아 빈번이 이동을 해야 했기에 아이들이 많으면 짐이 되었습니다. 그래서 자녀를 넷 이상 낳는 경우가 거의 없었지요. 또 사냥이나 전염병과 같은 위험에 늘 노출되어 있었기에 자녀가 죽는 일도 흔했고 이에 크게 연연해하지 않았습니다. 그러나 정착해 살아가는 농경사회로 접어들면서 아동은 쓸 만한 노동력이 되었고 출산율은 빠르게 증가하였습니다. 대를 이어 아이들에게 농사일을 가르쳤고, 마을을 형성해 서로 돕고 사는 사회성과 연대문화도 인간의 새로운 능력으로 발전하게 됩니다.[14]

그렇다면 전통적인 의미의 공동체와 가족이 해체된 오늘날의 주된 역량은 무엇이며, 아이들은 과연 어떤 능력을 키워야 할까요? 현대사회는 수렵채집에서 농경사회로 진보한 것 이상으로 크고 빠른 변화의 물결 속에 있습니다. 채 100년도 되지 않는 기간에 증기의 힘으로 설명되는 1차 산업혁명과 전기의 발명인 2차 산업혁명, 컴퓨터와 인터넷으로 펼쳐진 3차 산업혁명을 거쳐, 드디어 4차 산업혁명에까지 이르렀습니다. 지금까지의 변화 모두 놀랍고 엄청난 기술의 발전이 불러온 것이었지만 1, 2, 3차 산업혁명까지는 기술이 그저 인간의 '팔'과 '다리'를 대신하는 것이었습니다.

그러나 4차 산업혁명은 인공'지능(머리)'과 함께 찾아왔습니다. 인공지능이 인간이 해오던 단순한 업무를 대신 할 뿐만 아니라 선택, 결정, 창조 등 (기계가 대신할 수 없을 것이라 믿었던) 인간의 '머리'로 해온 일까지 넘보고 있습니다. 이 같은 변화에 대해 인간의 일자리가 대거 사라지고 인간성 상실과 같은 문제가 생겨날 것이라는 비관론과, 인간이 더는 기계같이 일할 필요 없이 더 많은 여유와 행복을 누리게 될 것이라는 낙관론이 공존하고 있습니다. 다가올 미래가 낙관적일지 비관적일지는 쉽게 결론내릴 수 없지만 한 가지 모두가 확실하게 인정하는 것은 이미 4차 산업혁명이 우리 삶에 깊숙이 들어와 빠르게 변화를 일으키고 있다는 점입니다.

친구와 연락하기 위해 집전화로 전화를 걸던 시대를 기억하시나요? 안테나를 올려야 통화를 할 수 있었던 초기 핸드폰을 기억하시나요? 단 20, 30년 만에 이 전화기는 컴퓨터를 넘어서는 '스마트'폰이 되어 모든 삶의 영역에 영향을 주고 있습니다. 앞으로 10년 뒤, 20년 뒤에 전화기는 무엇이 되고 어떠한 형태가 될지 누가 정확히 예측할 수 있을까요.

수렵시대에는 아이들에게 사냥을, 농경시대에는 농사를 가르쳐 주었고, 1900년대에는 지식과 기술로 먹고살 수 있게 대학에 보내고 전문기술을 가르쳐주었지요. 그렇다면 지금은 과연 무엇을 가르쳐주어야 할까요? '불확실성'과 '복잡성'으로 규정되는 4차 산업혁명의 소용돌이를 바라보고 있자면 우리는 "아이들에게 더 이상 가르쳐줄 게 없다는 것을 가르쳐주어야 한다."는 생각이 듭니다. 즉 누군가 주입하고 가르쳐서 외워야 하는 수준의 지식이 아니라, 시대와 직업 변화의 빠른 물결을 따라 '그때그때 스스로 배우고 스스로 변화하는 삶'의 과정 그 자체를 가르쳐야 한다는 것입니다.

"아직 학생들이 장차 갖게 될 직업 중 60%는 생성되지 않았습니다. 새로운 직업이 끊임없이 생겨나는 동안 아이들은 그에 대한 준비를 해야 할 뿐만 아니라 그런 직업을 창출할 준비도 해야 합니다.
이제 세상이 원하는 사람은 '직업을 구하는 사람'이 아니라 '직업을 창조하는 사람'입니다."

영국의 문화예술교육기관인 CCE의 대표인 폴 콜라드가 EBS와 한 인터뷰[15]에서 이야기한 위 내용은 우리 아이들의 현실과 미래를

• CCE(Creative Culture Education)는 아동청소년을 대상으로 하는 영국의 문화예술교육기관으로, 크리에이티브 파트너십(Creative Partnership) 제도를 통해 2,500개가 넘는 영국 전역의 학교를 대상으로 교과와 예술가들이 협력하는 혁신적 예술교육을 진행하고 있다.

정확하게 짚어주고 있습니다. 지금 어른들은 평생 약 4.4번 정도 직업을 바꾸는데 우리 아이들은 살아가면서 평생 동안 평균 17번 정도 직업을 바꾸게 될 것이라고 미래학자들은 예측합니다. 심지어 그 직업들은 우리가 듣도 보도 못한 것일 테지요. 이는 단순히 한 아이나 개인의 문제가 아닌 사회와 국가가 직면한 현실로서, 스스로 배움과 변화와 창의성을 이끌어내는 힘을 지닌 아이들로 키울 수 있는 교육의 변화가 절실한 시점입니다.

아이중심 교육의 의미와 사상적 배경

이런 가운데 새 누리과정은 '아이중심 교육'에 초점을 두고 있습니다. '아이중심 교육'은 유아교육사상사에서도 주요하게 언급되어 온 것인데, 그렇다면 과연 어떤 의미일까요? 교육에서 이야기하는 '아이중심'이라는 말은 크게 두 가지로 해석될 수 있습니다. 하나는 아동발달을 중심에 두고 아동을 고려해 구성하는 교육이고, 다른 하나는 아동 스스로 주도적이고 능동적으로 만들어가는 교육입니다. 아이중심의 교육사상이 대두된 초기에는 전자의 의미가 강했고 현대로 오면서 후자의 개념이 강해졌습니다. 그러나 둘 다 아이중심 교육에 있어 매우 중요하고 필요한 요소이며 서로 영향을 주기에, 아이중심 교육은 이 모두를 포함하는 것이라고 이해해야 합니다.

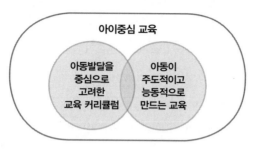

그림 2 · 아이중심 교육의 의미

아이중심의 교육사상은 18세기 루소˙에 의해 시작되었으며, 이후 페스탈로치˙에 의해 이어졌고 프뢰벨˙에 이르러 정식 교육과정으로서의 의미를 갖게 되었습니다.[16] 루소에게 영향을 받은 교육학자 페스탈로치는 "모든 아동의 내부에는 스스로를 교육하고 가르치면서 성장하는 자연적인 힘이 있다"고 주장하였습니다. 아이의 이 같은 특성을 "자발성(자기활동)의 원리"라 칭하면서, 아이중심 교육은 아이 내부의 힘을 믿고 받아들이는 데서 출발한다고 하였습니다. 무엇을 배울 것인가를 유아가 자신의 관심에 따라 '선택'하고, 자신의 힘으로 '지속'하고 '수정'해가면서 스스로 배움의 '결론'을 이끌어낼

• Rousseau, Jean Jacques(1712~1778). 프랑스의 철학자이자 교육학자로, 인간의 자연적 상태는 우정과 조화가 지배한다는 낭만적 자연주의 사상을 주장하였다.

• J. H. Pestalozzi(1746~1827). 스위스의 교육자로, 루소의 교육론에 영향을 받아 교육을 통해 불평등한 사회를 개혁하고 불평등을 해결할 수 있다는 믿음을 가지고 전인교육에 헌신하였다.

• F. W. A. Fröbel(1782~1852). 독일의 교육학자. 페스탈로치에게 사사했으며 현대 심리학과 교육학의 선구자로 불린다. 유치원(Kindergarten)의 기초를 다졌다.

수 있다는 것입니다.

페스탈로치의 제자인 독일의 교육학자 프뢰벨은 이를 이어받아 유치원의 기초를 다지며 아이중심사상을 교육과정 체계로 만들었습니다. 놀이를 하찮은 것으로 여겼던 시대에 오히려 유아가 놀잇감을 통해 배우는 것이 가장 효과적이라 주장하면서, 유아의 자기활동 원리에 대해 '신성神聖이 나타나는 것'이라고 칭송하였습니다. 신이 스스로 존재하고 세상을 창조하는 것처럼 유아들이 스스로 활동하면서 성장하고 능동적인 에너지를 만들어내는 것을 보고 신성神聖에 비유한 것입니다.

교육자이자 의사인 몬테소리˙는 아이중심 교육사상에 따라 교사와 아이의 관계를 주인과 하인의 관계로 비유하기도 하였습니다.

"유아들과의 경험은 교사들이 점점 더 뒤로 물러나야 한다는 것을 보여주었다. 그런 점에서 교사들을 훈련시켜야 하는 사람들의 임무는 쉽다. 교사들에게 말해주자. '아무것도 하지 말고, 아이들을 위해 준비하세요. 아이들이 스스로 할 것입니다.'

이것은 실제로 큰 효과를 가져다준다. '교사가 스스로를 자제하는 것은 위대한 진리를 안겨줄 수 있다'는 것이다. 그러므로 우리의 과제는 교사

• M. Montessori(1870~1952), 이탈리아의 교육자, 철학자, 정신과 의사로 아동의 자발성과 자기통제를 기반으로 아동 치료와 교육 분야에서 다양한 연구와 업적을 이루었다.

들에게 불필요하게 개입하는 지점에 대해 이야기해주는 것이다. 우리는 이것을 '무간섭의 방법'이라고 부른다.

마치 좋은 하인이 주인을 위해 정성껏 음료를 준비한 다음 주인이 음료를 마실 수 있게 자리를 비켜주는 것과 같다. 교사는 아이들에게 무엇이 필요한지 관찰하면서 자신의 일을 넘어서지 않아야 한다. 즉, 하인이 주인에게 음료를 주고 억지로 마시게 하지는 않는 것처럼 말이다. 그것은 결코 하인의 역할이 아니다. 하인의 일은 오로지 준비만 하는 것이다.

따라서 교사의 행동은 아이들을 향해 있어야 한다. 아이 곁에 매우 훌륭한 하인이 있어 함께 수업하며 배워나가는 것처럼 겸손하게 임해야 한다. 아이에게 교사 자신을 강요하지 않도록 주의하면서 아이를 위해 모든 것을 준비하자. 그리고 나머지는 아이의 결정에 맡겨버리자."[17]

이와 같은 낭만주의 아이중심사상은 미국의 철학자이자 교육학자인 존 듀이*의 실용주의와 경험주의 교육사상으로 한층 발전하게 됩니다. 그는 교육이 '끊임없는 경험의 개조'라 주장하면서 아이들이 직접적인 경험을 통해 창의성을 키울 수 있도록 교육환경을 개선하려고 많은 노력과 공헌을 하였습니다. 또 20세기에 들어서면서 '프로젝트 접근법'이나 '활동 중심 교육법'과 같이 아이의 발달과 자주성을

• John Dewey(1859~1952), 미국의 철학자이자 교육자, 심리학자. 교육과 지식의 실용주의와 도구주의적 가치를 강조하였다. 주입식 교육 대신 아동중심의 경험을 통한 교육을 주장하면서 진보적인 근대교육 이론으로의 전환을 이끌었다.

동시에 고려한 교육방법들이 구체화되었습니다. 이에 따라 현대 교육학에서 '아이중심 교육'은 아이의 발달을 중심으로 커리큘럼을 구성하는 것을 넘어 아이가 스스로 배우는 능동적 교육의 의미로까지 확장되었습니다.

아이 스스로 배우고 성장하는 힘을 키우는 교육

그러면 아이중심·놀이중심의 개정 누리과정에서 제시하는 교수법 및 학습 방법을 한번 살펴보겠습니다.

가. 유아가 흥미와 관심에 따라 놀이에 자유롭게 참여하고 즐기도록 한다.

나. 유아가 놀이를 통해 배우도록 한다.

다. 유아가 다양한 놀이와 활동을 경험할 수 있도록 실내외 환경을 구성한다.

라. 유아와 유아, 유아와 교사, 유아와 환경 간에 능동적인 상호작용이 이루어지도록 한다.

마. 5개 영역 의 내용이 통합적으로 유아의 경험과 연계되도록 한다.

• 누리과정 5개 영역 : 신체운동·건강 영역, 의사소통 영역, 사회관계 영역, 예술 경험 영역, 자연탐구 영역

바. 개별 유아의 요구에 따라 휴식과 일상생활이 원활히 이루어지도록
한다.

사. 유아의 연령, 발달, 장애, 배경 등을 고려하여 개별 특성에 적합한 방
식으로 배우도록 한다.

여기에서도 아이중심 교육은 '교사가 아이의 발달을 중심으로
고려하여 준비하고 구성하고 상호작용하는 교육'과 '아이가 스스로
참여하고 능동적으로 경험하며 배우도록 하는 교육', 이 두 가지 의
미를 모두 담고 있음을 알 수 있습니다. 아이중심 교육은 유아를 어
른의 소유물이나 가르쳐야 할 대상으로 여기는 것이 아니라 개별적
특성과 흥미, 차이 등을 존중받아야 하는 온전한 인격체로 인정하는
것에서 출발합니다. 그리고 이에 따라 교수방법도 환경 구성에서부
터 휴식과 수업시간, 상호작용과 교육내용까지 아이를 중심으로 진
행할 것을 제시합니다.

정리하자면, 아이중심 교육은 유아에게 무언가를 강요하거나 지
시하거나 교사의 계획대로 따르게 하는 것을 벗어나는 것입니다. 교
사는 유아가 필요로 하는 것이나 유아의 발달에 필요한 환경과 도구
를 준비해주고, 그 다음에는 유아의 자발성을 용기 있게 믿어야 합
니다. 아이가 스스로 탐색하고 스스로 경험해보고 스스로 성취해보
고 스스로 실수도 해보면서 발전하고 성장해갈 수 있는 기회와 여
지를 허용하는 것입니다. 이제 아이들에게 이야기할 때 조금 다르게

말해보세요.

"선생님 따라 해봐."가 아닌 "어떻게 해보고 싶니?"로.

"왜 똑같이 하지 않았니?"가 아닌 "새로운 방법을 발견했구나!"로.

"이렇게 해야지."가 아닌 "그렇게 할 수도 있구나."로.

"실수했네, 어서 고쳐봐."가 아닌 "여기서 길을 찾아볼까?"로.

"내가 해줄게."가 아닌 "선생님은 생각지도 못한 것을 했구나."로.

이 같은 '아이중심'의 수업과 상호작용은 유아예술교육에서 교사가 갖춰야 할 매우 중요한 자세이자 수업을 효과적으로 이끄는 방법이 될 것입니다. 비록 유아의 작품이나 활동이 교사가 보기에는 어설프고 부족해 보일지라도 아이는 그것을 통해 분명히 스스로 생각하고 창조하면서 성장하고 있기 때문입니다.

놀이중심의
예술교육이란 무엇일까

- - - - - - - - - - - - - - - - -

새로운 것을 창조하는 것은 똑똑함이 아니라
본능적으로 내면에서 필요로 하는 '놀이'를 통해 이루어진다.
창의적 사고는 좋아하는 것들을 가지고
노는 것을 즐기기 때문이다.

| 칼 융 |

한 아이가 있습니다. 흙바닥에 나뭇가지로 한참 동안 그림을 그립니다. 그러다 조그만 손에 흙을 덮어 두꺼비집을 만듭니다. 흙집을 두들기며 '두껍아 두껍아, 헌집 줄게, 새집 다오.' 노래를 부르기도 하고요, 돌멩이 몇 개를 주워 와서는 두꺼비 삼아 두꺼비집 무대에서 혼자 연극도 합니다. 아이가 한 것은 놀이일까요, 아니면 예술일까요? 아마 쉽게 정답을 내지 못하거나 "둘 다!"라는 대답을 하게 될 것입니다. 유아에게 있어 '예술'과 '놀이'는 마치 단짝처럼 매우 가깝고 밀접한 관계에 있기 때문입니다. 그렇다면 유아에게 있어 놀이가

갖는 가치나 의미도 특별하겠지요. 제 단짝인 예술처럼 말입니다.

태초에 놀이가 있었다

어른이 개입하지 않고 마음껏 활동할 자유를 주었을 때 아이들이 본능적으로 하는 행위는 어떤 관점에서 보느냐에 따라 '예술'이 되기도 하고 '놀이'가 되기도 합니다. 태초부터 아이가 있는 곳이라면 어떤 장소, 어떤 시대, 어떤 상황에서든 예술과 놀이가 존재하였습니다. 전쟁 중에도 기근 중에도, 중세시대에도 조선시대에도, 아동병원에서도 보육원에서도, 사람이 있고 아이가 있는 곳에서는 놀이와 예술이 펼쳐졌습니다.

이런 점에서 보면 놀이도 예술처럼 아이의 성장발달에 기여하는 본능이자 스스로 배움을 얻는 데 유용한 도구라고 할 수 있겠지요. 놀이의 가치는 현대에 들어서면서 교육학자, 심리학자, 생물학자, 신경과학자 등 다양한 분야의 전문가들을 통해 알려지게 되었습니다. 이들의 연구에 의하면 놀이는 아이들이 인생을 살아가는 데 필요한 여러 가지 규범과 가치, 지식과 기술 등을 자연스럽게 배우도록 도와주고, 유아의 신체는 물론 언어, 정서, 인지, 두뇌, 사회성 등 전인적인 발달에도 큰 영향을 주는 것임이 증명되었습니다.[18, 19, 20] 효과적인 학습은 학습자의 자발성과 자율성을 전제로 하는데, 놀이는 구체적인 경험과 적극적인 행동을 불러일으킴으로써 더 폭넓은 배움과 발달을 제공하는 것으로 그 힘을 인정받고 있습니다.[21]

현대 놀이연구의 대가인 프로스트 박사[*]에 따르면 놀이를 많이 하지 않는 어린이들은 뇌가 평균보다 20~30% 더 작거나, 어른이 되었을 때 비정상적인 행동표현을 할 수 있기에 유아기 놀이와 놀이환경은 매우 중요하다고 강조합니다. 프로스트 박사와의 인터뷰[22]를 정리한 다음 글에서는 30년 이상 놀이를 연구하고 발전시켜온 놀이전문가의 확신을 느낄 수 있습니다.

"어린이들의 놀이를 제한하는 것은 아이들의 인지, 사회, 언어 발달에 해를 끼칩니다. 그것은 아이들의 신체적 발달을 제한하고, 건강을 해치고, 학습과 트라우마에 대처하는 능력을 감소시킵니다. 많은 연구는 아이들이 야외에서 자유롭고 자발적인 놀이에 참여할 때, 그들의 문화, 사회, 그리고 세계에 더 쉽게 적응한다는 것을 보여줍니다. 아이들은 놀이를 통해 운동 기술을 익힙니다. 서로 협상하고 문제를 해결하는 법도 배우지요. 아이들은 놀이를 하면서 상상력을 발휘하며, 사고방식이 더욱 유연해지고, 창조적이며 미적인 감각을 발전시킵니다.

그러나 놀이와 쉼이 부족해지면서 놀이를 할 때 오히려 어른들의 감독

• Joe L. Frost, 텍사스대학교 오스틴 캠퍼스의 명예교수 및 국제아동교육협회 및 국제놀이협회의(Association for Childhood Education International and International Play Association/USA) 회장을 역임하면서 30년 이상 유아기 연구와 어린이 놀이환경을 위해 헌신한 놀이학의 대가이다.

을 더욱 필요로 하는 세대가 되었습니다. 아이들이 스스로 하는 법을 배울 기회가 너무 적었기 때문입니다. 연구자들은 아이들이 놀 때조차도 선생님이나 부모를 필요로 한다는 것을 발견했고, 이는 매우 안타까운 일입니다.

우리는 사실상 아이들을 개울과 언덕, 진흙 구덩이, 들판 등 자연적인 놀이터에서 놀던 시대로 데려갈 수는 없습니다. 그러나 적어도 그런 풍요롭고 교육적인 장소들을 작은 조각만큼이라도 우리의 학교나 마을, 그리고 도시로 가져올 수는 있다고 믿습니다. 역사적이고 다양한 연구들이 아이들의 놀이와 놀이터, 쉼의 중요성에 대해 증명하고 있습니다. 어른들은 이것을 진지하게 받아들여야 합니다."

놀이가 아이들의 본능이자 전인적 성장에 긍정적인 영향을 준다는 것이 알려지면서 놀이에 대한 관심도 높아지고 있습니다. 하지만 여전히 많은 교사와 부모들은 유아들을 놀이로 교육하는 것에 대해 불안함을 느낍니다. 가장 먼저 대두되는 문제는 '모든 놀이가 좋은가, 부정적인 놀이도 있는 것 아닌가'에 대한 것입니다. 이에 대해서는 '모든' 놀이 혹은 '아무' 놀이나 다 좋은 것은 아니라고 이야기할 수 있습니다. 놀이에는 부정적인 영향을 주는 '나쁜 놀이(어른의 나쁜 행동을 흉내 내는 놀이나 폭력적, 가학적 놀이 등)'도 분명히 있기 때문입니다. 만약 아이가 어른의 나쁜 행동을 흉내 내는 놀이나 심하게 폭력적인 놀이를 할 경우, 바로 훈육하고 지도해야 합니다. 1990년대 들어서는 긍정적인 놀이를 선별하고 그 효과를 높이기 위해 학자들 사이에서 교수적 놀이^{instructional play}가 필요하다는 의견이 대두되었습니다. 반면 놀이에서 지나치게 교육적 기능을 강조하다 보면 놀이의 재미와 본질이 사라진다는 반대 견해도 있습니다만, 유아기 놀이에 있어 최소한의 안전과 질을 마련해주는 것은 꼭 필요한 일입니다.

다음으로 많이들 제기하는 문제는 놀이를 통한 교육을 할 경우 아이들이 아무것도 배우는 게 없는 것은 아닌지, 교사나 부모의 지도가 없어도 되는 것인지, 그리고 교육과 놀이가 과연 동시에 이루어질 수 있는 것인지에 대한 염려입니다. 이는 사실 우리가 학습과 놀이에 대해 오랫동안 지녀온 이분법적인 생각이 낳은 오해라고 할 수 있습니다. OECD 8개국의 유아교육에서 놀이와 학습의 관점을 연구한 자료[23]를 보면 북유럽과 영미권, 뉴질랜드와 호주의 경우 유아교육과정에서 학습과 놀이를 따로 생각하는 것이 아니라 통합적으로 이해하면서 학습과 놀이를 융합하여 강조하고 있음을 알 수 있습니다. 즉 학습과 놀이를 서로 반대되거나 분리되는 개념으로 인식하는 것이 아니라, 유아의 성장과 학습 발달을 촉진하고 성취하는 방법으로서 놀이를 적극 포함시키고 통합하면서 그 효과를 검증해 가고 있습니다.

최근 유아의 삶과 배움에 있어 놀이의 가치를 강조하는 것이 비단 현대 학자들의 연구에 대한 수용이나 선진국 교육에 대한 모방만은 아닐 것입니다. 예술과 마찬가지로 아이들에게는 놀이가 본능적으로 세상을 이해하고 느끼는 가장 자연스러운 배움의 방법이기 때문이라고 할 수 있습니다.

놀이가 지닌 특별한 가치

그렇다면 유아에게 그리고 유아예술수업에 있어 놀이는 어떤 특징을 지니며, '놀이중심'의 수업에서 어떻게 해야 그 의미를 충분히 살릴 수 있을까요? 많은 학자들은 놀이의 의미와 특성을 명확하게 규정하고자 '놀이play'를 '일work'과 비교하여 연구하였습니다. '일'은 인간이 생계를 위해 행하는 생산 활동으로서 노동과도 같은 의미를 가집니다. 여기에서는 '일'을 '전통적 교실에서의 수동적인 주입식 교육'에 대입하여 살펴보고자 합니다. 먼저 프로스트와 클라인[24]은 놀이와 일(주입식 학습)의 특성을 다음과 같이 비교하였습니다.

놀이		일(주입식 학습)
자발적이고 능동적	———	강요와 수동적
목표가 없음	———	외적 목표가 강함
즐거움	———	힘들고 단조로움
스스로 시작함	———	타인에 의해 시작함
과정중심	———	결과중심

또 미국의 독창적 놀이터 건축의 선구자인 다트너[•]는 그의 저서에서[25] 다음과 같이 놀이와 일을 비교합니다.

놀이		일(주입식 학습)
자발적 활동	———	강제적 요구
그 자체가 목적	———	생산이 목적
자발적 규칙이 형성됨	———	외부 규칙이 강요됨
현실세계 초월 가능	———	현실세계 한계

놀이가 일과 구분되는 명확한 특성은 위 두 가지 사례뿐 아니라 수많은 학자들의 연구에 따라 몇 가지로 정리해볼 수 있습니다. 놀이의 첫 번째 특성은 '자발성'입니다. 내적 동기나 능동성, 스스로 시작한다는 말과도 통합니다. 놀이는 누군가 시키거나 강제적, 수동적으로 하는 것이 아니라 스스로 시작하는 자발성이 주요한 특징입니다. 두 번째 특성은 '자율성'입니다. 자유의지에 의해 언제든 자유롭게 시작하고 자유롭게 중단할 수 있습니다. 중간에 놀이를 변형하거나 다른 놀이로 완전히 바꿀 수도 있습니다. 또 언제 놀지, 어디서 놀지, 혼자 놀지 또는 누구와 놀지 모두 자유롭게 선택할 수 있습니다.

• Richard Dattner. 미국의 건축가이자 조경가. 신체적, 미적 요소의 놀이터보다 모험적이고 융합적, 독창적인 놀이터를 건축하였다. "이미 여러 번 극복해서 익숙해진 놀이환경은 결코 새로운 배움을 일으키지 않는다"고 강조하면서 복잡한 놀이터가 좀 더 풍부한 선택과 경험, 창의력을 제공한다고 주장하였다.

그러다 보니 세 번째 특성인 '긍정적 정서'가 자연스럽게 따라옵니다. 스스로 시작해 자율적으로 놀 수 있다 보니 즐거움이나 재미, 흥미, 성취감과 같은 감정들이 생겨나는 것입니다. 물론 새로운 과제에 대한 어려움이나 좌절, 갈등이 있을 때는 부정적 감정이 동반되기도 하지만 놀이는 대체로 긍정적인 감정을 기반으로 합니다. 네번째 특성은 '과정중심'입니다. 놀이에서 꼭 달성해야 할 목표나 보여줘야 할 결과는 없습니다. 시도하고 조작하고 함께하는 과정 그자체를 즐기는 것이 놀이의 특징이니까요.

그밖에도 놀이는 언제든 바뀔 수 있는 '즉흥성'과 놀이하는 내내 다양한 변화를 허용하는 '융통성', 현실을 넘어 가상의 세계를 오가는 '비사실성', 그리고 외부에 의해서가 아니라 스스로 규칙을 함께 정하고 언제든 바꿀 수도 있는 '자발적 규칙' 등의 특성을 지니고 있습니다. 이 같은 놀이의 여러 특성들은 아이가 주체적이고 능동적인 성인으로 자라는 데 큰 영향을 주기 때문에 유아교육에서 놀이는 갈수록 강조되고 있습니다.[26]

여기서 주의할 점은 이 같은 놀이의 특성이 단순히 유아가 놀이를 할 때만 나타난다고 생각해서는 안 된다는 것입니다. 유치원을 최초로 설립한 프뢰벨은 놀이를 놀이시간에만 하는 것으로 국한시키지 않고 오히려 놀이가 아이들의 성장발달에 꼭 필요한 것일 뿐만 아니라 유아교육의 기본적인 토대가 되어야 한다고 강조하였습니다. 그의 이 같은 놀이중심 철학은 아이들에게 놀이와 자연적 환경을 제공하는 기반이 되었고 오늘날까지 전 세계 유아교육에 큰 영향을 끼치고 있습니다.

우리 아이들은 앞에서 이야기한 것처럼 새로운 직업을 창조하고 평생 열일곱 번 가까이 직업을 바꿔야 하는 세대, 즉 평생 배움을 가까이 해야 하는 세대입니다. 새로운 일을 시작했다고 연락해온 제자가 3년 뒤 자기 직업이 없어졌다는 연락을 해올 수도 있는 것입니다. 그럴 때 좌절하고 무너지는 것이 아니라 그것에 대비해 새로운 것을 끊임없이 배우면서 시도하는 아이. 그 배움 및 배움을 통한 창조가 '놀이'이자 '즐거움'인 아이, "선생님, 걱정하지 마세요. 제가 그래서 또다시 새로운 직업을 만들었거든요!"라고 도전하면서 살아가는 그런 아이를 꿈꿔야 합니다. 이것이 예술수업을 창의적이고 주도적으로 이끄는 탐색과 배움의 도구로서 놀이가 필요한 이유입니다. 놀이가 예술수업에서 발휘하는 최고의 가치인 자발성, 주도성, 자율성, 긍정적 정서 등을 훼손하지 않아야 하는 이유입니다.

반드시 지켜주어야 할 유아의 놀 권리

그러나 안타깝게도 오늘날 현실에서는 아이들의 놀 시간이 갈수록 줄어들고 있습니다. 프뢰벨이 처음 유치원을 세운 시대보다 아동

인권에 대한 인식이 훨씬 높아졌는데도 말입니다. 이는 단순히 교육열이 높은 몇몇 나라만의 문제가 아닙니다. 전 세계가 아이들의 '놀 권리'˙ 침해에 대해 심각하게 우려하며 여러 가지 대책과 방안을 마련하고 있을 정도입니다. 2008년 국가놀이전략The Play Strategy을 최초로 수립한 영국이 대표적입니다. 영국은 정부 차원의 놀이정책 실행 기구인 '플레이 잉글랜드Play England'를 설립하고 수천 명의 놀이지도자를 양성하고 지원했습니다. 영국 국가놀이전략의 큰 특징은 놀이를 통해 다른 이점이나 목적을 이루어야 한다는 실용적 가치보다 놀이 자체를 중요시한다는 점입니다. 또 학습 기회나 의료 기회처럼 '놀이 기회play opportunity'가 강조되고 있는데, 이는 모든 아이가 인종, 학력, 장애, 사회경제적 위치에 따라 놀이의 차별을 받지 않아야 한다는 영국정부의 의지를 표현하는 것입니다.[27]

다행인 것은 수년째 유엔으로부터 과도한 학습으로 인한 아동의 놀 권리 침해에 대해 경고를 받고 있는 우리나라도 변화의 흐름을 보이고 있다는 점입니다. 2020년부터 시행되는 누리과정에서 '놀이중심'이 '아이중심'과 함께 가장 큰 교육 방향으로 제시된 것은 매우 고무적인 일입니다. 또 정부는 2019년 5월 '포용국가 아동정책'을 발표하면서 아동의 놀 권리를 위해 놀이혁신위원회 설치와 지자체

˙ 모든 어린이는 충분히 쉬고 놀 권리가 있다는 '유엔아동권리협약 31조'로 아동권리협약 중에서도 그 중요성이 크게 강조되고 있다.

중심의 아동 친화적 놀이환경 조성 등에 대한 계획수립도 제시하였습니다. '아이들이 논다'는 가장 기본적이고 당연한 일에 있어서도 정책과 계획이 필요하다는 것이 아이러니하지만, 그럼에도 더 늦지 않아 다행이라는 것이 우리 모두의 마음일 것입니다.

'놀이'가 얼마나 중요한 것인지 이야기하다 보면 어쩔 수 없이 이 같은 실용적 목적을 강조하게 됩니다. 그러나 놀이가 어떤 효과를 주고 어떤 능력을 키워주는지를 떠나서 한번 생각해봅시다. 모든 인간에게 건강한 쉼과 휴식, 유희가 필요한 것처럼 아이에게도 놀이는 아이여서가 아닌, 한 인간으로서 당연하게 누리고 즐겨야 하는 것입니다.

프랑스 계몽주의의 사상가이자 철학가인 루소는 인간평등과 자연주의 사상에 기초한 여러 교육이론들을 내놓았는데, 특히 아동의 세계를 그 나름의 고유한 완성과 성숙이 있는 것으로 보고 아동을 존중해야 한다는 '아동존중사상'을 강조합니다. 루소는 "아이를 어른으로 취급해서도 안 되고, 어린 시절을 어른이 되기 위한 과정으로 축소해서도 안 된다. 또한 어른이 되었을 때의 행복을 위해 어린아이로서 지금 누려야 할 행복을 희생해서도 안 된다. 아이는 아이의 시기 동안 성장하고 완성해야 할 독자적인 세계가 있기 때문에 그것을 인생의 여정에 있어 중요한 단계로 인식하고 존중해야 한다."는 주장을 펼쳤습니다. 즉, 놀이는 한 인간의 행복과 존재를 위한 당연한 권리라는 것입니다.

이렇게 소중한 아이들의 놀 권리를 지켜주기 위해, 그리고 아이들이 놀이로부터 분리되지 않도록 하기 위해 우리는 다음 두 가지 현상을 경계해야 합니다. 하나는 '놀이'라는 말에 대한 부정적 인식입니다. 언젠가부터 '놀이'가 공부나 일, 자기계발 등 생산적인 결과가 있는 활동의 반대말로 사용되거나, '논다'라는 것이 아무것도 하지 않는 무직, 무능력, 무기력과 같은 말로 쓰이고 있습니다. 무척 안타까운 마음이지만 한순간에 이 같은 인식을 바꿀 수 없다면 최소한 "너는 언제까지 놀기만 할래?"라든가 "노는 거나 잘하지." "놀고 있네."와 같은 부정적인 뉘앙스가 섞인 말을 유아에게만큼은 하지 않아야 합니다. 제대로 노는 것은 아이어른 할 것 없이 모두에게 꼭 필요한 일이며, 특히 유아에게 놀이는 생존 다음 자리를 차지한다 해도 될 만큼 중요한 권리이자 본능이기 때문입니다.

또 하나 경계해야 할 것은 놀이를 생산성과 구조화로 인식하고 평가하는 것입니다. 앞서 이야기한 것과 같이 놀이에 대한 부정적인 인식이 있다 보니 유아의 놀이도 학습처럼 계획하고 구성하여 제공해야 하며 생산적인 놀이를 해야 한다는 개념이 생기고 있습니다. 키즈 카페나 놀이동산, 놀이터와 같이 구조화된 공간에 가는 것을 놀이라고 여기거나, '놀잇감', '장난감'이라 특정해 부르는 도구들에 강하게 의존하는 것이 대표적인 예입니다. 유아에게 있어 놀이는 삶과 분리될 수 없는데도 놀이를 위한 별도의 공간과 도구를 만들어주고 아이가 그것을 통해 놀 때에야 '잘 놀았다'고 안심하거나 평가하는 것은 분명 놀이를 잘못 이해하고 있는 것입니다.

우리 주변의 놀이터들은 스스로 터를 만들고 스스로 방법을 창조해 놀았던 아이들한테서 시작되었습니다. 어린이들을 위한 공공 놀이 공간이 처음으로 마련된 것은 1816년으로,[28] 독일 어린이들이 모래더미에 올라가 타고 내려오며 노는 것을 본 뉴잉글랜드 병원의 설립자 마리 자케제베스카가 보스턴 어린이 선교회의 야적장에 모래더미를 쌓은 것이 그 시초였습니다. 아이들은 이 모래더미를 너무나 좋아했고 이는 어린아이들을 위한 놀이터의 중요성을 알리는 '샌드가르텐 운동sandgarten movement'이 되어 널리 알려지게 되었습니다. 어른들은 숟가락을 얹었을 뿐, 울창한 자연이든, 전쟁으로 폐허가 된 마을이든, 흙이 가득 쌓인 공사장이든, 모든 주어진 환경을 모험의 장으로 상상하며 아이들은 이미 자기들만의 놀이와 놀이터를 아주 오래전부터 즐기고 있었던 것이지요.

아이는 노는 존재입니다. 아이가 가장 잘한 일은 잘 먹고 잘 자고 잘 노는 것입니다. 아이는 놀다 보면 어느새 스스로 배우고 자랍니다. 놀이는 제 단짝인 예술처럼 아이들의 본능이자 삶입니다. 그러니 놀이의 의미와 가치를 마음에 담고, 예술수업에서 그 의미와 가치가 충분히 드러나도록 아이들에게 놀이판 한번 제대로 벌여주도록 합시다.

창의성을 높이는
융합예술교육

그림은 다른 세계들 간의 충돌을 통해 새로운 세계를 창조한다.
이 충돌로 태어나는 새로운 세계가 바로 작품이 된다.

| 바실리 칸딘스키 |

유아예술교육에 관한 책이나 연구 자료를 찾아본 예술교사들은 대부분의 책이 융합적인 접근을 하기보다는 미술교육, 음악교육, 무용교육과 같이 전공과 영역에 따라 나뉘어 있음을 알고 있을 것입니다. 대부분의 연구나 집필이 예술 각 영역에 대한 전문성을 지닌 교육학자나 예술교육자들에 의해 활발히 이루어졌기 때문입니다. 이같은 예술교육 전문서적은 각 예술 영역에 대한 전문적인 이론과 사례를 담고 있어서 각 영역별 예술교육에 대해 좀 더 깊이 있게 이해하는 데에는 도움이 될 수 있습니다.

이 책은 유아예술교육을 영역별로 나누어 설명하거나 구체적인 사례로 보여주지는 않습니다. 그 대신 유아의 자연스러운 사고 체계와 활동과정은 장르와 영역에 따라 나뉘지 않는 융합적인 특성을 갖고 있기에 유아예술교육도 융합적인 교육이 될 수밖에 없다는 것, 그리고 수업 전반에서 융합적인 아이와 교사의 상상력이 함께 발휘될 때 더 효과적인 예술수업이 될 수 있다는 것을 강조합니다. 생각해보면 예술교사가 예술교육에 대해 어려움을 느끼는 것은 미술, 음악, 무용, 연극을 구분하지 못하거나 사례를 알지 못해서가 아닙니다. 유아들 스스로도 자신의 놀이활동에서 미술, 음악, 무용, 연극 등의 영역을 나누거나 구분 짓지 않기도 하고요. 그러므로 이 책은 그것을 굳이 나누어 분석하기보다는 융합적인 유아의 본능과 특성을 강점으로 살려 예술수업을 이해하고 구성하는 데 집중하고자 합니다.

아이에게는 당연한 사고와 활동으로서의 융합예술교육

융합예술교육은 아이중심·놀이중심의 예술교육과 연결되어 있습니다. 예술교사의 전공을 반영하는 것이 아니라 융합적인 사고와 활동을 하는 아이들의 특성을 반영하기 때문입니다. 만약 선생님이 자신은 미술을 전공했고 지금은 미술시간이니 미술만 해야 한다고 아이들에게 설명할 경우, 과연 아이들은 이 말을 이해하고 따를 수 있을까요? 아마 유아들은 만들기를 하면서 자신도 모르게 이야기를 지어내고, 가상의 상황을 만들어 친구와 "안녕, 너는 뭐 하니? 나는 ○○하고 있어." 하며 극놀이를 하고, 이때 연상되는 노래를 부르거나 가사를 짓기도 하고, 때로는 자신이 만든 작품이나 재미있는 재료를 가지고 새로운 움직임과 춤을 만들어내기도 하면서, 그야말로 미술선생님 이상의 전위예술가, 다중예술가의 모습을 보여줄 것이 분명합니다. 예술교사가 아무리 자신의 전문 영역과 과목별로 쪼개어 수업을 준비해도, 유아들은 어느새 그것을 해체하고 융합하고 뛰어넘고 파괴하며 새로운 것을 제시합니다. 바로 유아기의 다음과 같은 특징 때문입니다.

- **짧은 집중력** : 유아기 아이들은 집중할 수 있는 시간이 10~20분 정도로 짧기 때문에 한 가지 주제나 활동에만 오랜 시간 집중하는 것이 어렵습니다.
- **빠른 관심 분산** : 집중력이 떨어지면 아이들은 당연히 다른 활동, 다른 도구, 다른 상상으로 관심을 빠르게 분산시키게 마련입니다.
- **다양한 호기심** : 유아기는 세상의 모든 것을 처음 만나가는 때입니다. '왜'라는 질문을 달고 살면서 시도하고 도전하고 스스로 검증해나가는 과정을 갖기 원합니다. 아이는 강한 호기심, 그 자체이기에 어떤 재

료나 도구 한 가지에 대해서만 생각하고 한 가지 활동만 하는 것은 아이에게 아주 지루한 일로 느껴집니다.

- **현실과 상상의 경계 모호** : 동화책 하나를 보더라도 자신이 주인공이 되고, 장난감 하나 재료 하나에도 인격과 감정을 부여하면서 이야기를 펼치는 것이 유아기의 주된 특징입니다. 어른들에게야 붓이 물감을 칠하는 도구일 뿐이지만 유아들에게 붓은 털이 고운 강아지가 되기도 하고, 마술을 일으키는 마법 봉이 되기도 하며, 악당을 물리치는 검이 되기도 합니다. 그러니 유아는 "안 돼요, 붓으로 장난치지 않아요."라는 말을 이해하기 어렵습니다. 장난치는 것이 아니라, 유아의 상상 속에서 붓은 정말로 새로운 인격체이기 때문입니다. 미술도구로 음악을 만들고 무용을 하며 그림을 그릴 수 있는 최고의 예술가들이 바로 유아임을 부정할 수 없습니다.

- **과목이나 영역 분류에 대한 인지가 없음** : 영어, 수학, 과학, 미술, 음악과 같은 과목에 대한 정확한 인지는 초등학교 이후에 생깁니다. 누리과정에서 영역을 나누고 있지만 유아는 자신이 이번 수업시간에 무엇을 했는지는 알아도 어떤 영역을 했는지는 잘 모릅니다. 그러하기에 영역과 과목을 나누어 특정하는 것은 유아에게 이해되지 않는 일입니다.

● 피아제는 인지발달이론을 통해 전 조작기(2~7세)에 있는 유아의 사고가 성인에 비해 비논리적임을 이야기하였다. 꿈이나 이야기를 현실로 여기거나 사물에 인격을 느끼기도 한다. 이런 자신의 생각에 대해 다른 사람도 똑같이 생각할 것이라는 자아 중심적(egocentric) 사고도 유아기의 큰 특징이다.

- **다중 감각 사용** : 유아들은 자기도 모르게 온몸을 사용하며 활동하고 배워나갑니다. 노래를 부를 때 자연스럽게 어깨춤을 추거나 온몸을 흔들기도 하고, 새롭고 재미있는 것을 보면 자기도 모르게 의자에서 일어나 몸을 기울이거나 선생님 근처로 다가오기도 합니다. 유아기에는 모든 감각이 엄청난 속도로 발달할 뿐만 아니라 각 감각 간의 연결(예를 들어 눈으로 본 것을 뇌로 인지하여 손으로 조작하는 협응력) 또한 발달하고 있으므로 하나의 감각이나 영역만 활용하라고 하는 것이 오히려 어색하고 비정상적으로 느껴질 것입니다.

　　"난 미술을 전공했는데 율동을 어떻게 해.", "난 음악을 전공했는데 그림을 어떻게 그려.", "난 무용을 전공했는데 노래를 어떻게 가르쳐."라고 말하는 예술가 출신의 예술교사들을 가끔 만날 때가 있습니다. 많이 변했다고는 하지만 여전히 우리나라 예술계에서는 전공 영역을 넘나드는 것에 보수적인 편이지요. 서로 다른 영역을 넘나드는 것은 말할 것도 없고, 같은 미술 안에서도 순수미술과 디자인, 또 같은 무용 안에서도 현대무용과 전통무용의 경계를 넘나드는 것은 쉽지 않습니다. 자신의 전공 영역만 가르치면 되던 예술교사들에게 유아의 융합적인 특성은 부담이 되기도 합니다. 그래서 예술가는 뚝딱 교보재를 만들고, 구연동화로 연기도 하고, 피아노 반주에 노래까지 하면서, 온몸으로 부끄럼 없이 율동도 하는 유아교사가 신기하기도 하고 부럽기도 합니다. 그러나 이러한 걱정을 날려버릴 만한 다행스러운 점이 있습니다. 바로 유아는 여러분의 전공이 나 학교, 수상과 경력에 아무 관심이 없다는 것입니다. 또 비록 우리 가 모든 것을 다 잘하지는 않지만 그래도 그림이나 춤, 연극, 언어 등 무엇에서나 유아보다는 아주 조금이나마 낫다는, 혹은 조금 더 적절히 안내하고 도와줄 수 있는 어른들이라는 점입니다.

엄마가 되는 순간 자신의 직업이 무엇이든 어떤 신분이든 '까꿍' 을 하고 춤을 추고 노래를 부르게 되듯이, 유아를 만나는 순간 우리 는 어떤 경력, 전공, 배경을 가졌느냐와 상관없이 전혀 다른 모습이 될 수도 있음을 허용해야 합니다. 자신의 전공(미술, 음악, 무용 등)을 무시하라는 말이 아닙니다. 혹은 무조건 다른 영역과 합쳐야만 좋 은 예술수업이라는 말로 오해해서도 안 됩니다. 융합적 접근의 시작 은 위에서 열거한 아이들의 특성을 충분히 받아들이면서 내 수업을 예측하는 것입니다. 내가 아무리 열심히 준비한 수업일지라도 아이 들이 다른 감각이나 다른 예술 영역, 다른 놀이로 넘나들 수 있음을 자연스럽게 받아들이자는 것입니다. 그리고 그것이 수업이 재미없 거나, 선생님을 무시하거나, 아이가 말썽을 부리려고 해서가 아니라 우리의 학습 대상자인 유아기의 특성 때문임을 인정하고 품자는 것 입니다.

아이들이 자신도 모르게 영역의 경계를 허물 때 "안 돼요.", "지 금은 미술(음악/무용)시간이니 이거 해야 해요."라는 말을 하는 대신, "이렇게 해보고 싶었구나.", "이런 생각도 해보았구나."라고 말하며

'유아는 충분히 그럴 수 있어, 충분히 그럴 만한 시기야.'라고 아이와 자신을 도닥이는 것이 필요합니다. 그렇게 한다면 예술교사 또한 자신의 편견과 한계를 뛰어넘으며 아이와 함께 성공적으로 수업의 방향을 찾아가는 성장을 경험하게 될 것입니다.

아이의 창의성을 폭발시키는 융합예술교육의 중요성

지금까지 행해온 과목 위주의 전통적인 교육방식에서는 다양한 영역을 탐색하거나 넘나드는 것이 허용되기 어려웠습니다. 영역을 기준으로 한 교사중심, 목표중심, 결과중심 수업이 지니는 한계였지요. 그러나 창의적이고 융합적인 인재가 요구되는 4차 산업혁명의 물결로 인해 세계 각국의 교육현장에서는 암기 중심, 과목 중심의 교과를 벗어나 융합적인 교육으로 가기 위한 움직임이 활발히 일고 있습니다.

가장 주목을 받는 것은, 교육 강국인 핀란드에서 2020년부터 과목을 통합하여 하나의 주제를 놓고 다양한 과목을 배우는 융합적 수업을 정규 교육과정에 도입한 것입니다. 예를 들어 일정한 기간에 '달'이라는 주제로 수업을 한다고 가정할 경우, 과학시간에는 지구와 달의 거리, 달의 공전과 자전을 배우고, 문학시간에는 달과 관련된 문학을 배우면서 달에 관한 에세이나 시를 써보는 것이지요. 앞뒤 수업시간에 전혀 연관 없는 교과목의 내용을 배운 아이와 이렇게 연계된 주제로 다양한 영역을 탐색하고 생각해볼 기회를 가진 아이의 창의성은 차이가 날 수밖에 없습니다. 과목별로 전혀 연계성 없는 수업을 받은 아이와, 과학시간에 달의 거리나 공전을 배우고 음악시간에는 베토벤의 '월광 소나타Piano Sonata No.14 'Moonlight''를 감상한 아이가 똑같이 '달과 사랑'에 대한 시를 쓰는 과제를 받았다면 아이의 머릿속에서 연상되는 상상력과 표현된 시의 은유는 비교할 수 없이 차이가 날 것입니다.

이 같은 통합적 접근방식은 자유로운 탐색과 스스로의 실행, 영역의 넘나들기가 충분히 허용되는 아이중심·놀이중심 교육의 핵심이라고 할 수 있습니다. 다음 예시를 통해 '동물'과 '예술'을 어떻게 융합하여 접근하는지 전통적 접근방식과 융합적 접근방식의 차이를 살펴봅시다.

전통적 접근방식은 무슨 활동을 하고 어떤 결과와 목적을 이룰지 아이가 끼어들 틈이 없이 교사중심의 사고와 준비로 진행됩니다. 그러나 융합적 접근방식에서는 예술활동을 완성해야 할 '결과물'로 여기는 것이 아니라, 주어진 주제(동물)를 탐색하고 그것에서 받은 느낌이나 떠오른 아이디어를 표현하는 '도구'로 활용하고 있습니다. 아이들이 자료를 보고 동물 그림을 그리는 활동을 할 때와 충분히 탐색한 뒤 다양한 영역의 예술활동과 놀이를 경험할 때 '동물'이라

	전통적 접근방식 예	융합적 접근방식 예
활동 단위	혼자 또는 짝, 모둠과 함께 활동한다.	혼자 또는 짝, 모둠과 함께 활동한다.
활동도입 및 재료선택	좋아하는 동물을 선택하고 선택한 동물에 대해 충분히 탐색한다.	좋아하는 동물을 선택하고 선택한 동물에 대해 충분히 탐색한다.
	선생님이 재료를 나누어 준다	다양한 재료와 도구를 탐색한 뒤 표현하고 싶은 것을 선택한다.
예술 활동	선택한 동물을 그리는 활동을 한다.	선택한 동물에 대한 학습을 한 후에 그 동물을 어떻게 표현하거나 구성할 수 있을지 생각하고 이야기 나눈다.
		주어진 재료와 환경 등을 결합하여 실행할 수 있게 도와준다. | 활동 예시 | • 동물의 특징에 따라 동물처럼 움직이고 행동하기 • 동물을 위한 서식지 만들기 • 동물에 관한 동화나 연극구성 • 동물에 대한 노래 만들기
감상, 발표 및 마무리	자신이 그린 그림에 대해 발표한다.	모둠 내, 혹은 전체 친구들 앞에서 실행한 활동을 보여주고, 설명한다.
		친구의 다양한 활동을 감상하고 서로 피드백한다.
	교사에게 제출하거나 가정에 가져간다.	교사와 함께 수업 전체를 평가하고 생각나는 점을 이야기한다.

표 5 • 전통적 접근방식과 융합적 접근방식의 비교[29]

는 주제에 대해 이해하고 배우며 상상하는 폭은 큰 차이를 갖게 됩니다. 이는 유아의 성장발달에 있어 또 하나 기억해야 할 특성과 관련이 있습니다. 바로 아이들에게는 하나의 감각만 자극을 받을 때보다 여러 감각이 동시에 자극받을 때 집중과 창의적 효과가 더욱 크다는 것입니다.[30] 예를 들어 박수를 칠 때 소리만 듣는 것(청각)보다 눈으로는 박수치는 손을 보면서 귀로는 박수소리를 들을 때(시각+청각) 더 집중을 잘하고, 노래만 부르는 것(청각)보다 거울로 자신의 모습을 보며 노래 부르고 춤추는 것(청각+시각+동작)이 집중과 발달에 더 잘 효과적이라는 것이지요. 이것은 우리가 영어단어를 외울 때, 단순히 암기하는 것보다 손으로 쓰고 입으로 말하면서 눈으로 함께 외우는 것이 가장 효과적이라고 배웠던 것과도 일맥상통합니다.

그러므로 여러 감각이 함께 자극받을 때 좀 더 집중하고 긍정적인 영향을 받는 유아의 특성을 수업에서 적극 활용하여야 합니다. 유아들이야말로 빈 박스 하나, 나뭇가지 하나로도 수많은 상상과 놀이, 그리고 음악, 미술, 무용을 모두 해낼 수 있는 융합예술에 가장 최적화된 시기에 있는 학습자들임을 알고 반갑고 소중히 여겨야 합니다. 교사가 이 같은 이해를 바탕으로 예술수업을 구성한다면, 수업은 자연스럽게 예술을 넘어 영역의 경계를 넘나드는 '융합인재교육STEAM, 스팀'으로까지 자연스럽게 확장될 수 있습니다.

융합인재교육STEAM은 과학Science, 기술Technology, 공학Engineering, 예술Art, 수학Mathematics의 첫 글자를 딴 것으로, 미래 사회를 위한 창의적인 융합형 인재를 양성하기 위해 과목과 학문 간의 경계를 넘어 창의성과 문제해결력, 융합적 사고를 함양하는 교육 모델을 말합니다. 예를 한번 들어보겠습니다. 교사가 '박스로 집 만들기'라는 프로그램을 계획하였다면 일반적인 미술수업이 됩니다. 그러나 박스를 가지고 쌓기놀이를 하면 균형을 이해하는 건축수업이 될 수 있고, 박스 떨어뜨리기 놀이를 하면 중력에 대한 과학수업이 될 수도 있습니다. 박스로 만든 집들을 모아 마을, 도시에 대해 알아보는 사회수업을 할 수도 있고, 서로 마음에 드는 집을 사고 팔아본다면 경제수업과 수학수업과도 자연스럽게 연결됩니다. 여기에 〈아기돼지 삼형제〉 동화에 따라 집을 꾸미고 극놀이를 한다면 언어와 감정, 협동 수업으로까지 확장할 수 있겠지요.

융합인재교육STEAM의 개념을 가장 먼저 도입한 미국은 1990년대 초, 예술을 고려하지 않은 '스템STEM' 교육으로 시작을 하였는데, 이 교육 모델이 몇몇 수학과 과학 분야를 제외하고는 혁신적인 아이디어와 창의적 성과를 내지 못한다는 것을 깨닫게 됩니다. 이후 2006년부터 예술Art을 포함하는 '스팀STEAM' 개념을 도입해 한층 더 창의적인 수준의 융합교육을 제시했고, 이는 미국에서뿐만 아니라 우리나라와 전 세계에서 미래인재 양성을 위한 중요한 교육개념으로 인식되고 있습니다. 이제 과학자나 수학자, 예술가를 양성하기 위해서가 아니라 미래 사회를 살아갈 모든 아이들에게 필요한 교육으로서 융합교육, 그리고 그 속에서의 창의적 영역을 담당하는 예술의 중요성이 커진 것입니다.

아이중심·놀이중심에서 시작하는 창의적 융합예술수업

 융합예술수업은 아이중심·놀이중심의 교육철학과 떼려야 뗄 수 없는 관계에 있습니다. 앞서 이야기한 것처럼 '아이중심'이란 아이의 성장발달 특성을 반영하는 동시에 현장에서 아이들의 상상력과 활동을 반영하는 수업입니다. 그래서 융합적인 사고와 활동을 하는 유아의 특성을 반영한다면 자연히 융합예술수업이 될 수밖에 없습니다. 유아와 함께하는 활동에 노련한 예술교사들은 발레나 바이올린 수업과 같이 한 가지 기술적인 예술 영역에 대한 수업을 하더라도 매번 색다른 소품이나 놀이방식으로 유아의 흥미를 돋웁니다. 교사가 억지로 수업진도를 빼려고 해봤자 아이들과의 관계나 수업태도, 수업의 질에서 오히려 역효과가 난다는 것을 알고 있기에 최대한 유아의 특성과 놀이의 요소를 반영하는 것입니다. 이를 두고 무용수업을 하면서 왜 연극수업에 쓰는 가면을 사용하느냐, 왜 음악수업에서 쓰는 북을 사용하느냐고 말하는 사람은 아무도 없을 것입니다.

 다음 표를 함께 살펴보겠습니다. 예술의 영역은 무용, 미술, 연극, 음악과 같이 장르로 구분되어 있지만, 각 장르에서 사용되거나 발현되는 세부요소들을 보면 장르적 요소로 한정되어 있지 않습니다. 오히려 장르마다 반복되는 요소도 있고, 장르를 넘어 자연스럽게 연결되거나 짝을 이루는 요소가 더 많습니다. 결국 예술에서 장르보다 더 중요한 것은 장르를 넘어 발견할 수 있는 미적 경험과 예술적 요소 그 자체입니다. 최고의 예술가 시기를 살고 있는 아이들만이 본능적로 이것을 깨닫고 즐기는 것이겠지요.

장르	요소
무용	신체(신체 자각, 움직임 형태, 움직임 인식), 공간(범위, 높이, 방향, 초점, 형태, 밀도, 면, 경로), 시간(박자, 리듬, 속도, 강세), 힘(에너지, 무게, 흐름), 관계성, 즉흥, 스텝
미술	리듬, 선, 색, 명암, 형태, 질감, 형상, 공간, 반복, 균형, 각도, 자각, 위치, 동작, 빛
연극	말, 침묵, 움직임, 제스처, 행위, 의상, 소품(매체), 조명(색), 이미지, 소리, 노래, 음악, 음향, 공간, 상징, 기호, 인물, 시간, 리듬, 의미, 관계, 상호작용, 줄거리(플롯), 원인과 결과, 구조, 구성, 감정(열정, 증오, 사랑, 슬픔 등)
음악	음고(pitch), 선율, 화성, 박, 주기, 리듬, 장단, 음색, 셈여림(다이내믹), 템포, 패턴, 신체 협응

표 6 • 예술 영역별 통합요소[31]

그러므로 '유아'와 '예술'이라는 어디로 튈지 모르는 두 친구가 만나는 이상, 유아예술교육에서 편의상 교안 등의 문서에서 영역과 장르를 한 가지로 정한다 하더라도 실제 수업의 내용과 질에 있어서는 융합예술수업과 크게 다르지 않을 것입니다. 아무리 무용수업이라 한정해도 아이들은 어느새 역할놀이를 할 것이고, 아무리 음악

수업이라 규정해도 아이들은 몸을 들썩이며 춤을 출 것이기 때문입니다. 다음은 유아들과 연극활동을 하는 짧은 과정을 묘사한 것입니다. 이를 통해 어떤 장르와 요소들이 반영되었는지 살펴보겠습니다.

교사 : 우리 친구들 모두 꽁꽁 얼음이 되어볼 거예요. (연극)

'즐겁게 춤을 추다가 그대로 멈춰라' 노래를 부르며 춤을 추다 그대로 꽁꽁 얼음이 되어보아요! (음악, 무용)

(춤추고 노래하다 얼음되기를 반복)

우와, 우리 친구들 모두 꽁꽁 얼어버렸네요!

얼마나 꽁꽁 얼었는지 선생님이 바람이 되어 우리 친구들을 간지럽혀봐야겠어요. (연극)

수아 : 저는 한쪽 다리로 얼어붙은 얼음이 됐어요. 빨리 오세요.

경진 : 저는 냉동실에 있어서 간지럽힐 수 없어요!

수현 : 저는 아이스크림이라 간지럼을 많이 타요!

(아이들을 간지럽히며 놀이)

교사 : 우리 이번에는 꽁꽁 얼음인데 수현이가 말한 것처럼 모두 아이스크림이 되어보면 어떨까요? (수현이의 의견 반영, 연극)

자, 자신이 어떤 색깔, 어떤 맛 아이스크림인지 한번 이야기해줘 볼래요? (미술, 연극)

선호 : 저는 초콜릿 맛 아이스크림이에요. 당연히 초콜릿색인데요, 통에 가득 들어 있어요.

수아 : 저는 딸기랑 여러 가지 맛이 나요, 열 가지 색이 섞여 있어요.

교사 : 우와, 정말 예쁘겠어요!

이제 선생님은 해님이 되었어요.

해님 손이 닿으면 꽁꽁 얼음과 아이스크림은 따뜻하게 녹아서 물이 될

거예요! (과학, 연극, 무용)

우리 한번 다 같이 바닥으로 녹아내려 볼까요? (연극, 무용)

녹을 때는 어떤 소리가 날까요? (언어)

아이들 : 스르르~ 사르르~ 녹아요! (언어)

교사 : 녹고 나니까 나는 어떤 색이 되었나요? (연극, 미술)

손으로 한번 만져보세요. 어떠한 느낌인가요? (연극, 미술)

예시에 나오는 것처럼 얼음이 되었다가 녹는 수업, 혹은 초콜릿이 되었다가 녹는 수업은 연기수업에서 배우의 몸을 유연하고 창의적으로 만들기 위해 실제 활용하는 수업입니다. 얼음처럼 멈추었다 바닥으로 녹고, 간지럼을 버티고, 친구를 간지럽히는 유아들의 활동에서 어떤 예술적 요소들을 찾아볼 수 있을까요? 신체, 즉흥, 힘, 동작, 움직임, 제스처, 행위, 상징, 기호, 인물, 의미, 관계, 성질, 질감, 형상 등의 요소에 동그라미 칠 수 있을 것이고, 아이스크림이 되는 장면에서는 선, 색, 형태, 질감, 형상, 공간 등의 요소가, 녹을 때 나는 소리를 창작해보거나 춤추고 노래하는 활동을 통해서는 말, 음고, 선율, 화성, 리듬, 장단, 음색, 신체 협응, 패턴, 템포, 시간, 관계성, 즉

홍, 스텝 등의 요소가 있을 것이라 추측해볼 수 있습니다.

이 활동은 중간 중간 아이들이 어떻게 놀이하고, 어떻게 반응하고 변형하며, 그것을 교사가 어떻게 관찰하고 발견하고 질문하고 확장하느냐에 따라 매우 다채로운 예술 경험이 될 수 있습니다. 유아를 예술과 놀이에 끊임없이 초대하고 단순히 연극뿐만 아니라 무용, 미술, 음악 등 다양한 영역을 자연스럽게 아우르는 활동을 해보는 것입니다. 이렇게 상상력 가득한 유아의 특성을 받아주면서 자발적인 표현과 발산을 허용하고 지지해주는 것이 바로 '아이중심·놀이중심 예술교육'이 강조하는 핵심임은 두말할 필요도 없을 것입니다.

여전히 많은 유아교육기관의 교사들은 음악, 미술, 무용 등 다양한 영역과 학습 주제를 어떻게 융합하여 창의적인 수업으로 만들어낼까 고민이 큽니다. 또 예술가들은 음악, 미술, 무용, 연극 등 자신만의 영역에는 전문성이 있지만 그것을 어떻게 다른 주제, 혹은 다른 영역과 융합하여 유아에게 적합한 수업을 만들어낼까에 대한 고민이 큽니다. 수많은 과학자와 예술가들의 창의적 사고를 분석한 세계적인 베스트셀러 《생각의 탄생》(2007, 에코의 서재)에서는 '몸으로 생각하기'가 중요한 창의적 사고 방법 중 하나이자 아이들의 본능이라고 이야기합니다. 예술교사들의 고민에 대한 답을 아이의 몸이 본능적으로 정확히 알고 있다는 것입니다.

피아니스트들은 근육이 음표와 소나타를 기억한다고 말한다. 그들은 손가락에 이 기억들을 저장한다. 이것은 배우들이 몸의 근육 속에 자세와 몸짓의 기억을 저장하는 것과 같다. 배우가 어떤 인물을 즉흥적으로 연기할 때 그 기억된 몸짓들은 쉽고 자연스럽게 몸 밖으로 흘러나온다. 피아니스트의 경우도 마찬가지다. 만일 피아니스트가 작곡도 함께 한다면 연주동작에 맞춰 악상을 떠올릴 것이다. 예를 들면, 모차르트는 공공연히 손과 입을 움직이며 곡을 썼다고 한다. 생각하고 창조하기 위해 근육의 움직임과 긴장, 촉감 등이 불려 나오는 순간이 바로 '몸의 상상력body imagination'이 작동하는 때다. (…)

놀랍게도 음악가들이 활용하고 있는 이러한 근육적인 느낌이나 육체적인 감각, 손기술, 머릿속 연주 등은 과학적 사고에서도 중요한 역할을 한다. 그렇게 보면 많은 저명한 과학자들이 탁월한 화가나 음악가이기도 했다는 사실은 매우 당연해 보인다. (…)

몸은 답을 알고 있다.

-《생각의 탄생》 중에서

창의적 융합예술수업이 이 시대의 흐름이자 요구이기는 하지만 모든 수업이 그러해야만 하는 '수업의 정답'은 아닙니다. 그리고 융합예술교육이 전문 영역의 전통적 예술교육보다 우월하다는 것도 아닙니다. 다만 우리가 만나는 학습자가 '유아'라면 유아들의 사고체계와 성장 및 발달의 본능적인 방식이 바로 해체와 융합이라는 사실을 잊지 말기 바랍니다.

그러므로 창의적인 유아예술수업을 원하는 예술교사, 혹은 창의
적인 융합예술교육이 두려운 예술교사가 있다면 오히려 자신이 아
닌 아이의 몸, 아이의 본능, 아이의 상상력을 믿고 시작해야 합니다.
나의 예술적 전문성이나 수업의 방향은 살리되 그것으로 인해 사방
으로 가지 뻗어나가는 아이들의 창의성과 확장성을 방해하는 것은
경계해야 합니다. 유아들의 관심과 흥미, 놀이로의 초대를 중심에
두고 교사와 아이가 벽돌을 하나하나 같이 쌓아가면서 수업을 만들
어가기를 바랍니다.

3장

수업의 질을 높이는
예술교사의 역할

교사의 다양한 역할과 개입 유형을 알아보고,
'반영', '칭찬', '질문' 등의 효과적인 상호작용 및
창의적 사고 방법에 대해 살펴봅니다. 이를 통해
아이중심·놀이중심 예술수업의 질을 높이는 데 있어
예술교사에게 필요한 밑바탕을 준비합니다.

예술교육에서
교사의 역할과 개입

처얼썩 처얼썩 척 쏴아아
저 세상 저 사람 모두 미우나
그 중에서 똑 하나 사랑하는 일이 있으니
담 크고 순진한 소년배들이
재롱처럼 귀엽게 나의 품에 와서 안김이로다.
오너라 소년배 입맞춰 주마
처얼썩 처얼썩 척 튜르릉 꽉

│ 최남선, 〈해(海)에게서 소년에게〉 중에서 │

아이중심·놀이중심의 개방적이고 창의적인 예술수업을 위해 가장 중요한 요소 한 가지를 꼽으라면 무엇이 떠오르나요? 저는 무조건 '예술교사'라고 이야기할 것입니다. 4차 산업혁명으로 인공지능 시대가 열리면서 수많은 일을 기계가 대신하기 시작했지만, 사람을 대상으로 하는 일, 예를 들면 보육과 교육, 상담과 코칭, 노인과 환자 돌보기 같은 일만큼은 기술이 사람을 쉽게 대체할 수 없을 것이라고 예측하고 있습니다. 특히 유아문화예술은 유아의 창의성과 정서 등의 여러 영역을 함께 다루는 만큼 비싼 도구나 잘 꾸며진 장소, 아이디어 넘치는 커리큘럼보다도 사람이 가장 중요할 수밖에 없습니다.

문화예술계에서는 몇 년 전부터 '예술매개자Facilitating Artist, FA'라는 새로운 역할이 주목받고 있습니다. 기존의 예술계에서는 '시민들에게 예술을 보여주는 예술가'와 '예술을 가르치는 예술강사', 이 두 가지가 예술가들의 주된 역할이었습니다. '예술매개자'는 시민들이 직접 예술을 창조하고 향유할 수 있도록 여러 가지 자원과 정보를 제공하고 연결해주는 촉진자로서의 역할을 의미합니다. 예술을 향유하는 시민 모두가 주인공이 되고, 예술가는 그것을 지지하고 도와주면서 풍부한 예술 생태계를 지향한다는 가치를 담고 있지요. 이번 장에서는 유아가 문화예술을 접하게 되는 최전방의 매개자, 바로 예술교사의 역할에 관해 살펴보고자 합니다. 과연 예술교사가 어떤 역할을 할 때, 그리고 어떻게 개입을 할 때 유아들은 좀 더 창의적이고 주도적인 예술 경험을 할 수 있을까요?

민주적 교사와 모델링

교육학자 로웬펠드와 함께 아동미술에 대한 주요한 이론을 정립한 브리든은 교사의 역할로서 '민주적인 교사'의 중요성에 대해 강조합니다. 브리든은 아이들에게 이것저것 지시하고 가르치려 하는 '권위적인 교사'와 아이들이 무엇을 하든 상관없이 내버려두는 '방임적인 교사', 그리고 아이들의 의견을 존중해주고 상호작용하는 '민주적인 교사', 세 가지 유형을 나눠 각 교사들의 미술수업에서 아이들의 참여 정도를 분석하였습니다. 그 결과 '민주적인 교사'가 진행하는 수업에서 아이들의 참여도가 가장 높았고, '권위적인 교사', '방임적인 교사' 순으로 아이들의 미술수업 참여도가 낮아지는 것을 확인하였습니다.[32] 의욕이 넘쳐 아이들에게 이것저것 명령하고 가르치려는 것이나 아이들의 자율성과 주도성을 오해하여 방임해버리는 것이 아닌, 아이들에게 적절히 방향과 도구를 제공하고 이야기를 주고받으며 민주적으로 상호작용을 해주는 교사가 예술교육에 가장 적절하다는 것입니다.

재료와 프로그램, 대상연령이 모두 같다고 해도 교사의 개입과 태도가 어떠한가에 따라 수업의 내용과 질은 완전히 달라집니다. 특히 유아예술수업에서는 교사의 의도적인 개입이 있든 없든 유아들의 행동 모방, 즉 '모델링'이 자연적으로 나타납니다. 모델링은 교사의 행동이나 말, 표정 등을 유아들이 모방하는 것을 말합니다. 특이한 점은, 아이들이 교사가 연출한 특정 수업 상황에서보다 함께 놀이를 할 때나 평상시 태도를 보며 모방을 더 많이 한다는 점입니다.[33] 한 연구에 따르면, 교사가 아동에게 어떠한 과제를 설명하면서 눈이 간지러워 눈을 비볐는데, 그 뒤로 아동이 그 과제를 할 때마다 교사가 했던 것처럼 눈을 비비는 행동을 하였다고 합니다.[34] 아이들 앞에서는 기침도 함부로 못 한다는 옛 속담처럼 모델링의 영향은 우리가 생각하는 것 이상으로 큽니다. 모델링은 마치 칼이나 불처럼 부정적인 면과 긍정적인 면을 같이 갖고 있어서 예술교사가 어떻게 활용하느냐에 따라 충분히 긍정적인 효과를 이끌어낼 수 있습니다.

그렇다면 유아예술수업에서 모델링은 어떻게 나타나며, 이를 어떻게 활용할 수 있을까요? 이는 크게 두 가지로 나눌 수 있는데, 첫 번째는 유아들이 교사를 통해 새로운 예술도구(악기)의 사용과 활동을 모델링하는 것입니다. 예술교육의 경험이 많지 않은 유아들은 수업을 통해 새로운 재료, 새로운 기법, 새로운 동작, 새로운 음악, 새로운 악기, 새로운 활동 등 새로 접하는 것이 많을 수밖에 없습니다. 이때 기질과 성격에 따라 다르기는 하지만 새로운 활동이나 도구에 다가가기를 주저하는 아이들이 의외로 많습니다. 바닥에 깔린 큰 종이 위에서 마음껏 그림을 그려보라고 하거나, 음악을 들으며 춤추듯 걸어보라고 할 때 막상 대부분의 유아들은 무엇을 하라는 것인지 잘 이해하지 못합니다. 혼자 집에서 놀 때는 무엇이든 창조하고 즐기는 예술가들이지만 환경이 낯설거나 활동을 지시하는 언어가 생소하게 느껴질 경우, 그리고 유아교육기관의 기존 질서와 규칙을 벗어난다고 느껴질 경우 유아들은 선뜻 나서기보다는 갈등을 하게 되는 것이지요. 이때 예술교사가 먼저 음악에 맞춰 몸을 움직이거나 색연필을 들고 큼직큼직하게 그림을 그리는 등의 행동을 보여주면 신기하게도 유아들은 금방 알아차립니다. 무엇을 하는 수업인지, 어떤 것을 할 것인지, 도구는 어떻게 다루는지, 어떤 즐거움이 있을지 아이들은 빠르게 눈치 챕니다. 여기에 "선생님은 이렇게 했지만 친구들은 다른 방법을 찾아봐도 돼요."라고 확장할 수 있는 상황도 열어주면 아이들은 더 쉽게 적극성을 보이게 됩니다.

두 번째 모델링은 예술을 대하는 태도로서, 감정과 감각을 교사가 먼저 드러내주어 유아들이 이를 모방할 수 있게 도와주는 것입니다. 교사가 아이들의 작품이나 활동에 대해 먼저 따뜻한 말로 격려하고 지지하면 아이들은 어떤 모델링을 하게 될까요? 서로 경쟁하는 대신 친구의 작품과 활동을 따뜻하게 바라보고 멋진 점을 이야기해줄 것입니다. 또 무엇인가를 함께 돕거나 정리할 때 교사가 활동을 알려주고 같이 하는 모습을 보여주면 유아 또한 그 모습을 따라 할 수 있게 되지요. 또 특정한 무용 동작, 악기 및 재료를 다루는 법, 안전규칙, 강조할 부분이나 기억해야 할 내용을 알려줄 때에도 무조건 주의를 기울이게 하거나 설명을 길게 하는 것보다는, 조금 더 과장해서 표현하거나 반복적으로 보여주어 이해와 모방이 충분히 이뤄질 수 있게 도와주는 것이 좋습니다.

"선생님은 그림을 그리면 마음에 있는 것들이 마구 그려지는 것 같아서 정말 행복하단다!"

"선생님은 노래를 부를 때면 슬프고 화가 나는 마음이 마법같이 사라져버려. 너희들은 노래를 부를 때 어떠니?"

"선생님은 친구들과 이렇게 춤을 출 때가 너무 좋아! 우리가 마치 푹신한 구름

위에서 뛰고 있는 것 같거든!"

무엇보다 이렇게 예술활동이 어려운 것, 전문가만 하는 것이 아니라 모두가 할 수 있는 진심으로 행복하고 가치 있는 일임을 선생님이 표정과 온몸으로 보여준다면, 아이들은 평생 예술을 즐기고 사랑하는 가장 멋진 모방을 하게 될 것입니다.

유아예술교육에서 교사의 다섯 가지 개입 유형

모델링이 예술교육 전반에서 자연적으로 발생하는 것이라면, 교사의 개입은 예술교사가 수업에서 상황에 맞게 조절하고 통제할 수 있는 영역입니다. 교사가 어떻게 어디까지 개입하고 상호작용하느냐에 따라 수업의 질적 차이가 커지지요. 그렇다 보니 아이중심·놀이중심의 유아예술교육에 대해 강의할 때면 예술수업에서 어디까지 개입을 해야 하는지에 대한 교사들의 질문을 많이 받습니다. 유아교육학과 교육학 분야의 많은 학자들이 연구를 통해 다양한 모델을 제시하고 있는데, 이 책에서는 영유아 놀이에서의 개입 방법에 따른 교사의 역할을 다섯 가지 유형으로 나눈 존슨과 크리스티, 워들[35]의 제안을 참고해 최적의 예술교사 개입 유형을 살펴보려 합니다.

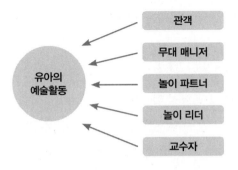

유아의
예술활동

관객

무대 매니저

놀이 파트너

놀이 리더

교수자

그림 3 · 유아예술교육에서 교사의 다섯 가지 개입 유형

관객

가장 먼저 '관객^Audience'과 같은 개입은 유아예술수업을 진행할 때 교사가 관찰과 같이 가장 기본적인 정도로만 개입하는 것입니다. '관객'의 역할은 개입을 최소화하는 소극적인 방법으로, 유아에게 새로운 도구나 재료, 악기, 이야기, 환경, 상황 등을 제공하는 수업의 초기나 전환기에 꼭 필요한 개입 방법입니다. 아이들과 가까운 거리를 유지하면서 아이들이 주어진 도구와 환경에 어떻게 접근하는지 유아들의 탐색과 활동, 놀이 자체를 관찰하는 것입니다. '관객'의 역할로 잊지 말아야 할 것은 친밀한 표정과 태도를 유지하면서 아이들에게서 시선을 떼지 않는 것입니다. 중간 중간 아이들에게 미소를 지어주거나 아이들이 말을 걸어올 때, 또는 재미있는 행동을 하며 교사를 쳐다볼 때, "~을 하고 있구나." 정도의 반응을 해주고 교사의 관심과 애정을 표현해줍니다. 다음의 예시를 참고해봅시다.

- 무용시간에 긴 리본도구를 아이들에게 나누어주고 음악을 틀어준 뒤, 교사는 잠시 '관객'이 되어 아이들이 하는 활동을 지켜봅니다. 아이들은 주어진 리본도구를 들고 탐색하다가 어떤 아이는 리본을 돌리기 시작하고, 어떤 아이는 뱅글뱅글 돌면서 자신의 몸에 감아보기도 하고, 또 어떤 아이들은 친구와 리본을 잡고 당기기 놀이를 하기도 합니다.
- 교사는 아이들을 따뜻하게 바라보면서 "지혜는 리본을 빠르게 돌리고 있구나!" "주훈이는 리본을 당겨보는구나!" "너희들 리본을 가지고 정말 재미있게 노는구나."라고 아이들의 행동과 정서를 반영하고 활동을 지지해줍니다.

이렇게 '관객'의 역할로 아이들을 관찰할 때는 다음과 같은 긍정적 효과를 불러올 수 있습니다. 여러 가지 도구나 수업자료, 활동에 대한 유아들의 관심과 선호 영역을 파악하면서 수업 활동을 점검하고 수정하는 시간을 가질 수 있습니다. 또 아이들은 선생님이 시키는 대로만 기다리고 활동하는 것이 아니라, 마음껏 도구를 움직여보고 자발적으로 놀이로 연결해보면서 수업에 대한 흥미와 즐거움을 높이게 됩니다. 예술교사가 아이 스스로 해보는 탐색과 활동에 대해 지지와 반응을 보이면, 유아는 자신이 하는 일이 중요하고 존중받고 있다는 긍정적인 정서를 가지게 됩니다.

'관객'으로서 개입할 때 주의할 점은 낯설고 어려운 도구와 상황으로 인해 유아들이 무엇을 해야 할지 전혀 모르는 환경일 경우 오히려 흥미를 잃거나 안전의 위험이 있을 수 있다는 것입니다. 따라서 주제와 도구에 있어 적절한 수준 조절이 필요합니다. 또한 교사가 다른 일을 하거나 무성의하게 대답하고 무관심한 모습을 보이는 것은 '관객'으로서의 개입이 아닌 방관과 방치가 될 수 있으니 주의하여야 합니다.

무대 매니저

다음으로 '무대 매니저Stage Manager'는 유아가 무대 위 예술의 주인공이 되어 스스로 활동을 주도하고 마음껏 즐길 수 있도록 무대 아래서 도와주는 매니저 역할을 하는 것입니다. '무대 매니저'는 직접적인 개입은 하지 않되 유아들의 필요를 채워주면서 원활한 활동이 이루어지도록 도와주는 개입 방법입니다. 주로 아이들이 새로운 활동을 시작할 때나 활동 내용과 주제를 바꾸는 전환기에 무대 매니저 역할을 하게 됩니다. 아이들의 집중도가 높아지는 상황에서 활용하기 좋은 개입 유형이지요. 아이들이 하는 활동을 가까이에서 관찰하되 '관객'과 다른 점은 아이들이 필요로 하는 것이 있거나 불편한 상황이 생길 때 예술교사가 적절히 개입하여 원활하게 이뤄지도록 도와주는 역할을 한다는 점입니다.

- 여러 가지 야채를 그리는 미술활동을 한 뒤 아이들이 야채를 파는 상인이 되어 놀이를 진행하다 본격적으로 시장놀이를 하고 싶다고 이야기합니다. 옆에서 관찰하고 있던 예술교사는 즉흥적으로 책상과 의자 배치를 바꿔서 시장이 될 수 있게 도와줍니다.
- 시장놀이를 하던 아이들이 "야채를 담을 장바구니가 필요해요."라고 이야기하면 "미술활동에 사용했던 종이(혹은 주변재료)로 장바구니를 만들 수 있는 방법이 무엇일까?"라고 아이들의 생각을 확장시켜주고 새로운 활동으로 연결합니다.
- 시장놀이에서 아이들이 서로 손님이나 주인이 되고 싶다고 할 경우, 교사는 순서를 정해주거나 팀을 나눠 각 역할을 다 경험해볼 수 있도록 중재하여 활동이 원활히 이뤄지게 합니다.

무대 매니저가 주의할 점은 유아들의 주도성을 훼손하지 않기 위해 꼭 필요한 경우에만 개입하고, 아이들이 활동 중 스스로 만든 방법이나 규칙은 최대한 따라주어야 한다는 것입니다. 또 아이들의 요구를 세심하게 읽고 상상력을 존중하는 태도를 가짐으로써 아이들에 의해 수업이 변형되고 확장되는 것을 즐겁게 허용할 수 있어야 합니다. 유아예술교육에서 '무대 매니저' 역할을 제대로 활용한다면 아이들의 창의성과 주도성, 자기효능감을 높이고 수업의 재미와 감동뿐만 아니라 활동까지 풍부하게 하는 효과를 얻을 수 있습니다.

놀이 파트너

'놀이 파트너Coplayer'는 유아의 활동에서 친구이자 동료와 같은 개념이라 할 수 있습니다. 아이가 초대를 하거나 아이의 짝이 필요할 때, 또 아이의 활동을 지원하는 활동 친구로서 참여하게 되는데, '놀이 파트너' 또한 '무대 매니저'처럼 아이들이 활동을 놀이로 전환하거나 예술활동이나 놀이에 좀 더 집중하고 확장하는 시기에 활용하기 좋습니다. 예술교사는 파트너로 참여하는 만큼 아이가 만든 활동 방법이나 규범, 역할과 지시를 최대한 따라주어 아이중심의 수업이 지속되게 합니다. 그리고 상황에 따른 적절한 반영과 질문을 하여 유아의 활동을 창의적으로 확장시키는 정도로만 개입합니다.

- 유아들이 모여 찰흙으로 놀이터를 만드는 중 이솔이가 예술교사를 초대합니다. "선생님, 여기 와서 그네 타는 공룡 해볼래요? 제가 그네 밑에 땅을 파서 다치지 않게 만들었어요." 교사는 놀이 친구로 참여하면서 이솔이의 놀이 제안을 따르고, 적절한 상황에서 다른 영역으로의 확장을 자연스럽게 이끌어냅니다. "안녕! 나는 티라노사우루스야. 이솔이랑 친구들이 만들어준 그네가 정말 재미있네! 너희들이 만든 다른 놀이기구도 소개시켜줄 수 있어?"
- 유아들이 훌라후프에 두 명씩 들어가 빙글빙글 돌기도 하고 서로 밀고 당기는 몸동작 활동을 합니다. 이때 은영이가 짝이 맞지 않아 혼자 해야 하자 교사는 혼자 있는 은영이의 짝이 되어 함께 활동합니다.

'놀이 파트너'로서 개입할 때에는 특히 극놀이 활동에서 유아들의 초대를 받아 함께 놀이를 하는 경우가 많습니다. 유아들은 모든 물건과 상황을 가지고 자연스럽게 연극적 상황을 만들어내기 때문입니다. 점토를 만나면 "여기는 지금 엄청 바쁜 식당이야. 손님이 많으니까 우리 빨리 요리를 하자!"라고 하고, 길게 자른 종이뭉치를 만나면 "이건 짜장면이야, 뜨거우니까 조심해서 먹어!"라고 하고, 의자를 만나면 위에 올라가 한 발로 흔들흔들 하면서 "지진이 났어요! 다들 조심해요!"라고 하는 것처럼 말입니다.

예술교사는 이런 상황에 자연스럽게 참여하여 교사 자신의 상상력 또한 최대한으로 발휘해야 합니다. "여기 식당은 정말 장사가 잘되는군요! 오늘은 100명이 올 테니 어서 요리를 준비해주세요."라고 아이들을 더욱 북돋아 주거나 "주방장님, 지금 달나라에서 짜장면 주문이 왔는데 무엇을 타고 가면 좋을까요?"라고 아이들의 창의력을 자극할 수도 있고, "지진 때문에 절벽에 떨어졌어요. 밧줄을 던져주세요!"라며 극적 상황을 만들어 역할과 활동을 확장시켜줄 수도 있습니다.

이 같은 '놀이 파트너'의 장점은 아이들과 교사의 친밀감을 높이고 유아의 주도성과 창의성을 지원하여 활동을 더 확장하고 활성화할 수 있다는 점입니다. 아이들은 자신들을 가르치려는 것인지, 놀아주려 애쓰는 것인지, 아니면 정말 같이 신나게 놀고 있는 것인지를 누구보다 잘 알아차립니다. '놀이 파트너'의 역할을 할 때만큼은 아이들이 만든 상황과 활동에 최고의 배우가 되어 깊이 빠져들기를 바랍니다. 동심으로, 진심으로 아이들과 함께하는 '놀이 파트너'로서의 개입 유형은 놀이중심의 유아예술교육을 가장 효과적으로 구현하는 방법이 될 것입니다.

놀이 리더

다음으로 소개할 '놀이 리더$^{Play\ Leader}$'의 역할은 유아의 활동과 내용을 놀이중심으로 교사가 이끌어나가는 비교적 적극적인 개입 방법입니다. 새로운 활동을 하거나 상황을 만들어야 할 때, 교사가 새로운 재료나 동작 등을 알려줘야 할 때 먼저 알려주고 보여주면서 활동을 이끌어가는 방법입니다. 놀이 리더는 몸을 많이 쓰는 활동이나 자칫 과격해질 수 있는 놀이를 안전하게 지지할 수 있고, 아이들 간에 갈등이 일어나는 상황에서는 조정과 지시의 방식으로 개입할 수 있습니다. 이때는 안전한 규칙을 제안하거나 아이들 간의 관계를 중재하고, 직접 모범을 보이면서 활동을 이어갈 수 있게 도와줍니다.

▪ "오늘은 우리 아기돼지 삼형제 이야기로 연극을 하려고 해요. 선생님이 역할 모자를 줄 테니 선생님처럼 한번 써보세요. 선생님은 늑대가될 거예요. 어떤가요? 자, 그럼 이번에는 각자 짓고 싶은 집의 재료를 가져와볼까요? 선생님이 상자를 나누어줄 테니 여기에 원하는 재료를 가지고 오면 돼요. 대신 호루라기를 불면 출발하고, 다시 호루라기

를 불면 자기 자리로 돌아오는 거예요!"(수업내용을 알려주고 보여준다)

- "선생님, 준이는 아기돼지인데 늑대 하고 싶다고 우리 집 아직 다 안
  지었는데 자꾸 괴롭혀요."
  "준이는 집 잘 짓는 씩씩한 아기돼지인데 친구들이 집 짓는 걸 같이
  도와주어야지." (그래도 준이가 계속 친구들의 집을 무너뜨리고 방해하자)
  "준이는 집 짓는 것보다 늑대가 되어 부수는 게 더 좋은가 보구나. 하
  지만 집 짓는 친구들이 속상하니까 집을 짓기 싫다면 잠시 여기서 친
  구들을 기다려줄까? 다음에 늑대 차례가 오면 그때 무너뜨릴 수 있겠
  지?"(아이들 갈등 중재)

'놀이 리더'의 개입 방법은 규칙을 중요시하는 유아기 아이들에
게 안정감을 줄 수 있고, 새롭게 접하는 활동을 시작할 때 선생님의
지시로 순조롭게 수업을 진행할 수 있다는 장점이 있습니다. 다만 예
술교사의 개입과 지시, 훈계가 끊임없이 이어질 경우 아이들은 흥미
와 자발성, 즐거움과 성취감을 잃어버릴 수 있으니 주의해야 합니다.
또 '놀이 리더'로서의 역할인 만큼 활동을 원활하게 하기 위한 정도
로 개입을 하고 그 외에는 유아들의 자유로운 활동을 지지해주도록
합니다.

교수자

마지막 역할인 '교수자Teacher Involvement in Play'는 모든 활동과 수업

을 교사가 주도하는 가장 교사중심적인 개입 유형입니다. 활동 하나
하나를 교사가 진행하고 아이들은 교사의 지도에 따라 앉고 일어서
고 이동하는 등 모든 움직임과 활동의 순서, 내용을 교사의 안내와
지시에 따라 하게 됩니다. 아이들의 안전과 질서를 확보하면서 교재
활동이나 작품완성 등 비교적 보장된 결과물을 얻을 수 있다 보니,
초·중·고등학교뿐만 아니라 유아교육기관에서도 '교수자'로서의
예술수업이 이뤄지는 경우가 많습니다.

그러나 '교수자'와 같은 교사의 일방적인 개입 방법은 유아의 창
의성뿐만 아니라 수업에 대한 의욕과 흥미, 행복감을 잃어버리게 하
고 성취감과 자기효능감 등 예술교육의 긍정적 정서들을 방해하는
요인이 됩니다. 예술수업에 있어서만큼은 아이중심·놀이중심의 창
의적인 활동을 위해 '교수자'와 같은 개입역할은 지양해야 합니다.
무기력한 아이의 모습을 마주하는 것은 교사와 아이 그 누구에게도
좋은 수업이 아닌 만큼, 완전히 새로운 지식이나 개념, 정보를 전달
할 때의 짧은 순간을 제외하고는 '교수자'로서의 역할을 줄이는 것
이 바람직합니다. 그리고 교수자로서 개입을 하더라도 가능한 한 다
양한 시청각 자료를 활용하고 유아와 많은 상호작용을 시도하여 일
방적인 주입식 수업이 되지 않도록 주의해야 합니다.

자유자재로 적용하는 개입역할

지금까지 살펴본 다섯 가지 개입역할 중 어느 것이 가장 좋다고 이야기하기는 어렵습니다. '유아기'와 '예술'의 특성상 아이들의 관심과 변화에 맞춰 끊임없이 역할을 바꾸고 활동을 촉진해주는 일종의 융통성과 센스가 필요하기 때문입니다. 다만 어떻게 하면 예술교사 스스로 다양한 개입 유형을 상황에 녹여 카멜레온과 같은 역할을 할 수 있는지, 그리고 이를 통해 어떻게 효과적인 예술수업을 이루어낼 수 있는지에 다음 몇 가지 제안을 참고할 수 있습니다.

첫째, 새로운 과제나 전환이 있을 때에는 '관객'이 되어 애정 어린 관찰과 발견을 하려고 노력합니다.

새로운 과제가 주어지는 도입단계에서나 과제를 전환할 때는 무엇을 할지 간단히 소개한 다음, 제공한 도구나 악기, 환경을 앞에 두고 아이들이 무엇을 하는지 일단 지켜보는 애정 어린 관찰자의 역할이 꼭 필요합니다. '관객'으로서 아이들이 주어진 상황에서 어떻게 노는지, 무엇을 하는지, 어떤 것에 관심을 보이는지를 주의 깊게 관찰한 뒤, 그것에서 연결점을 찾아내 예술수업을 진행하는 것입니다. 이는 교사가 모든 것을 계획하고 아이들을 이끈 뒤에 관찰이나 평가를 하는 기존의 교사 주도적 수업과는 반대되는 모델로, 애정 어린

'관찰'과 '발견'으로 아이들의 관심과 흥미를 발견하고 창의성과 주
도성을 끌어올리면서 아이중심의 예술수업이 이루어지도록 하는 것
입니다. 그러면 무용수업(리본 수업)의 도입을 예로 들어 교사중심 수
업과 아이중심 수업의 차이를 살펴보겠습니다.

교사중심 수업 (교수자)

"오늘은 리본으로 무용수업을 할 거예요.

친구들에게 멋진 리본을 나눠줄게요.

자, 모두 선생님처럼 리본을 먼저 돌려볼까요?

준형아, 리본 당기지 마세요. 세인이랑 지영이도 리본으로 장난치지 말고!

지금은 선생님이 하라는 것만 하는 거예요! 잘했어요.

그 다음에는 리본을 위아래로 움직여보세요!"

아이중심 수업 (관객, 놀이 리더)

"오늘은 리본으로 무용수업을 할 거예요.

친구들에게 멋진 리본을 나눠줄게요.

친구들, 벌써 당겨보고 돌려보고, 정말 리본이 궁금했구나! 리본이 무엇 같나요?

(아이들 대답 : 뱀, 줄넘기, 목걸이 등)

정말 멋진 생각이네요. 그럼 리본으로 뭘 할 수 있을까요?

(아이들 여러 가지 대답)

그럼 우리 다 같이 리본을 가지고 놀아볼까요?"

(아이들과 간단한 탐색을 통해 상상력을 확장해본 뒤, 음악을 틀어주고, 장난 치고 노는 활동을 지지하고 관찰)

교사중심 수업에서 나타난 모습은 아마 매우 익숙한 상황일 것입니다. 우리가 학창시절 이렇게 수업을 받았고 여전히 흔히 이런 식으로 수업을 하기 때문입니다. 자세히 한번 살펴볼까요? 아이들은 새로운 도구를 보자마자 상상력을 발휘하여 놀고 싶은 마음이 가득하지만 무용교사는 준비해온 것을 가르치느라 아이들의 마음을 읽지 못합니다. 아이들은 새로운 것을 탐색하거나 갖고 놀고 싶은 욕구를 거부당하면서 수업이 시작되자마자 흥미와 집중력을 잃기 쉽습니다.

반면 아이중심 수업은 호기심 많은 유아들의 특성을 이해하고 허용하면서 수업을 열고 있습니다. 새로운 도구인 리본이 무엇처럼 보이는지, 그것으로 무엇을 할 수 있는지, 아이들이 탐색하고 갖고 노는 시간을 주는 것입니다. 그리고 그것을 방치하고 내버려두는 것이 아니라 음악을 틀어주고 아이들의 활동을 세심히 관찰합니다. 이를 통해 수업의 내용과 발문, 난이도 등을 유연하게 조율하는 것이지요. 혹시 수업이 제대로 되지 않을까 걱정하지 않아도 됩니다. 유아들은 집중력이 짧아 탐색하는 활동 또한 길게 하지 않으니까요. 10여 분 내외로 새로운 도구와 상황을 가지고 자유롭게 탐색하며 놀이할 수 있는 시간을 만들어주면 오히려 더욱 효과적이고 친밀한 수업으로 전환할 수 있습니다.

둘째, 정보 전달과 학습이 필요한 경우, 최대한 양질의 자료를 제공하고 유아와의 상호작용을 중점에 둡니다.

유아예술수업에서도 설명이 필요한 경우가 있습니다. 이때는 설명을 하는 교수법만으로도 유아가 예술에 관심과 흥미를 가질 수 있도록 아이 눈높이에 맞춘 다양한 자료와 적극적인 상호작용이 필요합니다. 다시 말하면 설명을 한다고 해서 교사가 일방적으로 가르치려는 주입식 형태의 수업이 되지 않도록 조심해야 합니다. 무용수업을 예로 살펴보겠습니다. 여기서 일방적으로 지식을 전달하는 '교수자' 역할과 상호작용을 중심으로 하는 '놀이 리더' 역할의 차이를 비교해보기 바랍니다.

교사중심 수업 (교수자)

"발 모양을 이렇게 해보세요. 이게 플리에 자세입니다.

따라 해보세요, 플리에. 잘했어요!

이번에는 한 발로 서는 자세를 배워볼까요?

선생님 따라 해보세요. 셋 동안 멈춰보아요.

하나, 둘, 셋! 잘했어요.

이 동작의 이름은 아라베스크예요. 뭐라고요?

성훈이가 다시 대답해보세요, 동작 이름이 뭐라고요?"

아이중심 수업 (놀이 리더)

"선생님이 이번에는 예쁜 발레리나의 모습을 몇 가지 보여줄게요. 자, 여기 서

있는 발레리나의 발이 보이나요?

어떻게 서 있는 것 같나요? 손으로 한번 흉내 내볼까요?

그럼 발은 어떤 모양 같나요?

(아이들 대답 반영)

나비 모양, 또? 나뭇잎 같기도 하고? 눈사람 같기도 하네요!

(충분히 아이들의 관심을 집중시킨 뒤 플리에 자세 응용)

그럼 어떻게 하고 있는지 일어서서 한번 따라 해볼까요?"

"이번에는 한 발로 서 있는 모습을 한번 볼게요.

어떻게 하고 있나요? 손으로 한번 표현해볼까요?

어떤 동물 모습 같나요?

(아이들 대답 반영)

우리도 한번 해볼까요? 선생님은 이렇게 했어요.

우리 친구들 어디에 힘이 가장 많이 느껴지나요?

이 동작의 이름은 아라베스크예요. 이름이 뭐라고요? 맞아요, 아라베스크!

그런데 동작 이름을 새로 짓는다면 뭐라고 해볼까요?

왜 그런가요?

(아이들 대답 반영)

멋진 이름이네요. 그럼 우리 그 이름으로 한번 해볼까요?

아이스크림 자세! 잘했어요! 친구들에게 내 아이스크림을 보여주세요.
또, 한 발로 방귀 뿡 자세! 한 발로 누가누가 방귀 잘 뀌나."

(충분히 관심을 주고받으며 파세, 아라베스크 같은 한발서기 동작 설명)

두 수업 모두 한 발로 서는 발레 자세를 배우는 중이며, 교사의 설명과 모델링을 통한 학습이 필요한 상황입니다. 이때 무조건 자세를 따라 하게 하고 이름을 외우게 하는 것은 아이들의 흥미와 집중력을 높이는 데 효과적이지 않습니다. 오히려 자세의 모양과 느낌을 함께 탐색하고 관찰하고 변형하고 장난쳐보면서 익히는 것이 유아에게 좀 더 적합한 수업입니다. 유아들에게 새로운 분야를 소개할 때 일부 예술가들은 전통적인 기술과 기법, 용어를 알려주는 것에만 집중하기도 합니다. 이는 유아에게 처음 책을 보게 할 때 글자부터 가르치려는 것과 같은 실수입니다. 아이들은 책의 그림에 먼저 재미를 느끼고, 어른들이 실감나게 읽어주는 것을 들으며 책에 대한 긍정적인 감정을 갖게 됩니다. 그리고 그렇게 되면 성장하면서 스스로 책을 찾고 즐겨 읽게 되지요. 이 자연스러운 과정은 유아예술수업에도 적용됩니다. 예술이 재미있고 행복하다는 긍정적 경험과 정서를 심어주는 것이 프랑스어로 된 발레 용어를 알려주는 것보다 우선되어야 하는 것이지요. '아라베스크'를 주입식으로 외우고 자세를 반복하느라 발레수업을 싫어하게 된 아이보다, 깔깔깔 웃으며 '한 발로 방귀 뿡!' 하고 자연스럽게 아라베스크 자세를 하는 아이, 그래서 발레수업이 끝나는 것이 아쉽고 일주일 동안 발레 선생님 만나기를 기다리는 아이가 예술을 더 제대로 경험하고 있는 것이 아닐까요?

셋째, 아이들의 흥미와 관심, 활동과 반응에 따라 과감하게 수업의 내용을 바꿀 수 있어야 합니다.

예술교사가 아이들의 활동을 관찰하고 발견하면서 긍정적인 예술 경험을 제공하기 위해 노력한다는 것은, 준비해온 수업과 아이들이 요구하는 수업이 다를 경우 과감하게 변형하고 확장하는 판단력과 추진력을 수업에서 발휘한다는 것을 의미합니다. 그러려면 교사 스스로 내가 아이들보다 우위에 있지 않음을 인정하는 용기, 내가 늘 옳지 않을 수도 있음을 인정하는 용기, 아이들과 함께 만들어가는 수업이 더 훌륭할 수 있음을 인정하는 용기가 필요합니다.

이번에는 무용수업에서 무용교사가 리본을 가지고 몇 가지 발레 동작을 가르치는 내용으로 교안을 준비했다고 가정해봅시다. 리본을 나눠주고 관찰과 놀이를 하게 했다 하더라도 대부분의 예술교사는 탐색이 끝나면 다시 대열을 세운 뒤, 동작을 가르치는 것으로 진도를 이어가려 할 수 있습니다.

그러나 아이들이 만약 친구들과 같이 끈을 잡고 뱅뱅 돌거나 끈을 휘두르면서 뛰어놀고 있다면, 혹은 끈을 바닥에 놓고 걷거나 끈을 장애물 삼아 뛰어넘는 것을 관찰하였다면 어떻게 해야 할까요? "재미있게 잘했어요, 이제 수업하자."라고 할 것이 아니라, 그 속에서 수업과 연관되는 활동을 찾아내거나 과감히 수업 방향을 바꾸는 것이 필요합니다. 아이중심·놀이중심의 누리과정 수업 방향에서는 아이의 집중에 방해가 되지 않도록 주제와 내용뿐만 아니라 필요시 간식과 휴식, 식사시간까지도 조절할 수 있어야 한다고 이야기합니다. 목적지만을 향해 고속도로로 단번에 가는 게 아니라 나무와 산과 시골집을 볼 수 있는 작은 마을길로 아이와 손 잡고 놀면서 가라는 것입니다. 이것이 유아의 기본적인 특성일 뿐만 아니라 유아들의 창의성과 전인적 성장발달을 돕는 최적의 예술교육이기 때문입니다. 그럼 무용수업에서 리본에 대해 탐색한 후 교사가 어떤 역할로 수업을 이어가는지 예시를 통해 비교해보겠습니다.

교사중심 수업 (교수자)

"자, 이제 충분히 탐색하고 놀아보았으니 두 줄로 서볼까요?

오늘 배울 동작은 ○○입니다.

친구들, 장난 그만하고 두 줄로 서세요, 여기 보세요!

선생님이 하는 동작을 따라 해볼게요."

아이중심 수업 (무대 매니저, 놀이 파트너, 놀이 리더)

"우리 예쁜 반 친구들은 리본을 돌리며 노는구나! 너무 즐거워 보여요!

(아이들의 활동에서 까치발(를르베) 동작 응용 지점을 발견)

그러면 우리 친구들, 이번에는 선생님처럼 이렇게 발끝으로 서서 리본을 돌릴 수 있나요? 키가 쑥~ 커져서 높이, 더 높이!

(아이들이 까치발을 들고 리본 돌리다가 걷기도 하는 것 관찰)

와, 우리 친구들은 까치발로 걸을 수도 있구나!

자, 그럼 다 같이 까치발 거인이 되어서 같이 걸어볼까요?

조용히 걸어가 보고, 이번엔 빨리! 이제 뒤로 걸어가 볼까요?"

"선생님이 친구들 리본을 돌리는 모습을 보니, 우리 친구들 리본 끝에 뭔가가 달려 있는 것 같아요.

(유아들이 하는 활동에 의미를 부여하고, 고난이도의 다음 과제로 안내하거나 창의적 영역으로 확장)

자, 우리 리본 끝을 한번 살펴보세요. 무엇이 달려 있는지.

지금 우리 리본 끝에 깃털이 달려 있어요. 어떻게 돌려볼까요?

지금은 리본 끝에 제멋대로 튀는 고무공이 달려 있네요!

이번에는 엄청나게 빠른 로켓이 달려 있어요. 어떻게 할까요?"

예시에서 교사중심의 수업을 진행하는 '교수자' 역할의 예술교사는 아이들에게 리본을 탐색하고 갖고 노는 시간을 주었지만 정작 자신은 그 속에서 아이중심, 놀이중심으로 확장할 수 있는 힌트를 찾지 못했습니다. 제대로 된 관찰과 발견이 이루어지지 않고, 교사중심의 수업방식을 버리지 못해 다시 자신이 짠 진도와 계획대로 아이들을 끌고 갑니다. 그러나 두 번째 예시에서의 예술교사는 아이들이 리본을 탐색하고 갖고 노는 동안 자신이 짜온 계획이나 진도와

연관하여 아이들이 주는 힌트를 발견합니다. 그리고 그것을 아이들의 놀이언어로 진행해나갑니다. 그러다 보니 분명 교사가 리드하고 있지만 아이들은 놀이의 확장처럼, 혹은 교사가 같이 노는 것처럼 여기게 됩니다. 가지런히 줄을 서서 발레 동작을 배우는 것이 교사가 배웠던 학원이나 입시 교육의 방식이었다면, 유아는 스스로의 놀이를 통해 확장하고 배워간다는 것을 충분히 이해한 것입니다.

예술교사는 아이들을 따라 선택한 수업내용에 맞춰 역할 또한 바꿀 수 있어야 합니다. 아이들이 놀다가 리본이 꼬였을 때, 혹은 리본을 길게 묶고 싶다고 할 때는 '무대 매니저'가 되어 도와주고, 아이들이 선생님을 초대하여 "선생님이 리본을 돌려봐 주세요, 제가 그 속에서 점프해볼게요."라고 하면 '놀이 파트너'가 되어야 합니다. "리본으로 친구들 그네를 태워줘 볼까요? 로켓이 리본 끝에 달렸을 때 어떻게 따라가야 할까요? 다 같이 점프해볼까요?" 이렇게 확장된 활동으로 주도해나가며 '놀이 리더'가 되고, 확장된 활동을 하면서 아이들이 새롭게 놀 때에는 그것을 관찰하고 응원해주는 '관객'이 되는 것입니다.

유아예술교육에서 교사가 갖춰야 할 가장 좋은 태도, 그리고 적절한 개입의 정도는 결국 유아의 나이, 수준, 상황, 관심에 따라 다양한 역할을 그때그때 자유자재로 조절해나가는 것입니다. 그것은 유아가 어리고 부족해 보이지만 그럼에도 이 아이들과 함께 수업을 만들어나갈 때 가장 강한 예술의 힘을 끌어낼 수 있다는 믿음에서 출발합니다. 여전히 예술가 출신의 예술교사 상당수가 순수예술로서의 예술을 그대로 가르쳐야 하는 게 아니냐는 의견을 제기합니다. 하지만 흔히 말하는 순수예술로서의 예술이 예술대학 입시를 위해 주입식으로 배워온 기술적인 영역을 의미하는 것은 아닌지 자문해봐야 합니다. 또한 우리가 만나는 대상이 '유아'라는 점도 절대 간과해서는 안 됩니다. 한 사람이 인생에서 처음 만나는 예술, 그것은 상상 가득하고 즐겁고 행복하며 스스로 성취해나가는 아름다운 경험이어야 합니다. 그것만으로도 유아기에 배우고 느끼고 알아야 할 예술과 미적 경험은 충분하며 예술교사는 이를 위한 적절한 개입과 역할로 값진 예술수업 경험을 얻게 될 것입니다.

교사와 아이의 상호작용이 수업의 질을 좌우한다

내가 만일 다시 아이를 키운다면
손가락 명령을 줄이고, 그 손가락으로 함께 그림을 그리리라.
아이를 바로잡는 것을 줄이고, 아이와 연결되기 위해 노력하리라.
시계에서 눈을 떼고, 그 눈으로 아이를 바라보리라.

If I had my child to raise over again,
I'd finger paint more, and point the finger less.
I'd do less correcting, and more connecting.
I'd take my eyes off my watch, and watch with my eyes.

| 다이애나 루먼스 |

예술교육이 의미 있는 시간으로 기억되느냐 그렇지 않느냐는 획기적인 프로그램과 값비싼 재료가 아니라 교사가 아이와 어떤 식으로 상호작용했느냐에 따라 결정된다고 할 수 있습니다. 아이는 교사가 언어적 혹은 비언어적 표현을 하는 내용과 태도를 통해 자신에게 관심이 있는지 없는지, 자신이 존중받고 있는지 아닌지를 본능적으로 느낍니다. 그리고 이렇게 만들어진 정서는 자신에 대한 가치판

단뿐만 아니라 예술수업의 과정에도 큰 영향을 끼칩니다. 아이가 교사에게 신뢰감과 긍정적인 정서를 갖도록 하기 위해, 유아를 만나는 예술교사가 알아야 할 예술수업에서의 상호작용 방법들을 살펴보겠습니다.

아이의 마음을 여는 존중의 자세

가장 기본적인 상호작용은 바로 아이에 대한 존중에서 시작됩니다. 눈높이, 높임말, 그리고 호명 등으로 아이에 대한 존중의 마음을 표현할 수 있습니다. 이는 아주 기본적인 것이지만 습관이 되지 않으면 쉽게 놓칠 수 있습니다. 예를 들어 미술관이나 강당에서 수업을 할 때 키 큰 선생님이 아이들을 바닥에 앉혀 놓고 오랜 시간 이야기하는 경우가 있습니다. 이때 아이들은 목을 뒤로 젖힌 채 선생님을 올려다보게 되는데, 그러면 아이들은 집중력과 친밀감이 줄어듭니다. 키를 낮추어 아이들과 눈높이를 맞춘다는 것은 아이와의 사이에 안정감과 따뜻함, 그리고 친밀한 정서를 형성하는 가장 기본적인 상호작용입니다. 어린아이들을 만날 때 예술교사는 허리를 숙이거나 무릎을 굽혀주고, 앉아야 하는 경우 바닥이나 낮은 의자에 앉아 최대한 아이들과 눈높이를 맞추는 것이 좋습니다. 아이들이 많다면 뒤에 앉은 아이들까지 잘 보일 수 있게 조금 높은 곳에 앉으면 좋겠지요.

또 가능한 한 아이들에게 높임말을 사용하는 것이 좋은데, 이는 언어의 태도가 마음의 태도에도 영향을 주기 때문입니다. 반말이 잦아지다 보면 자신도 모르게 아이들을 무시하거나 낮추어보는 메시지를 전달하게 될 수도 있습니다. 아이와 놀이 파트너로 친구처럼 놀이할 때나 친근감을 갖고 이야기할 때는 반말을 주고받을 수 있지만 많은 아이들을 대상으로 이야기할 때에는 가능한 한 높임말을 사용하도록 합니다. 이를 통해 교사로서 아이들에게 존중하는 마음과 태도를 보여줄 수 있으며, 또 아이들이 높임말을 모델링하는 효과도 얻을 수 있습니다.

아이들의 이름이나 반 이름을 기억하여 수시로 호명하여 주는 것도 중요한 존중의 태도입니다. 아이들은 자기중심적인 사고를 하기 때문에 모두가 자신을 알고 있다고 생각합니다. 선생님이 자기 이름을 모른다는 것을 이해할 수 없지요. 그러므로 교사가 아이들의 이름이나 반 이름을 불러주는 것은 '내가 너희를 알고 있어, 너희에게 관심이 있어.'라고 알려주는 중요한 신호입니다. 교사가 자신을 알고 있다는 것과 존중받고 있다는 것을 인지할 때, 아이들은 교사를 믿을 만한 존재로 받아들입니다. 이 선생님이라면 수업에서 새로운 도전과 시도를 기꺼이 해보겠다는 마음의 문이 열리는 것입니다.

아이와의 대화를 막는 교사의 말

유아와 함께 활동을 할 때에는 설명뿐만 아니라 피드백, 칭찬, 질문과 답변, 의견 조정과 갈등 조정 등 다양한 언어적 상호작용이 이루어집니다. 예술교육은 상상력과 유연성이 가장 필요한 영역이기에 끈 하나, 종이 한 장을 놓고도 어떤 대화를 하였는가에 따라 수업의 질이 달라집니다. 가장 안타까운 상황은 교사가 열정을 가지고 창의적인 프로그램을 준비해놓고도 언어적인 상호작용이 능숙하지 못하여 아이들이 수업 내내 겉돌 때입니다. 다음과 같은 언어와 태도는 의도가 어떠하든 간에 아이의 의지와 자존감을 꺾고 아이가 교사에게서 멀어지게끔 하는 예입니다.

- **무관심** : 아이의 존재를 모르고 있으며, 아이가 대화를 시도해도 교사가 다른 생각과 활동을 하느라 아이에게 반응하지 않습니다. 이때 아이는 자신이 중요한 존재가 아니라고 여길 수 있습니다.

  아이 : 선생님! 나는 오늘 꽃을 두 개 만들어볼래요.
  교사 : …… (듣고 있지 않음)

- **부적절한 대답** : 아이의 말을 그냥 끊어버리거나 귀 기울여 듣지 않고

관련 없는 질문과 대답을 합니다. 아이는 교사가 자신에게 관심이 없고 자신의 생각이나 말을 중요하게 여기지 않는다고 생각할 수 있습니다.

아이 : 점토를 길게 연결하면 더 멋질 것 같아요!
교사 : 그만 떠들고, 풀은 누가 갖고 있나요?

- **성의 없는 대답이나 가짜 칭찬** : 교사가 관심을 갖지 않은 채 아이의 말에 그저 대답해주기 위해 성의 없는 피드백을 하는 경우입니다. 아이는 활동에 흥미를 잃어버리거나 교사의 대답과 칭찬을 신뢰하지 못하게 될 수 있습니다.

아이 : 선생님, 북을 이렇게 치니까 이런 소리가 나요.
교사 : 그래, 좋네.
교사 : 민지도 대단해요. 경수도, 지우도 대단해요.(특징 없이 모두에게 같은 칭찬)

- **부정적인 판단** : 부정적인 단어(별로야, 이상해, 욕심 많은, 잘못하는, 절대 할 수 없는)를 사용하여 아이의 활동을 평가하거나, 아이가 발전할 수 있는 기회를 차단해버리는 말을 하는 경우입니다. 이 같은 말을 할 경우 아이는 자신은 절대 할 수 없고 자신과 자신의 활동이 잘못되었다고 느낄 수 있습니다.

교사 : 영지야, 네가 한 것은 색이 좀 이상한데.

교사 : 같이 합주를 하는데 준영이처럼 욕심 많고 이기적으로 행동하면 좋은 소리를 낼 수가 없겠지요.

■ 사실이나 문법 지적하기 : 유아기 아이들은 흥분하거나 마음이 급할 경우, 혹은 상상 속 세계를 표현할 때 문법적으로 맞지 않는 말이나 자신만의 언어를 사용할 때가 있습니다. 이 같은 유아의 특징을 이해한다면 아이가 말하고자 하는 내용에 더욱 집중해야 합니다. 내용을 받아들이기보다 틀린 사실이나 문법을 먼저 지적하고 고쳐주려 할 경우 유아는 교사와 이야기할 때 긴장하거나 아예 입을 닫아버릴 수도 있습니다.

아이 : 제가 그린 토끼가 비행기를 먹어서 이제 하늘까지 점푸할 수 있어요.

교사 : 점푸가 아니라 점프, 그리고 토끼는 비행기를 먹을 수 없어요.

■ 너무 많은 질문 : 교사가 아이의 관심을 반영하지 않고 적절하지 않은 질문을 쏟아내는 것도 대화를 단절시키는 일방적인 대화방식입니다. 아이는 선생님이 본인이 하고 싶은 말만 한다고 생각하고 자신의 생각에는 관심이 없다고 여겨 더 이상 선생님과 말하는 것을 시도하지 않을 수도 있습니다.

아이 : 발레 할 때 턴하면 팽이 같아요. 기분이 좋아요.

교사 : 그랬구나, 발레복은 엄마가 사주신 거니? 공주님 같네. 오늘 현수랑 짝꿍해서 발레 하니 즐거웠지? 저녁에도 집에서 연습하니? 아빠가 보시면 예쁘다 하시지?

지금까지 살펴본 바와 같이 유아와 상호작용을 하는 데 있어 폭언과 같이 나쁜 말뿐만 아니라 우리가 무의식적으로 사용하는 수많은 언어 패턴이 아이와의 대화를 중단시키는 요인이 될 수 있습니다. 무관심한 태도나 부적절하고 무성의한 대답, 가짜 칭찬, 아이에 대한 부정적인 판단, 사실이나 문법에 대한 지적, 너무 많은 질문 등이 이에 해당하지요. 이렇게 유아에 대한 이해가 부족하거나 민감하지 못한 교사가 조성하는 부정적인 언어환경은 교사중심의 권위적이고 지배적인 수업을 강화합니다. 아이는 자동적으로 자신의 생각보다 교사의 생각과 통제가 먼저라는 것을 습득하게 되지요. 이러한 경우 아이들이 교사의 지시를 얌전하게 잘 따르는 것 같지만 이는 무능감과 무력감에 의한 것일 뿐, 내면에서는 부적절함과 혼란스러움, 분노와 같은 부정적 감정을 겪게 됩니다.[36]

그러므로 유아예술교사는 아이들의 학습과 활동뿐만 아니라 수업에서의 정서까지 고려한 긍정적인 언어환경을 마련해야 합니다. 이를 위해 효과적인 상호작용 방법인 반영하기에 대해 살펴보겠습니다.

아이의 마음을 알아주는 언어, 반영하기

'반영하기'는 유아들의 말을 이해해주고 아이의 행동과 말에 관심과 흥미, 애정이 있음을 보여주는 상호작용 방법입니다. 아이의 행동이나 말에 반응하는 것이기 때문에 효과적인 반영을 위해서는 아이의 행동을 '관찰'하고 아이의 말을 '경청'하는 자세가 선행되어야 합니다. '반영하기'는 자신의 감정과 생각을 거르지 않고 말하기 좋아하는 유아들에게 예술교사의 관심과 애정을 느끼게 해주는 매우 좋은 대화방식입니다.

행동 반영하기

행동 반영은 아이의 활동에 대해 교사의 판단이나 의견을 더하지 않고 이야기하는 방법으로, 아이에게 관심을 표현하는 상호작용 수단입니다. 아이는 행동 반영을 통해 칭찬 없이도 자신이 하고 있는 활동이 의미 있고 가치 있다는 느낌을 받을 수 있습니다.

아이 : (아이가 점프한다)
교사 : 서영이가 음악에 맞춰 높이 점프하는구나!

아이 : 선생님, 여기 보세요! (자기 그림을 가리킨다)

교사 : 서인이는 빨간색 소방차가 불을 끄는 모습을 그렸구나!

행동 반영은 아이들이 관심을 받기 위해 하는 과잉행동이나 돌출행동을 방지할 수 있다는 장점이 있습니다. 유별난 행동을 해야만 교사가 관심을 보이는 것이 아니라는 것과, 자신이 하는 행동을 교사가 늘 관찰하고 있고 자신의 행동에 흥미를 갖고 있음을 아이 스스로 느낄 수 있기 때문입니다. 또 자신이 하는 활동을 교사의 말로 전해들음으로써 어휘와 언어가 발달할 수 있고, 아이의 활동에 대해 교사와 아이 사이에 자연스러운 대화가 시작될 수도 있습니다.

다수의 아이들에게 말하는 경우에는 "친구들, 계속 춤추는군요! 이 음악이 마음에 드는군요!" "친구들, 선생님이 새로 가져온 재료가 궁금하군요!" "오늘은 모두 노래를 크게 부르려고 노력하고 있네요!" 등 전체 활동에 대한 긍정적인 관심과 집중을 보여주면 좋습니다.

아이에게 다른 친구에 대해 이야기할 때에도 "짝꿍은 다른 동작을 하고 있는데, 한번 따라 해볼까요?" "동호는 노란색으로 잠수함을 칠하고 있네요. 수진이는 무슨 색 잠수함이 좋을까요?"와 같이 다른 친구를 함께 관찰하고 반영함으로써 또래 간 활동을 존중하고 수용하는 긍정적인 언어환경을 만들어줄 수 있습니다. '반영하기'의 핵심은 교사의 평가나 판단, 의견이 들어가지 않는다는 것입니다. 아이들은 평가와 판단이 섞이지 않은 교사의 반영을 통해 정서적 편안함을 느끼면서 자신의 예술활동에 확신을 갖고 더 집중하게 됩니다.

부연 반영하기

부연 반영은 유아가 말한 내용을 교사의 관심과 애정, 흥미를 담아 다른 말로 바꿔서 말해주는 것을 말합니다. 행동 반영은 아이의 말이 없는 상황에서도 할 수 있으나 부연 반영은 아이가 한 말을 활용해 덧붙여 말하는 것입니다. 다음의 예와 같이 교사의 판단과 의견은 더하지 않는 대신 아이의 말에 대한 관심과 경청, 배려하는 자세를 보여주도록 합니다.

> 아이 : 선생님, 저 크레파스 다섯 개로 한꺼번에 색칠할 수 있어요!
> 교사 : 오, 새로운 아이디어네! 한 번에 여러 가지 색을 칠할 수 있겠어요!
>> (아이의 말을 그대로 반영하여 관심을 가져줌)

> 아이 : 으악. 죽겠다! 선생님, 제 그림 완전히 망했어요!
> 교사 : 그림에 검은색 물감이 튀었네. 선생님이 닦는 것을 도와줄 테니 다시 그려볼까요? 아니면 새 종이를 주는 것이 좋을까요?
>> (아이의 부정적 언어를 상황을 설명하는 말로 바꿔 반영하고 문제를 해결할 수 있게 도와줌)

부연 반영은 아이의 말에 관심과 배려를 보여주는 데 좋을 뿐만 아니라 수업 상황과 예술교사의 의도에 따라 다양하게 활용할 수 있습니다. 아이가 한 행동을 더 구체화시켜 주거나 아이가 느끼는 감정과 상황을 적절하게 바꿔 말해줌으로써 정서적 지지를 해주는 것입니다. 때로는 교사가 말한 반영을 아이가 "아니요." "그게 아니고요…"와 같이 수정해주기도 하는데, 그것은 그만큼 아이들이 반영을 통한 예술교사와의 대화를 편하게 느낀다는 것입니다. 다음 대화 예시를 통해 예술교사의 창의적이고 유연한 부연 반응이 아이와의 상호작용에서 어떻게 작용하는지 살펴보겠습니다.

아이 : 선생님, 저 크레파스 다섯 개로 한꺼번에 색칠할 수 있어요!

교사 : 오, 새로운 아이디어구나! 한 번에 여러 가지 색을 칠할 수 있겠어요!

아이 : 그럼요, 네 살 때는 두 개밖에 못 잡았어요.

교사 : 다섯 살이 되면서 손도 쑥쑥 커졌군요!

아이 : 맞아요. 여섯 살이 되면 열 개 잡을 수 있어요.

교사 : 열 개를 다 잡으면 색칠을 아주 빨리 할 수 있겠네요?

아이 : 네, 하지만 동그라미는 열 개 잡고 칠할 수 없어요.

교사 : 음, 동그라미가 색칠하기가 더 어려워서 그렇구나.

아이 : 아니요! 동그라미는 작잖아요. 사탕처럼요. 동그라미는 제가 좋아하는 노란색 한 개로 색칠할 거예요.

교사 : 그럼 정말 예쁜 동그라미가 되겠네요!

아이 : 네, 맞아요!

아이는 어른의 눈으로 볼 때 현실적이거나 논리적인 것과는 거리가 먼, 상상과 현실을 오가는 말을 쏟아낼 때가 많습니다. 특히 자신의 생각과 감정을 표현하는 예술수업에서는 그러한 경향이 더 심하게 나타납니다. 따라서 아이들을 부정적이고 무관심한 태도로 대하거나 쉽게 판단하고 평가하지 않도록 주의해야 합니다. 대신 적절한 반영을 통해 관심과 지지를 보여주면 아이들은 용기와 자신감을 가지고 자신의 활동과 작업에 더욱 집중할 수 있게 됩니다.

한 가지 유의할 점은 반영하기에 지나치게 부담을 갖지 않는 것입니다. 복잡하고 어렵게 말하거나 전혀 다른 상황으로 바꾸어 반영하는 것, 아이의 모든 말과 행동을 반영해야 한다는 강박에 지나치게 많은 말을 거는 것은 조심해야 합니다. 그저 아이의 예술활동과 표현에 대해 진심 어린 관심과 존중을 갖는다면 반영은 예술수업에서 가장 자연스럽고 편안한 상호작용 방법이 될 것입니다.

상호작용을 높이는
질문과 칭찬

믿기지 않겠지만,

인간이 지닌 최고의 탁월함은 자신과 타인에게 질문하는 능력이다.

나는 아무도 가르친 적이 없다.

대신 스스로 생각하도록 질문하였을 뿐이다.

| 소크라테스 |

효과적인 유아예술교육을 위한 상호작용 방법으로는 앞서 살펴본 '반영하기' 못지않게 중요한 '질문하기'와 '칭찬하기'가 있습니다. 질문은 대화를 시작하고 이어나가게 해주며, 칭찬은 유아의 동기를 끌어올리는 긍정적인 언어자극이 됩니다.

그러나 질문과 칭찬도 방법을 제대로 모르고 한다면 하지 않는 것만 못한 영향을 줄 수 있습니다. 효과적인 상호작용을 위해 유아를 대상으로 한 예술수업에서 활용할 수 있는 적절한 질문과 칭찬을 살펴보겠습니다.

폐쇄적 질문과 개방적 질문

질문은 정말 궁금해서 할 때도 있지만 어떠한 의도를 가지고 할 때도 있습니다. 최근 명절만 되면 듣게 되는 '결혼은 언제 할 거냐, 아이는 언제 낳을 거냐, 취업은 했느냐'와 같은 곤란한 질문 때문에 그것에 대처하는 방법이 SNS를 통해 공유되기도 하고 아예 고향에 가지 않는 사람도 많습니다. 생각해보면 분명히 관심에서 비롯된 질문이지만 잘못된 접근으로 인해 불편하고 부정적인 감정을 느끼게 합니다. 또 한편에서는 인간관계를 위한 대화의 방법으로 질문을 추천하기도 합니다. '1 대 3의 원칙'의 경우 내 이야기는 1만큼만 하고, 상대에 대한 관심 어린 질문을 통해 상대의 이야기를 3만큼 들어주면 좀 더 긍정적인 관계를 맺을 수 있다는 것입니다. 질문은 이처럼 내용과 뉘앙스에 따라 상대에게서 전혀 다른 답과 감정을 끄집어냅니다.

예술수업에서 유아와의 상호작용도 마찬가지입니다. 어떠한 질문을 하느냐에 따라 유아는 더 깊고 창의적인 생각을 할 수도 있지만, 때로는 짧은 대답을 끝으로 말문을 닫을 수도 있습니다. 이는 어떤 대답을 의도하느냐에 따라 달라지는 것으로, 질문만 봐도 아이가 어떤 대답을 할지 예측할 수 있습니다. 정답을 말하게 하는 것은 물론이고, 한 가지 대답이나 '예, 아니오'로 답하게 하는 것은 모두 '폐쇄적 질문'이라고 할 수 있습니다. 반면 질문을 받는 사람에 따라 모두 다른 답이 나올 수 있도록 하는 질문, 생각을 해야만 답할 수 있는 질문은 '개방적 질문'입니다. 다음의 예시를 통해 차이를 살펴보겠습니다.

폐쇄적 질문

교사 : 이현이는 그림 그리는 것을 좋아하나요?

아이 : 네.

교사 : 어떤 색을 제일 좋아해요?

아이 : 빨간색이요.

교사 : 그림을 그릴 때 기분이 좋죠?

아이 : 네, 좋아요.

개방적 질문

교사 : 이은이는 어떤 그림 그리는 것을 좋아하나요?

아이 : 저는 ○○을 그리는 걸 좋아해요.

교사 : 그림을 그릴 때 기분은 어떤 색일까요? 왜 그럴죠?

아이 : 그림을 그릴 때 기분은 하늘색이에요. 왜냐하면 ○○하거든요.

교사 : 만약 내가 좋아하는 색이 없다면 어떻게 할 수 있을까요?

아이 : 음, 그러면 저는 ○○으로 △△할 거예요.

이처럼 개방적 질문은 폐쇄적 질문보다 많은 이야기를 이끌어내어 유아의 자아개념과 스스로의 활동에 대해 긍정적인 인식을 갖게 해줍니다. 폐쇄적 질문도 분명히 교사의 관심이 반영된 상호작용이지만 의도와 달리 아이가 단답형으로 답하게 하고 아이의 사고 또한 그 정도에서 멈추게 합니다. 반면에 개방적 질문은 유아의 사고를 생각하지 못한 범위까지 확장하여 창의성을 높이게 하지요. 유아교사의 질문과 관련한 한 연구[37]에서는 유아교사의 창의적, 비판적 사고성향을 측정한 뒤, 유아들과 나누는 질문의 양과 내용을 조사하였습니다. 그 결과 교사가 창의성과 비판적 사고가 뛰어날수록 질문의 수와 개방적 질문 유형이 많았지만, 그렇지 않은 경우 질문을 통한 상호작용에 한계가 있음이 나타났습니다. 연구에서 이루어진, 수업 중 실제 대화의 예를 인용하여 비교해보도록 하겠습니다.

다음은 먼저 창의적, 비판적 사고수행이 낮은 교사들이 진행한 수업내용입니다.

교사 : 여러분은 몸이 점점 작아져서 엄지손톱만해진다면 어디서 살고 싶어요?

유아 : 꽃 속에서/ 별나라/ 풀 속에서

교사 : 왜 꽃 속에서 살고 싶어요?

유아 : 푹신푹신해서요.

교사 : 왜 별나라에서 살고 싶어요?

유아 : 아름다우니까요.

교사 : 왜 풀 속에서 살고 싶어요?

유아 : 시원하니까요.

교사 : 참 잘했어요.

교사 : 아주아주 작아져 몸이 손톱만한 크기가 되었어. 어디서 살고 싶니?

유아 : 열쇠고리에 달려 다니고 싶어요.

교사 : 또 다른 친구?

유아 : 방울 안에서 살고 싶어요.

교사 : 방울 안에서… 다른 생각은 없니?

유아 : 몸 구석구석 돌아다니며 살고 싶어요.

교사 : 몸 구석구석 돌아다니며 살고 싶구나. 다른 생각?

유아 : 지우개 안에서 살고 싶어요.

교사 : 왜? 어떤 점이 좋을까?

유아 : 누워서 살 수 있어요.

교사 : 다른 생각 없니?

이같이 창의적, 비판적 사고성향이 낮은 교사들은 유아와 대화를 나눌 때 질문이 많지 않았고(평균 6.57회), 질문의 내용도 '왜'나 "다른 생각은?, 다른 친구는?" 등의 단편적인 수준에 머무르고 있습니다. 질문을 받는 아이들의 대답에서도 깊이 있는 생각이나 창의적인 확장을 기대하기가 어렵겠지요.

다음으로 창의적, 비판적 사고성향 수준이 높은 유아교사들의 경우, 질문의 평균 양이 다른 교사들에 비해 4배 가까이 많았고(평균 24.33회), 수행된 질문도 매우 다양하고 역동적인 성향을 보였습니다. 질문이 많고 개방적인 만큼 아이들의 답변도 양이 많고 내용이 길어, 교사들이 질문한 내용만 정리하여 재구성하였습니다. 만약 내가 앞서 살펴본 수업의 질문과 다음 질문을 모두 받는다면 각각 어떠한 자극을 받고 어떠한 답변을 하게 될지, 양측 질문의 내용적, 질적 차이를 확인하면서 살펴보기 바랍니다.

- 우리 몸이 작아진다면 생쥐가 사는 집에 살고 싶구나, 생쥐 집은 어떤 모양일까?
- 그 안에는 뭐가 있을까?
- 그럼 ○○이가 거기서 살려면 어떻게 해야 하지?
- 그런데 생쥐 똥이 너무 커서 어떻게 청소를 하지?
- 난쟁이 집에 살고 싶다면, 그곳에 어떻게 찾아가지?
- 너희들은 난쟁이의 크기가 얼마만 하다고 생각하니?
- 그러면 어떤 느낌이 들까?
- 이렇게 조그만 몸을 가지고 있는 사람도 간식을 우리처럼 많이 먹을까?
- 자기 몸의 일곱 배? 그러면 손톱만한 사람의 배는 얼마만 해질까?
- 이만큼은 과연 손톱 크기의 몇 배일지 재어볼까?

- 몸으로 직접 표현해볼까? 아주아주 작아지고 있어요~

- ○○이 생각에는 만약 선생님이 손톱만한 크기의 사람이 된다면, 선생님은 어디에서 살고 싶을 것 같아?

- 왜 선생님이 바다에 있는 조그만 집에 살고 싶을 것 같았어?

- 우리는 어떻게 하면 원래 모습으로 돌아올 수 있을까?

                                  - 이야기 나누기 수업사례 3[40]

이같이 교사가 창의적이고 집중적인 사고를 통해 개방적 질문을 이어갈 경우, 유아로 하여금 대화와 활동에 관심을 갖고 다양한 사고와 이야기를 이어갈 수 있게 도와줍니다. 반면 앞의 사례처럼 단답형의 대답만 나오게 하는 폐쇄적 질문이나 무관심에 가까운 성의 없는 질문, 아이를 고려하지 않은 너무 많은 질문은 긍정적인 상호작용에 도움이 되지 않습니다. 아이가 창의적 관심과 사고를 확장시키고, 활동에 대한 집중력과 긍정적인 정서를 강화할 수 있도록 개방적 질문을 해주어야 합니다.

은유적인 질문을 통한 창의적 상호작용

만약 유아가 질문에 제대로 반응하지 않거나 엉뚱한 질문과 반응을 한다면 어떻게 해야 할까요? 혹은 선생님이 계획하거나 준비한 것과 전혀 다른 활동을 하고 싶어 한다면 어떻게 해야 할까요?

피아제는 유아의 놀이가 상징놀이symbolic games로 나타난다고 이야기하였습니다.˙ 상징놀이는 유아가 마주하는 상황이나 물건, 환경, 역할에 대해 '만약 ~라면', '~인 것처럼'이라고 가작하여 구성하는 놀이를 의미합니다. 아이들은 놀이시간뿐만 아니라 수업시간과 밥먹는 시간에, 길을 걸을 때 접하는 모든 것을 보면서 상황을 만들고 변형하며 자연스럽게 상상을 합니다. 내가 버스라면, 버스기사라면, 풀이라면, 나무라면, 하고 말입니다. 또 유치원 그네가 로켓인 것처럼, 가위가 악어인 것처럼, 의자가 기차인 것처럼 대하기도 하지요. 이것은 마치 갑자기 튀어나오는 재채기처럼 아이들에게는 아주 자연스러운 현상입니다.

앞에서도 소개한 바 있는 창의적 사고에 관한 책,《생각의 탄생》에서는 상상을 통한 은유의 중요성을 다음과 같이 강조합니다.

정교한 장난감과 도구는 모두가 창의성을 위축시키는 것들이다. 어떤 사물을 볼 때 '그것이 무엇인가'가 아닌 '그것이 무엇이 될까'에 착안해야만 우리는 사물을 전혀 새로운 방식으로 활용할 수 있다. 어린아이들

● 피아제는 놀이가 세 단계에 따라 발달한다고 보았다. 영아기는 신체 감각운동을 중심으로 하는 연습놀이practice games, 유아기는 상징놀이symbolic games, 아동기부터 성인에 이르기까지는 규칙 있는 놀이games with rules로 분류하였다.

에게 장난감을 줄 때는 여러 가지 방식으로 가지고 놀게 해야 한다. 아이들이 블록이나 인형, 종이, 헝겊, 일상용품을 가지고 다양한 시나리오에 맞춰 지금까지와는 다르게 놀게 하라. 막대기를 검으로, 스카프를 강으로 상상하도록 아이들을 지도하라. 보석상에서 쓰는 확대 렌즈를 아이들에게 주어 어떤 것을 집중해서 관찰하도록 하라. 그런 다음 질문을 하라. "이게 무엇처럼 보이니?" 아이가 대답하면 생각나는 것을 그리게 한 다음 다시 같은 질문을 한다. 이 같은 유추적 사고훈련은 학년을 막론하고 작문, 미술, 과학, 수학, 사회 등 거의 모든 과목에 접목되어야 한다. 유추와 은유로 가르치고 배우라.

위 책에서는 아이들이 하는 유추와 가작, 상상의 활동이야말로 과학자와 예술가 같은 창조적 사람들의 핵심적 사고 작용이라고 이야기합니다. 우리가 잘 아는 뉴턴은 사과나무에서 사과가 떨어지는 것을 보고 중력의 법칙을 발견했고, 독일의 물리학자 막스 플랑크는 전자의 움직임이 마치 '진동하는 현'과 같다고 상상한 음악적 유추 덕분에 양자론의 기초를 세우고 노벨물리학상을 받았습니다. 만약 우리 교실에 뉴턴이나 플랑크처럼 사고하는 아이가 있다면 어떨까요? 뉴턴에게 오늘의 주제는 사과니까 사과에만 집중하라든가, 플랑크에게 음악시간이니 과학은 나중에 생각하라고 하였다면 위대한 발견은 이루어지지 못했을 것입니다.

지금 이 책을 보고 있는 곳이 어디든 책을 잠시 내려놓고 주위에 보이는 것들을 한번 찬찬히 살펴보세요. 엄청난 발전을 이룬 컴퓨터, 손에 꼭 맞는 마우스, 작업하기 좋은 책상, 안정적인 의자, 흑심이 가운데 들어간 연필과 잉크를 집어넣은 볼펜, 편리하게 붙이고 뗄 수 있는 포스트잇, 내 옷에 달린 지퍼와 벨크로, 음료수가 쏟아지지 않게 막아주는 병뚜껑…. 우리가 일상생활에서 쓰고 있는 '모든 것'은 바로 누군가의 상상력이 현실로 변환된 것입니다. 피아제가 이야기한 아이들의 '만약 ~라면', '~인 것처럼'과 같은 상징놀이와 가작은 사실 모든 어른들이 가장 부러워할 만한 최고의 능력인 것입니다.

그러므로 아이들이 혹시나 교사가 예상한 것과 다른 활동을 제안하거나 가작하거나 상상하는 질문을 한다면 오히려 반가운 마음으로 대해주기 바랍니다. 이것을 무시하거나 교사 자신이 먼저 대답하는 것이 아니라 창의적 사고가 일어날 수 있게끔 다시 질문하거나 기다려주는 것입니다. 다음 발레수업에서의 상호작용 예시를 살펴보겠습니다.

교사 : 자, 이번에는 리본으로 빙글빙글 크게 원을 그려볼까요? 리본 막대가 동그란 원을 그리는 거예요.

아이 : (활동 후) 선생님, 그런데 이거는 잠자리채 막대기랑 똑같은 거 아닌가요? 제가 여름에 잠자리채를 봤거든요. 이거 보세요. (허공으로 휙휙 휘저으며 왔다 갔다 뛴다.)

교사 : 정말 잠자리채 같구나! 이 리본 막대는 잠자리채에서 갖고 온 걸 수도 있겠어요. 그럼 우리 모두 지훈이를 따라 잠자리를 잡으러 가볼까요? 출발!

그리고 질문한 뒤에는 답이 나왔다고 해서 다음 질문으로 넘어가지 말고 유아와 유아 간의 상호작용을 유도하는 것도 도움이 될 수 있습니다.

아이 : (활동 후) 선생님, 그런데 이거는 잠자리채 막대기랑 똑같은 거 아닌가요? 제가 여름에 잠자리채를 봤거든요. 이거 보세요. (허공으로 휙휙 휘저으며 왔다 갔다 뛴다.)

교사 : 정말 잠자리채 같구나! 잠자리를 많이 잡을 수 있겠어요.
다른 친구들은 어떻게 생각해요? 어떤 것 같아요?

아이 1 : 이걸로 매미를 잡을 수 있을 것 같아요.

아이 2 : 리본이 기니까 잠자리를 잡으면 여기에 묶어놓을 거예요.

아이 3 : 빙글빙글 돌리면 어지러워서 잠자리가 쓰러질 것 같아요.

교사의 질문에 대해 유아가 다시 질문을 한다면 교사가 즉각 답하지 말고, 받은 질문을 다시 반영해봅니다. 이어서 다른 유아들이 모두 함께 생각하고 답할 수 있게 해주면 아이들의 창의성을 더욱 높일 수 있습니다.[41, 42] 이처럼 교사의 개방적이고 창의적인 질문은 아이들의 예술활동을 한층 더 즐겁고 효과적인 경험으로 만들어줄 수 있습니다. 다만 이는 하루아침에 나오는 것이 아닌, 몸에 배도록 해야 하는 언어적 습관이라고 할 수 있습니다. 교실에서뿐만 아니라 일상생활에서도 상대방의 관심과 이야기를 끌어내는 개방적인 질문을 습관화한다면 인간관계와 예술수업에 모두 긍정적인 영향을 줄 수 있을 것입니다.

아이의 동기와 행복을 높이는 효과적인 칭찬

지금까지 살펴본 '반영하기'와 '질문하기'에 이어 세 번째로 이해해야 할 유아와의 언어적 상호작용 방법은 바로 '효과적인 칭찬'입니다. 칭찬은 오래 전부터 아이들의 동기를 불러일으키는 것으로 알려져 왔습니다. 그러나 최근 들어 모든 칭찬이 아이에게 좋은 것은 아니라는 인식이 널리 퍼지고 있습니다. 아이의 상황과 관계없이 무조건적으로 칭찬하거나 칭찬을 너무 많이 할 경우 칭찬의 효과가 줄어들고, 아이가 칭찬이라는 타인의 반응에만 의존해 자기 가치를 평가하게 될 수도 있기 때문입니다.

그러므로 예술교사는 효과적인 칭찬과 비효과적인 칭찬을 구분하고 유아와 유아의 활동에 대해 적절하게 칭찬을 할 수 있어야 합니다. 다음의 비교[43]를 통해 효과적인 칭찬을 한번 살펴보겠습니다.

먼저 나오는 칭찬(교사 1)이 비효과적인 칭찬이며, 그 다음에 오는 칭찬(교사 2)이 효과적인 칭찬입니다.

유아 : 선생님, 제 그림 좀 보세요!

교사 1 : 그림을 잘 그렸군요! (아동에 대한 평가)

교사 2 : 여러 가지 색을 사용해서 그림을 그렸군요! (아동에 대한 인정)

유아 : 선생님, 제 그림 좀 보세요!

교사 1 : 잘했어요! (구체적이지 않은 칭찬)

교사 2 : 나무와 집에 강아지랑 고양이도 있고, 무엇을 그릴지 많이 생각한 게 보여서 좋아요! (구체적인 칭찬)

유아 : 선생님, 제 그림 좀 보세요!

교사 1 : 진경이는 주현이보다 그림을 잘 그렸구나! 우리 반에서 제일 잘 그렸어요! (다른 아동과 비교)

교사 2 : 채연이는 지난번 그림과는 다르게 여러 가지 색을 썼네요! (아동의 발전을 과거의 활동과 비교)

유아 : 선생님, 제 그림 좀 보세요!

교사 1 : 잘했어요. 칭찬 스티커를 줄게요. (아동의 행위를 외적 보상과 연결)

교사 2 : 유라가 최선을 다해 그림을 그렸네! 기분이 좋아 보이니 선생님도 기

분이 정말 좋아요. (아동의 행위를 즐거움, 만족과 연결)

위의 예를 보면, 효과적인 칭찬이란 무조건적인 칭찬이 아니라 오히려 '격려'의 표현에 가깝다는 것을 알 수 있습니다. 칭찬을 통한 따뜻한 격려를 통해 유아들의 흥미와 관심을 높이고 수업을 긍정적인 분위기로 이끌어가는 것입니다. 더불어 머리를 쓰다듬거나 등을 가볍게 두드려주는 등의 행동도 격려의 언어가 될 수 있습니다.

칭찬을 할 때는 다음과 같은 점에 주의해야 합니다. 활동에 몰입해 있는 아이를 불러 칭찬하여 집중을 흐트러뜨리거나 스킨십을 하거나 오랫동안 아이를 안아주는 등 과도한 관심과 애정을 보일 경우 오히려 아이는 수업에 방해를 받을 수 있습니다.[44] 또 결과에 대한 칭찬이나 비교를 통한 칭찬도 유아의 자아존중감과 자기 확신을 낮추게 되므로 주의해야 합니다. 수업 진행이나 자유로운 유아들의 대화를 방해하는 칭찬, 무표정한 칭찬도 효과적이지 않습니다. 모든 아이들에게 동일한 톤, 동일한 내용으로 칭찬하는 대신 아이 각각의 상황에 맞춘 격려와 지지의 칭찬을 하도록 합니다.

결국 질문과 칭찬은 아이와, 아이가 한 예술활동에 대한 관심과 존중, 그리고 진심 어린 궁금함이 담길 때 아이의 상상과 몰입의 세계로 함께 들어갈 수 있는 열쇠가 될 것입니다.

예술교사를 위한 창의적 사고 훈련

내 평생 단 하루도 일하지 않았다.
그것은 모두 재미있는 놀이였을 뿐이다.

| 토머스 에디슨 |

이번 절에서는 예술교사의 창의적 사고 방법에 대해 알아보려합니다. 앞서 이야기한 역할 모델과 상호작용 방법이 예술교사의 자세나 행동, 언어에 관한 것이라면, 창의적 사고 방법은 예술교사가더 효과적으로 수업에 접근하기 위한 생각의 과정에 관한 것이라 할수 있습니다. 의외로 많은 예술교사들이 유아와 예술에 대한 이해(지식)와 뜨거운 열정, 동기를 모두 갖고 있음에도 어떻게 창의적인 상상력과 아이디어를 생각해내야 할지 몰라 고민합니다. 이런 것은 어떨까, 저런 것은 어떨까, 여러 가지 의견은 낼 수 있지만 자신의 경

힘이나 단편적인 직감의 한계를 뛰어넘기란 쉽지 않습니다.

우리가 수업에서 만날 대상은 가장 창의적이고 상상력이 풍부한 시기를 살고 있는 유아들입니다. 유아예술교육에서 창의적 사고는 단순히 프로그램을 만들기 위해서뿐만이 아니라 수업 중 내용을 변형, 확장하거나 아이들과 상호작용할 때 등 수업의 준비에서부터 끝까지 필요한 것입니다. 다행스럽게도 창의적 사고는 다른 몸의 근육처럼 연습과 훈련으로 성장시킬 수 있습니다. 그렇기에 상상력 넘치는 예술수업을 위하여 교사를 위한 창의적 사고기법을 함께 살펴보고 적용시켜보도록 하겠습니다.

창의적 수업을 위해 아이에게 필요한 세 가지 요소

예술가나 교사나 아이 할 것 없이 인간의 창의성에 영향을 주는 요소는 무엇일까요? 같은 학교를 나오고 같은 업무를 해도 왜 누군가는 창의성이 있고 누군가는 창의성이 부족하다고 느껴질까요? 하버드 경영대학원 교수인 테레사 애머빌은 여러 연구를 바탕으로 창의성의 차이는 다음 세 가지 요소에서 비롯된다고 이야기합니다.[45] 그것은 바로 전문지식, 동기부여, 그리고 창의적 사고 방법입니다.

그림 4 · 애머빌의 창의적 사고를 위한 세 가지 요소

이 세 가지 요소는 우리 아이들의 창의적 예술수업에 다음과 같이 관여합니다. 첫 번째는 유아의 발달과 수준에 맞는 다양한 예술 영역의 지식과 기술을 익히는 것입니다. 창의적 예술교육, 특히 어린 유아를 대상으로 하는 예술교육에 대한 강연과 저술을 하다 보니 때로는 전통적인 예술에 대한 전문지식이나 기능 전수는 필요 없다고 하는 것이 아니냐는 오해를 받곤 합니다. 그러나 전공을 하지 않더라도 다양한 표현과 확장을 위해 예술적 기술과 지식을 가르치는 것은 중요한 교육입니다. 유아에게도 점토나 수채화 물감의 특성과 다루는 법을 아는 것이나 리듬과 멜로디를 이해하고 몇 가지 악기의 연주 방법을 습득하는 것은 꼭 필요합니다. 다만 유아예술교육에서 고려해야 할 것은 지식과 기술의 수준이 유아의 발달 및 수준과 맞아야 한다는 점입니다. 풀 뚜껑만 열어도 칭찬받을 나이가 있고, 풀에 여러 가지 통합재료를 섞어 조형활동을 할 수 있는 나이가 있는 것처럼 말입니다. 입시 예술교육과 같은 방식으로 가르치려 하거나, 아이들의 호기심이나 상상력을 제한하면서까지 많은 것을 시키려 하는 것은 유아에게 적합하지 않습니다. 오히려 창의성에서 더욱 멀어질 것입니다. 유아예술교육에서 필요한 예술지식은 유아의 성장 발달과 인지 수준, 관심과 흥미, 집중력 등을 배려하고 고려한 것만으로도 충분합니다.

두 번째로 창의적인 예술수업에 필요한 것은 유아들의 상상력을 이끌어내는 동기부여입니다. 유아들에게 가장 강력하게 작용하는 동기는 역시나 즐거움이나 재미, 호기심과 주도성, 성취감 등 놀이의 특성과 연관된 긍정적 정서라 할 수 있습니다. 또한 교사나 친구들과 주고받는 긍정적인 언어적 상호작용도 좋은 동기가 될 수 있지요. 유아는 청소년이나 성인과는 달리 발표회나 대회 같은 압박이 있는 상황에서는 오히려 동기를 갖기 어렵습니다. 돈이나 선물, 칭찬 스티커 등의 보상형태는 예술 자체의 가치를 퇴색시키는 것으로, 부정적인 영향을 줄 수 있으니 주의해야 합니다.

창의적 예술수업에 관여하는 세 번째 요건은 창의적 사고 방법으로, 이는 아이들에게 가르쳐주지 않아도 되는, 유아기의 자연스러운 특성이라 할 수 있습니다. 많은 어른들은 자신이 알고 있던 창의적 사고 방법을 잊어버리게 되지만 유아들은 적극적으로 상상하고, 은유하고, 융합하고, 이야기로 만드는, 창조 그 자체의 시기를 보내고 있습니다. 역사상 최고의 천재 화가 중 한 명으로 꼽히는 피카소가 가장 부러워한 예술가가 바로 '아이'였다는 것도 아마 그러한 이유에서일 것입니다.

창의적 수업을 위해 교사에게 필요한 세 가지 요소

이어서 애머빌 교수가 창의성의 세 가지 요소로 이야기한 전문지식, 동기부여, 그리고 창의적 사고 방법이 예술교사들에게는 어떻게 적용될 수 있는지 살펴보겠습니다.

첫 번째로 예술교사에게 있어 전문지식은 유아의 발달 전반에 대한 지식과 함께 예술 분야에 대한 지식, 정보를 수집하고 교육과정을 만들며 팀을 이루거나 협력을 통해 수업을 추진하는 과정에 관한 지식, 예술수업의 가치와 비전에 대한 지식 등을 의미합니다. 이렇게 열거하면 뭔가 거창하고 높은 수준의 지식을 말하는 것 같지만 바꿔 표현하자면 '지식'이란 '이해하는 것understanding'이라고도 할 수 있습니다. 예를 들어 중동지역 사람들을 대상으로 퓨전 한식을 만든다고 할 때 창의적인 요리법은 어떤 사람이 개발할 수 있을까요? 중동지역 전문학자일까요, 손맛 좋은 한식당 사장님일까요? 아마 중동지역 사람에 대한 이해와 함께 한식에 대한 이해, 그리고 그것이 어떤 의미를 지니며 왜 필요한지, 어떤 정보를 수집하고 어떻게 협력할지 등 다양한 것을 '이해'하는 사람이 잘할 수 있겠지요. 폭넓은 이해가 없는 사람에게 창의적인 의견을 내놓으라고 하면 내놓기 어렵듯이, 유아예술교육에 있어서도 유아와 예술, 교수법, 상호작용 방법 등 적어도 이 책에 나와 있는 정도의 기본적인 지식은 창의적 수업을 위해 꼭 필요합니다.

예술교사에게 창의성을 안겨주는 두 번째 요소는 동기부여로, 이 수업을 왜 하는지, 예술교사 자신에게 어떠한 이점과 가치가 있는지 명확히 아는 것입니다. 교사로서 얻을 수 있는 이점과 가치로는 어떤 것들이 있을까요? 교사 자신이 얻을 수 있는 일차적 이득으로는 급여나 수업료, 지원금이나 상금과 같은 금전적 보상이 있을 것입니다. 또 함께 근무하는 동료나 환경이 좋을 때 얻는 만족감이나 주변에서 받는 칭찬이 될 수도 있고, 나아가 자신만의 수업 연구 자료나 경력을 쌓는 것일 수도 있습니다. 아이와 함께하는 예술수업에서 얻는 성취감과 만족감 등 정신적인 영역이 될 수도 있겠지요.

단순히 윗사람이 시켜서, 혹은 하기 싫지만 돈을 벌기 위해 억지로 예술수업을 하는 교사는 없을 것입니다. 혹시 있다 하더라도 그것은 결국 유아뿐만 아니라 교사 스스로에게도 부정적인 영향을 주는 결과를 가져오게 됩니다. 또 누군가의 칭찬이나 인정을 받기 위해서나 남들에게 보여주기 위해서, 또는 상금 등 외적 요인에 의해서 생기는 동기도 오래 지속될 수는 없을 것입니다. 세상 모든 일에는 어느 정도의 스트레스와 불안이 따르게 마련이니 그것을 인정하고, 스스로 긍정적이고 정신적인 동기를 찾는 것이 최고의 동기부여가 될 것입니다. 또한 교사의 노력에만 의존할 것이 아니라 외부 환경의 지지와 도움을 받는 것도 창의성을 갖추기 위한 동기부여에 꼭 필요한 조건입니다.

세 번째로 교사의 창의성을 높이는 요소는 바로 창의적 사고 방법을 익히는 것입니다. 앞서 유아들은 특별히 노력하지 않아도 자연스럽게 상상력과 창의성이 넘치는 사고를 한다고 하였지요. 하지만 대부분의 어른들은 생각을 어떻게 창의적인 방식으로 하는 것인지 기억조차 못할 때가 많습니다.

그렇다면 과연 생각하는 방법도 배워야 하는 것일까요? 그리고 창의적인 사고도 훈련으로 잘할 수 있는 것일까요? 충분히 의문을 가질 수 있습니다. 그러나 눈을 조금만 돌려보면 수많은 학자들이 창의적 사고 방법이나 발상도구, 문제해결 기법들을 연구해왔고 이러한 도구들은 기획과 마케팅 등 창의적 사고가 필요한 매우 다양하고 광범위한 영역에서 이미 널리 사용되고 있습니다. 우리가 많이 들어본 브레인스토밍과 마인드맵이 그런 것들입니다.

이 책에서 끊임없이 이야기하는 것처럼, 예술교사는 아이처럼 상상하고 놀이처럼 즐기는 창의적인 사고가 필요합니다. 만약 창의적 사고가 어렵다면 이를 도와주는 기법들을 익히고 수업에 맞게 활용할 수 있으면 됩니다. 수많은 사고기법이 있지만 그 가운데 유아예술수업에 적용하기 쉬운 다음 몇 가지를 소개합니다.

창의적 사고기법과 훈련

브레인스토밍

가장 먼저 소개하는 사고 방법은 우리가 익히 잘 아는 '브레인스토밍brainstorming'입니다. 브레인스토밍은 팀을 이루는 교사들이 함께할 때 효과를 얻을 수 있는 아이디어 도출 방법으로, 여러 명이 편안한 분위기에서 자신의 의견을 이야기하고 그 가운데 최종으로 적합한 아이디어를 선택하는 것입니다. 토론이나 발표가 아니기 때문에 정리가 되지 않더라도 생각나는 것을 그대로 이야기하고 질보다 양을 중심으로 많은 의견을 쏟아내는 것이 좋습니다. 나온 아이디어는 바로 비난하거나 비판하기보다는 모두가 볼 수 있게 기록하고, 어느 정도 양이 채워지면 그 가운데에서 의견을 모아 적절한 아이디어를 추립니다. 브레인스토밍은 구체적인 수업안을 짜는 데 활용할 수도 있지만 그보다는 수업의 전반적인 목표나 주제, 장소, 도구, 내용 등의 큰 틀을 잡는 데 사용하는 것이 유용합니다.

수업을 진행하는 데 있어 공동의 가치와 목표, 내용을 설정하고 공유하는 것이 중요한 만큼 교사들은 브레인스토밍으로 훌륭한 수업을 만들기 위해 다양한 의견을 쏟아낼 필요가 있습니다. 특히 다양한 장르의 예술가들이 모여 한 팀을 이룰 경우 수업의 주제나 소재, 역할, 활동시간 등을 정하는 데 브레인스토밍이 효과적으로 사용될 수 있습니다. 의견을 내놓기 부끄러워하는 사람이 있거나 위계관계로 자유로운 의견 도출이 어려울 경우 포스트잇이나 종이를 나눠주어 자신의 의견을 쓰게 하고 모아서 붙인 뒤 살펴보는 방법도 좋습니다.

'역브레인스토밍'은 질문이 일반적인 것이어서 아이디어가 잘 떠오르지 않을 때 유용하게 활용해볼 수 있습니다. 예를 들어 "만5세를 위한 창의적인 미술수업은 무엇일까요?", "유아들이 이 재료를 받았을 때 무엇을 하면 좋아할까요?"라고 일반적인 질문을 던질 때 쉽게 의견들이 나오지 않는 경우가 있습니다. 이럴 때 다음과 같이 반대로 질문하여 의견을 모아보는 것입니다.

- 만5세 아이의 창의성을 막는 미술수업을 하려면 어떻게 하면 될까요?
- 유아들이 이 재료를 받았을 때 무엇을 하라고 하면 가장 싫어하고 지겨워할까요?
- 감상자료를 보여줄 때 어떤 방식이 집중력을 떨어뜨릴까요?
- 이 악기를 다시는 하기 싫게 만들려면 어떻게 하면 될까요?
- 아이가 활동 중에 비난받거나 무시당했다고 느끼게 하는 교사의 행동과 말은 어떤 게 있을까요?

이렇게 거꾸로 질문을 던지면 뇌가 새로운 자극을 받으면서 오히려 다양한 의견들이 떠오르는 효과를 얻기도 합니다.

브레인스토밍은 그룹 아이디어 도출에 효과적인 기법으로 알려져 있지만 혼자서도 가능합니다. 혼자서 하는 '셀프 브레인스토밍'은 스스로 여러 가지 떠오르는 생각을 모두 적고 정리해보면서 적절한 아이디어를 찾아가는 방법입니다. 이때도 스스로 자신의 생각을 검열하지 말고 떠오르는 것을 순서나 판단 없이 모두 적은 뒤 골라가는 방식으로 진행하도록 합니다.

브레인스토밍으로 예술수업에 대한 창의적 사고를 하는 데 있어 기억해야 할 것은 이것이 결코 정답을 찾는 방법이 아니라는 점입니다. 누구 의견이 옳고 누가 틀렸다는 분위기가 된다면 그것은 브레인스토밍을 잘못하고 있다는 신호입니다. 때로는 엉뚱하고 내 생각과 다른 의견이 나온다 하더라도 최대한 많은 아이디어를 모으면서 아이를 위한 수업을 함께 만들어가는 데 의미를 두어야 합니다.

마인드맵

마인드맵mind map은 영국의 두뇌학자이자 언론인인 토니 부잔이 개발한 프로젝트 관리법으로, 이름 그대로 마음속에 지도를 그리듯 생각을 그려나가는 것을 말합니다. 중요한 주제에서 시작해 가지를 치듯 아이디어가 뻗어나가는 것은 마치 인간이 생각하는 방식과 비슷하게 느껴집니다. 메모와 같이 적기만 하는 행동은 인간의 시야와

폭넓은 사고를 제한하기 때문에 최대한 그림을 그리듯 하는 것이 효과적이라는 사고확장의 기법이며, 브레인스토밍과 함께 아이디어와 혁신이 필요한 많은 기업과 교육에서 활용되고 있습니다.

　미술수업 가운데 '박스로 집 만들기' 활동을 예로 들어 마인드맵을 그려보겠습니다. 메인 주제를 가장 중심에 넣은 뒤, 이 활동과 관련된 주요 사항들을 큰 가지로 잡아주고, 각 사항에 따라 사방으로 뻗어나가도록 좀 더 구체적인 내용들로 아이디어를 확장한 것을 볼 수 있습니다. 중요한 영역들(주제, 재료, 활동, 사전준비, 발문 등)은 확장을 할 때 알아보기 좋게 색이나 두꺼운 글자로 강조해줍니다. 확장되는 가지의 개수나 내용은 수업 상황에 맞게 조절하면 됩니다. 여기서 만약 브레인스토밍이나 마인드맵과 같은 기법을 사용하지 않는다면 바로 교안문서에 경험이나 다른 자료, 감에 의지해 제목과 내용을 적어가겠지요. 그러나 창의적 사고기법을 통해 '박스로 집 만들기'를 먼저 생각한다면 '내가 만약 아이라면, 혹은 우리 반 아이들이라면 무엇을 하고 싶을까' 하고 '아이 같은 상상*'을 먼저 펼쳐본 뒤, 여기서 나온 내용들을 정리하여 마인드맵과 교안으로 만들 수 있게 됩니다.

　이 같은 마인드맵 기법은 차례를 방사형으로 쓰는 것처럼 보이기도 하고, 큰 분류에서 작은 분류로 내려가고 있기 때문에 추후 아

● 이 책에서 제시하는 아이중심·놀이중심 예술교육의 접근방법 중 하나로, 4장에 구체적으로 설명되어 있다.

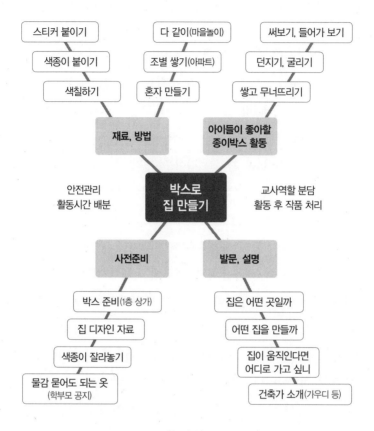

그림 5 · '박스로 집 만들기' 활동 마인드맵 예시

이디어를 문서화할 때도 편리하다는 장점이 있습니다. 마인드맵은 혼자 계획을 짤 때도 유용합니다. 여러 명이 함께할 경우에는 브레인스토밍으로 의견을 모은 뒤, 마인드맵의 가지 위에 적절한 내용을 배치해나가는 것도 좋습니다.

스캠퍼

마지막으로 소개할 창의적 사고 방법인 스캠퍼^{Scamper} 기법은 미국의 교육학자 밥 에벌이 개발한 것으로, 대체하기, 조합하기, 응용하기, 확대 축소, 다른 용도로 하기, 제거하기, 반대로 하기 등 총 일곱 가지의 사고기법이 있습니다. 유아예술수업에서는 주제와 재료, 활동, 장소, 시간, 모둠구성 등 세부적이고 구체적인 내용을 계획할 때 도움이 됩니다.

그러면 유아들에게 친숙하다 못해 지루함마저 느끼게 하는 미술에서의 채색활동(수채화, 크레파스 등)과 음악에서의 생활악기활동(탬버린, 북, 실로폰 등)을 일곱 가지 스캠퍼 기법을 통해 어떻게 창의적인 활동으로 바꿀 수 있는지 예시를 통해 살펴보겠습니다. 다음에서 한 줄 화살표(→)는 스캠퍼 기법을 활용한 아이디어이고, 두 줄 화살표(⇒)는 그것을 아이 같은 상상력으로 확장하는 예시입니다. 아이중심으로 사고하는 것은 예술수업에 꼭 필요한 과정이니 참고하기 바랍니다.

첫째, 대체하기^{Substitute}는 기존의 방법, 재료, 도구, 과정, 사람 등 익숙한 것을 새로운 것으로 대체하면 어떨까 하고 생각해보는 것입니다. 교사와 아이 모두 잘 알고 익숙한 것들을 다른 것으로 대체할 때 새로운 관점으로 바라보면서 창의적 사고와 활동이 가능해집니다.

- **채색활동** : 매일 물감을 칠하는 종이를 대신할 다른 것은 없을까?

→ 종이 대신 돌멩이, 모래, 끈, 나뭇잎은 어떨까?

⇒ 이런 재료와 물감을 주면 아이들은 무엇을 하고 놀까?

- **생활악기활동** : 매일 보는 탬버린, 북, 실로폰 외에 다른 건 없을까?

→ 교실에 있는 블록, 책, 아이들이 원하는 장난감을 가져와 소리를 내고 박자를 쳐보면 어떨까?

⇒ 이런 시간에 아이들은 무엇으로 어떻게 소리를 만들까?

둘째, 조합하기 Combine 는 우리가 잘 아는 여러 가지 도구와 재료, 혹은 지식과 콘셉트 등을 결합하면 어떨지 생각해보는 것입니다. 크레파스를 두세 개 묶어주는 것처럼 한 가지 영역이나 도구에서 조합을 해볼 수도 있고, 전혀 어울리지 않을 것 같은 두 가지 이상의 요소와 영역을 조합하여 창의적인 사고와 활동을 이끌어낼 수도 있습니다.

- **채색활동** : 익숙한 미술재료를 어떻게 조합할 수 있을까?

→ 크레파스와 물감을 함께 칠하면 어떨까?

→ 크레파스 세 개를 고무줄로 한데 묶어주면 어떨까?

⇒ 이런 재료를 줄 때 아이들은 어떻게 활동하고 어떻게 놀까?

- **생활악기활동** : 매일 보는 흔한 악기들끼리 어떻게 조합할 수 있을까?

→ 트라이앵글로 실로폰을 치면 어떤 소리가 날까?

→ 익숙한 악기들로 우주소리, 바다소리, 동물소리 등을 들려주어 따라 하게 해보면 어떨까?

⇒ 아이들에게 이런 상황을 주었을 때 어떻게 하고 싶을까?

셋째, 응용하기Adapt는 기존에 알고 있는 도구나 목적을 다른 것에 응용하거나 조정하면 어떨까를 생각해보는 것입니다. 자연색으로 위장하는 곤충과 동물들을 응용하여 군인의 옷이나 위장술이 나온 것처럼, 알고 있는 것들을 모방하여 다른 곳에 연결해보는 것이지요. '이건 왜 그럴까? 이것을 여기만이 아니라 다른 곳에도 쓰면 어떨까? 그렇다면 그것을 다른 곳에는 어떻게 쓸 수 있을까?'와 같은 질문들을 통해 창의적인 아이디어를 도출할 수 있습니다.

- **채색활동** : 우리가 알고 있는 미술을 다른 것에 어떻게 응용할까?
  - → 내가 좋아하는 만화영화에서는 그림이 움직이는데, 내가 그린 내 모습이 움직이게 하려면 어떻게 해야 할까?
  - ⇒ 이런 발문과 상황에 아이들은 무엇을 시도해볼까?
- **생활악기활동** : 익숙한 악기를 다른 것에 어떻게 응용할까?
  - → 모든 악기 소리가 목소리라면? 모든 목소리가 같다면?
  - → 내가 악기가 되어 나만이 낼 수 있는 소리를 만들어볼까?
  - → 내 악기로 나만이 낼 수 있는 소리를 찾아볼까?
  - → 그 소리를 따라 숨바꼭질로 숨어 있는 친구를 찾아볼까?
  - ⇒ 아이들에게 이런 상황을 주었을 때 어떻게 하고 싶을까?

넷째, 수정, 확대, 축소하기^{Modify, Magnify, Minify}는 기존에 알고 있는 도구나 재료의 크기, 사용방법, 형태, 의미 등을 여러 가지 방법으로 수정하고 확대하고 축소하는 상상을 해보면서 창의적인 생각을 얻는 기법입니다. 늘 익숙한 크기의 책만 보던 아이들에게 빅 북^{big book}을 보여주는 것만으로도 새로운 느낌을 주는 것처럼 익숙한 것들을 조금만 변형해주어도 아이들은 새로운 감각과 느낌을 얻을 수 있습니다. 이는 재료가 한정적이라는 한계가 있는 상황에서 창의성을 발휘하는 데 큰 도움이 될 수 있습니다.

- **채색활동** : 익숙한 미술재료를 어떻게 변형할 수 있을까?
  - → 익숙한 스케치북 평면이 아닌 종이를 마음껏 구기거나 접어보게 하고 그 위에 그대로 색칠해보면 어떨까?
  - → 수채화 물감에 막대를 달아 길게 만들어주면 어떨까?
  - ⇒ 이런 재료를 줄 때 아이들은 어떻게 활동하고 어떻게 놀까?
- **생활악기활동** : 매일 보는 흔한 악기를 어떻게 변형할 수 있을까?
  - → 아이스크림 막대, 나무젓가락, 북채 등 다양한 크기의 채를 주고 북, 실로폰, 탬버린을 쳐보게 하면 어떨까?
  - → 개미마을에 음악을 들려줄 때, 거인마을에 음악을 들려줄 때, 아이들은 어떻게 노래하고 연주할까?
  - ⇒ 아이들에게 이런 상황을 주었을 때 어떻게 하고 싶을까?

다섯째, 다른 용도로 사용하기^{Put to other use}는 기존에 잘 아는 것들을 완전히 다른 용도로 사용하면 어떠할지 묻고 생각하는 방법입니다. 상상 속을 자유자재로 유영하며 자라는 우리 아이들에게는 작은 의자가 전투비행기가 될 수도 있고, 방석이 나는 양탄자가 될 수도 있지요. 그런 만큼 이 다섯째 방법은 아이들과 놀이로서의 예술수업을 만드는 데 도움이 될 수 있습니다. 때로는 아이들이 먼저 상상 속 상황을 제안하고 선생님을 초대하는 것을 경험할 수도 있는데, 그럴 때는 놀이 파트너로서 적극적으로 놀이에 참여해 그 상황을 같이 즐기기 바랍니다.

- **채색활동** : 익숙한 미술재료를 어떻게 다른 용도로 사용할까?
  - → 색연필이 세상의 색을 바꾸는 마법 봉이라면 어떨까?
  - → 아주 심하게 흔들리는 공룡 뱃속에서 색칠을 한다면 어떨까?
    스케치북을 들고 움직이며 크레파스로 색칠을 해보면 어떨까?
  - ⇒ 이런 상황을 줄 때 아이들은 어떻게 활동하고 어떻게 놀까?
- **생활악기활동** : 매일 보는 악기를 어떻게 다른 용도로 사용할까?
  - → 탬버린 소리로만 이야기하는 탬버린 나라에서는 여러 가지 하고 싶은 말을 어떻게 할까? 배고파, 사랑해, 놀자 등.
  - ⇒ 아이들에게 이런 상황을 주었을 때 어떻게 하고 싶을까?

여섯째, 제거하기^{Eliminate}는 우리가 잘 알고 있는 기존 재료와 도구의 일부나 전부를 제거하면 어떻게 될지를 묻고 아이디어를 도출하는 방법입니다. '이것이 완전히 없어지면 어떨까? 여기가 조금 없어진다면 어떻게 될까?'라는 질문으로 상상력을 이끌어낼 수 있고, 이를 통해 적절한 모험과 새로운 도전을 즐기는 아이들의 관심과 흥미를 끌어올릴 수 있습니다. 이런 질문을 통해 아이들이 이야기하는 아이디어 하나하나에 관심과 지지를 보여주고, 비록 어른의 눈에는 실수가 예측되거나 황당한 도전이라 하더라도 예술 안에서 시도하고 문제해결 방법을 찾아갈 수 있게 도와주면 좋습니다.

- **채색활동** : 익숙한 미술재료를 어떻게 제거할 수 있을까?
  - → 붓에 털이 하나도 없다면 어떻게 그림을 그릴까?
    혹은 붓대가 없고 털만 우리에게 있다면 어떻게 할까?
  - ⇒ 이런 상황을 줄 때 아이들은 어떻게 활동하고 어떻게 놀까?
- **생활악기활동** : 매일 보는 흔한 악기들을 어떻게 제거할 수 있을까?
  - → 우리 목소리가 안 나온다면 어떻게 노래할 수 있을까?
  - → 북이 없다면 무엇으로 북소리를 대신할 수 있을까?
  - ⇒ 아이들에게 이런 상황을 주었을 때 어떻게 하고 싶을까?

일곱째, 마지막 스캠퍼 기법은 반대로 하기Rearrange입니다. 기존에 알고 있는 재료나 도구의 순서와 조합을 반대로 하거나 재배열하는 등 익숙한 사고와 반대되는 질문을 하는 것입니다. '이걸 거꾸로 하면 어떨까? 역할이 바뀌면 어떨까? 순서가 반대면 어떨까?'와 같은 질문들을 통해 창의적인 사고를 이끌어낼 수 있습니다.

- **채색활동** : 익숙한 미술활동을 어떻게 반대로 할 수 있을까?
  - → 만약 책상 밑면에 종이를 붙이고 아이들이 그 아래 누워 하늘을 향해 팔을 뻗어 그림을 그리면 어떨까?
  - → 만약 내가 엄마라면 나에게 어떤 그림카드를 그려줄까?
  - ⇒ 이런 상황을 줄 때 아이들은 어떻게 활동하고 어떻게 놀까?
- **생활악기활동** : 익숙한 악기활동을 어떻게 반대로 할 수 있을까?
  - → 만약 채를 바닥에 놓고 북을 위에서 치면 어떻게 될까?
  - → 만약 아이들이 선생님이 되고 내가 꽃님반이 되어서 선생님에게 탬버린 연주법을 알려준다면 어떨까?
  - ⇒ 아이들에게 이런 상황을 주었을 때 어떻게 하고 싶을까?

이 같은 스캠퍼 기법은 예술교사들이 수업을 상상할 때 창의적인 생각을 얻는 데도 활용되지만, 수업 중간 중간에 아이들의 사고를 확장하고 상상을 통한 놀이수업을 열어주는 데도 크게 도움이 됩니다. 더불어 유아예술교육의 활동 방향을 세울 때에도 다음과 같이 창의적인 아이디어를 얻는 데 도움을 받을 수 있습니다.

이번 장을 마무리하면서 한 유치원 원장님과 인터뷰한 내용을 공유하고자 합니다. 유아문화예술교육 지원사업에 대한 평가와 관

	유아예술수업
대체하기	• 음악시간에 미술도구(붓, 색연필, 종이 등)를 악기라고 가정하고 연주하게 해보면 어떨까?
조합하기	• 형님반이 동생반을 도와줄 수 있게 만3세와 만5세 두 연령을 섞어 팀으로 만들면 어떨까? • 발레 시간에 배운 동작, 움직임을 발바닥에 물감을 묻혀 바닥의 종이에 표현하게 해보면 어떨까?
응용하기	• 호랑이와 물고기와 새의 움직임은 어떻게 다른지 알아보고 무용에 응용하면 어떨까? • 짝꿍이 오늘 입고 온 옷 색으로 아이들이 그림을 그리게 하면 어떨까?
수정, 확대 축소	• 클레이 활동에서 결과물을 만드는 시간보다 자유롭게 갖고 노는 시간을 가장 길게 두면 어떨까? • 연극수업에서 아이들이 스스로 할 수 있음을 믿고 내 역할을 최소한으로 축소하면 어떨까?
다른 용도로 사용하기	• 식재료(식빵, 국수 등)로 아이들에게 그림을 그리게 하면 어떨까? • 우리 교실이 ○○박물관이 된다면 어떨까?
제거하기	• 선생님이 없다고 생각하고 아이들이 스스로 선생님이 되어 미술수업을 하게 하면 어떨까? • 붓과 같은 도구 없이 종이와 물감만 주고 아이들에게 그림을 그리게 하면 어떻게 될까?
반대로 하기	• 내가 학생이 되고 아이들이 선생님이 되어서 나에게 노래를 가르쳐달라고 하면 어떨까? • 아이들이 직접 여러 동작을 만들게 하고 친구들과 교사가 함께 따라 해보면 어떨까?

표 7 · 유아예술교육 활동 관련 스캠퍼 사고 예시

런된 인터뷰였는데, 원장님의 원에 예술교사가 온다면 다음 중 어떤 교사를 더 선호하는지 물어보았습니다. 첫째는 화려한 수상경력과 이력을 갖고 있으며 수준급의 실력을 보여줄 수 있는 예술교사, 둘째는 자기 예술 분야에서 수상경력이나 별다른 이력도 없고 이름 있는 대학을 나온 것도 아니지만 아이들을 좋아하고 아이들과 즐겁게 상호작용을 잘하는 예술교사.

원장님은 단 한 치의 망설임도 없이 후자의 예술교사를 선택하였습니다. 단 한 번의 공연이나 작품을 보여주는 것이라면 모를까, 그마저도 아이들은 집중력이 짧아 금방 지루해할 수 있기에, 단연코 아이들을 사랑하고 존중하는 마음으로 아이들과 유연하게 상호작용을 하고 즐거운 시간을 보낼 수 있는 창의적인 예술교사가 필요하다는 것입니다.

이는 비단 이 원장님만의 의견은 아닙니다. 유아교육기관 운영자와 교사를 대상으로 한 설문조사에서도 유아예술교사에게 가장 필요한 역량은 '유아의 발달과 학습에 대한 전반적인 이해(50.7%)', '유아 대상 교수법에 대한 이해(43.4%)', '문화예술교육의 전문성(5.8%)' 순으로 응답[46]하였다는 것을 주의 깊게 보아야 합니다. 이미 지금 최고의 예술가 시기를 살고 있는 아이들에게 수준급 예술가 선생님은 크게 의미가 없을 수도 있습니다. 오히려 아이들의 생각과 상상을 표현하고 즐기게 해주는 교사, 유연한 개입으로 다양한 모습을 보여주는 교사, 아이와 아이의 활동을 존중하고 격려하면서 상호작용하는 교사, 그리고 창의적 사고로 수업을 창의적으로 열어가는 교사가 유아예술교육의 질을 높이고 아이중심·놀이중심의 의미를 살리는 역할을 할 수 있을 것입니다.

4장

아이의 창의성을 살리는
예술수업 실전 가이드

아이중심·놀이중심의 창의성 넘치는 예술수업을 위한
교육과정을 새롭게 고찰하고 제안합니다.
아이 같은 상상력을 통한 수업계획에서부터 실행까지,
아이의 창의성과 예술의 힘을 한껏 살리는
유아예술교육의 현장을 향해 함께 나아가봅시다.

아이의 상상력을 키우는
교실 안과 밖 환경 만들기

가장 이상적인 그림수업 공간은 3층짜리 스튜디오이다.
1층에서는 모델을 보며 그림을 그리고
2층에서는 아주 가끔 1층에 내려가 모델을 보고 가고
3층에서는 아예 모델을 보지 않고 그림을 그리는 것이다.

| 앙리 마티스 |

아이들의 예술활동을 위해 교육환경을 준비하고 구성하는 일은
예술수업의 실전에서 가장 기본적인 일입니다. 예술을 마음껏 즐기
고 안전하게 표현할 수 있는 공간과 재료, 도구, 시간, 분위기 등의
환경 구성은 아이들이 예술수업에만 오롯이 집중할 수 있게 도와줍
니다. 어떠한 환경이냐에 따라 아이들이 예술수업에서 갖는 안정감
뿐만 아니라 창의성과 미적 경험의 수준도 달라집니다. 예술수업의
교육 프로그램을 구성하는 실전에 들어가면서 먼저 아이들의 창의
성을 키우는 다양한 수업환경에 대해 살펴보겠습니다.

작은 교실을 환상의 장소로

일반적인 예술교육을 생각할 때 많은 사람들이 공연장이나 미술관과 같이 문화예술과 관련된 장소를 떠올립니다. 그러나 삶에서 본능적으로 예술을 즐기는 유아들은 예술을 접하는 공간 또한 생활과 매우 밀접합니다. 모든 아이들은 태어나는 순간 가정에서 먼저 예술을 접하게 되고, 이어서 어린이집이나 유치원과 같은 보육, 교육기관에서 연령에 맞는 다양한 예술활동을 접하게 됩니다. 유아들은 사실상 하루의 절반 이상을 보내는 교실에서 예술을 만나는 경우가 대부분이라고 할 수 있습니다. 이러한 점에서 볼 때 유아예술교육의 환경적 특징은 학습자 스스로가 교육환경을 선택하거나 조정할 수 없다는 점입니다. 유아교육기관의 다양한 상황에 의해 교육환경이 결정되므로 부모나 교사가 교육환경의 중요성을 알고 있더라도 아이중심으로 환경 전체를 조정해주는 것은 쉽지 않은 일입니다. 다음의 예시를 통해 몇 가지 수업환경의 차이를 살펴보겠습니다.

> ☺ 다섯 살 지호 교실에는 놀이박스 안에 다양한 악기가 담겨 있어서 언제든 원할 때 꺼내어 연주해볼 수 있습니다. 자기가 꺼낸 악기는 자기가 정리하는 규칙도 있어서 지호는 이제 능숙하게 악기를 갖고 놀고 정리도 잘할 수 있습니다.

☹ 여섯 살 윤지는 그림그리기를 좋아하지만 아이들이 색칠용품을 몇 번 쏟은 뒤부터는 선생님이 용품을 높은 선반 위에 올려두었습니다. 수줍음이 많은 윤지는 꺼내달라는 말을 하지 못해 자유놀이 시간에 그림을 그리지 못하고, 다 같이 미술을 할 때에만 색칠을 하는 것이 속상할 때가 있습니다.

☺ 슬아네 유치원은 산에 지어진 아파트 단지 내에 있습니다. 오래된 아파트인 만큼 나무가 울창하여 봄에 새순이 나거나 가을에 단풍이 들 때면 아이들과 같이 나가 자연을 관찰하기도 하고 함박눈이 오면 눈사람을 함께 만들어보기도 합니다. 인근에는 활발히 운영되는 지역 아트홀이 있어서 좋은 공연이나 행사가 있을 때는 적극 활용합니다.

☹ 도심 한가운데 상가 1층에 있는 준형이네 어린이집은 밖으로만 나가면 차들이 쌩쌩 다니기 때문에 웬만해선 밖으로 나가지 않습니다. 담임선생님은 가끔 계절의 변화도 보여주고 싶고 야외수업도 하고 싶지만 미세먼지와 교통안전 문제로 어린이집 안에만 있어야 하는 것이 안타깝습니다.

위 사례에서 볼 수 있듯이 환경의 차이는 수업내용에서 경험의 차이에 이르기까지 많은 영향을 끼칩니다. 최상의 시설과 환경을 만들어준다면 더없이 좋겠지만, 각 교육기관이 처한 환경이 모두 다른 만큼 모든 유아에게 동일한 환경을 제공하는 것은 현실적으로 불가능합니다. 다행히도 예술수업에 필요한 환경은 세련된 인테리어나 고급 재료, 악기가 갖춰진 곳이라보다는 유아의 창의적 예술활동을 격려하고 지속하게 해주는 공간이라고 할 수 있습니다. 좋은 예술수업 환경은 적절한 창의적 방향성을 제시하고 긍정적인 정서를 지지하는 공간과 도구, 시간, 그리고 안전관리와 관련이 있기 때문입니다. 한마디로 오래된 유치원, 작은 교실도 어떤 분위기와 정서로 채우느냐에 따라 아이들의 사랑과 상상력이 가득한 꿈의 교실로 충분히 바뀔 수 있습니다.

교실에서 진행하는 예술교육의 가장 큰 장점은 예술이 유아들에게 하나의 일과로 자연스럽게 녹아들 수 있다는 점입니다. 아이들은 익숙한 동선, 익숙한 자원, 익숙한 선생님과 함께 안전하고 편안한 분위기 속에서 예술 경험을 할 수 있습니다. 담임선생님과 함께하는 수업에서도 예술을 만날 수 있고, 전문 예술교사가 원으로 찾아와 발레, 뮤지컬, 퍼포먼스 미술, 국악을 가르치는 특별활동 수업에서도 예술을 만날 수 있습니다. 일상의 장소, 생활의 장소에서 예술을 만나며 예술과 친숙해질 수 있는 것이지요.

그러나 익숙하다는 것이 다른 한편으로는 단점이 될 수도 있습니다. 매일 반복되는 수업에서 다양성이 부족하거나 교재에만 의존할 경우, 또 원에서 제공되는 재료와 도구가 늘 반복되는 등 자원에 한계가 있는 경우 아이들은 예술수업에 대한 관심과 흥미를 쉽게 잃기도 합니다. 그러므로 교실에서 이뤄지는 예술수업에서는 쉽고 익숙한 활동만 하기보다, 다양한 도구와 수업 구성의 변화를 통해 아이들의 호기심과 상상력을 끊임없이 자극해야 합니다.

예를 들어 미술활동에 있어 매일 똑같이 크레파스와 색연필, 물감만 쓰면 아이들이 더 이상 흥미를 느끼지 못할 수 있습니다. 이때 가장 쉽게 떠올려볼 수 있는 것은 재료의 변화일 것입니다. 파스텔이나 먹, 아크릴 물감이나 마블링 물감과 같은, 유아들이 평소 접해보지 않은 재미있는 재료로 바꿔보는 것이지요. 그러나 파스텔을 쓰면 교실이 온통 가루투성이가 되고, 먹이나 아크릴 물감을 쓰면 아이들의 옷이 엉망이 되며, 마블링 물감을 쓰다가 아이들의 손에 묻기라도 하면 독한 아세톤으로 유아의 살을 씻겨야 하는 등 새로운 재료에는 그에 따라오는 부적절한 요소가 너무 많습니다. 그럼에도 예술교사의 의지로 조금 더 다양한 재료를 경험하게 해주고 싶다면 사전준비를 철저히 하는 것만이 최적의 방법입니다. 버려도 되는 옷과 비닐장갑 같은 것을 착용시키고 사방에 비닐이나 종이를 깔아 위험성을 차단한 뒤 아이들에게 새로운 재료를 경험해보도록 하는 것입니다. 준비에서부터 생각만 해도 어려운 과정이기는 하지만 다양한 재료에 대한 새로운 경험은 고생한 만큼 아이들에게 새로운 느낌과 자극을 주는 기회가 될 수 있습니다.

그러나 오랫동안 유아의 미술재료로 무독성 크레파스나 색연필, 잘 지워지는 수채화 물감을 써온 데에는 이유가 있겠지요. 유아의 약한 피부에 안전하다는 것이 검증되었고, 쉽게 발색되고 쉽게 씻기는 등 유아의 특성에 알맞기 때문입니다. 그러니 새로운 재료를 쓰는 데 있어 사전준비나 예산 등의 어려움으로 주저하게 된다면 익숙하다 못해 지루하게까지 느껴지는 도구들을 변형시켜볼 것을 제안합니다. 앞서 스캠퍼 창의적 사고기법의 예시로 살펴본 바와 같이 익숙한 것을 익숙하지 않게 만들어주는 것입니다. 크레파스나 색연필을 두세 개씩 테이프로 묶어 여러 색이 한꺼번에 나오게 하거나, 늘 쓰던 붓에 막대기를 달아 아이의 허리춤까지 오는 긴 붓을 만들어 색칠해보도록 하는 것, 또 붓 대신 아이들이 골라온 블록이나 장난감을 붓 삼아 그림을 그려보게 하는 것 등이 이에 해당합니다.

외적 환경을 바꿔주기 어렵다면 수업 안에서 변화를 주기 위해 노력해야 합니다. 익숙한 것을 익숙하지 않게, 늘 보던 것을 새로운 것으로 만들어가는 교사의 창의적 사고는 아무리 작은 변화라 하더라도 아이의 눈이 반짝이게 하고 예술이 살아 숨 쉬게 하기 때문입니다. 우리 원은 지원이 없어서, 예산이 부족해서, 교실이 작아서, 아이디어가 없어서라는 등의 이유로 예술교육의 가능성을 부정하기보다는 주어진 여건에서라도 작은 변화에 도전해보기 바랍니다.

새로운 공간, 새로운 자극

교실에서 변화를 꾀하는 것에 이어, 이번에는 아이들과 함께 밖으로 나가는 외부 공간에 대해 이야기해보려 합니다. 가까이는 원의 놀이터에서부터 지역의 박물관이나 미술관, 어린이도서관과 문화센터와 같은 문화예술시설, 그리고 공원이나 숲과 같은 열린 자연환경까지도 새로운 수업의 공간이 될 수 있습니다.

놀이터

우선 아이들이 가장 쉽고 가깝게 접할 수 있는 외부환경인 놀이터를 살펴보겠습니다. 캠벨과 프로스트[47]는 놀이터를 통해 아이들이 모험적이고 개방적인 환경에서 더 창의적이고 협동적인 활동을 많이 한다는 것을 알려줍니다. 이들은 놀이터를 다음의 세 가지로 나누고 유아들이 어디서 가장 오래 놀이하는지 비교해보았습니다.

1. 전통적 놀이터traditional playground : 미끄럼틀, 시소, 그네 등 일반적인 고정 놀이시설물로 구성
2. 현대적 놀이터contemporary playground : 건축가가 디자인적으로 구성
3. 모험적 놀이터adventure playground : 여러 가지 도구로 굴이나 다리 등을 자유롭게 만들어 놀 수 있게 구성

그 결과 모험적 놀이터에서 놀이를 한 시간이 가장 길었고, 현대적 놀이터, 전통적 놀이터 순으로 놀이시간이 짧아졌습니다.

활동의 내용은 어떠했을까요? 전통적 놀이터에서는 오르내리기나 뛰기 등의 단순한 기능적 활동이 대부분이었던 반면, 모험적 놀이터에서는 아이들이 직접 역할을 나눠 하는 극놀이나 상황을 만들어 활동하는 구성놀이, 그리고 친구들과 함께하는 연합놀이 등 창의적인 활동이 두드러지게 나타났습니다.

그렇다고 동네나 학교에 설치되어 있는 전통적인 놀이터가 가치가 없다는 것은 아닙니다. 놀이학의 대가인 프로스트 박사는 머리 위 기구에 매달리고, 그네를 타고, 달리고, 미끄러지고, 쫓고, 던지고, 잡히고, 오르는 등의 전통적 놀이를 하는 기술 또한 아이의 건강한 발육을 이끌어내는 데 도움이 된다고 하였습니다. 발달 가치의 관점에서 각 장소는 모두 독특하고 다양한 특징을 가지고 있는 것입니다. 교실 공간이 좁고 답답하게 느껴진다면 때로는 동네나 원의 놀이터나 놀이시설로 나가 온몸을 활용하는 예술수업을 하는 것도 큰 도움이 됩니다. 정적인 예술 감각 활동뿐만 아니라 신체적 도전을 하는 자유롭고 동적인 예술 놀이 활동을 함께 할 때 더 균형 있는 예술 경험을 할 수 있습니다.

지역 문화예술 공간

완전히 새로운 공간도 호기심 많은 유아의 창의성을 높이고 다양한 자극을 주는 데 도움이 됩니다. 자연으로 나가 마음껏 뛰어노는 것이 유아의 성장발달에 가장 좋은 교육이고 자극이겠지만 최근에는 미세먼지나 차량안전 등의 문제 때문에 갈수록 야외활동이 줄어드는 추세입니다. 이런 상황 속에서도 현장교육의 중요성을 아는 많은 유아교육기관들은 야외 대신 공연장이나 미술관과 같은 문화예술 공간을 견학하는 횟수를 늘리려 노력하고 있습니다. 아이들이 최대한 원 밖에서 많은 경험을 하고, 더 생생하게 문화예술을 접할 수 있게 배려하는 것입니다.

이 같은 문화예술 전문공간은 아파트와 빌라의 숲에 사는 우리 아이들에게 그 규모와 분위기만으로도 압도적인 정서적 영감을 줄 수 있습니다. 미술관이나 공연장, 박물관 등은 하나의 문화예술적 목적과 주제만으로 꾸며져 있기 때문에 건축물의 구조와 재료, 내부 인테리어, 그리고 그 속에 꾸며진 공연전시 콘텐츠를 통해 유아의 호기심을 자극하고 미적 경험을 제공할 수 있습니다.

새로운 공간을 찾았을 때, 유아는 약간의 긴장감과 불안함을 가질 수도 있습니다. 이때 교사가 화장실 위치나 동선, 자기 자리 등을 알려주고, 수업이나 감상은 어떻게 이뤄지며 우리는 무엇을 할 것인가에 대해 사려 깊게 안내를 해주면 유아는 안정감을 되찾을 수 있습니다. 공간 곳곳과 전시물, 재료와 도구들은 충분히 탐색하게 해주되, 공공장소에서 지켜야 할 규칙을 알려주고 작품을 소중히 여기고 감상하는 멋을 알려주는 것도 좋은 문화예술교육의 내용이 되겠지요.

공원과 숲

이제 한걸음 더 나아가 아예 낯선 공간, 열린 공간인 공원이나 숲과 같은 야외환경에서의 유아예술수업을 생각해볼까요? 휴가가 생기면 많은 이들이 자연스럽게 산이나 바다와 같은 자연을 찾아가듯이 아이들도 자연에 나가는 순간 교실에서와는 또 다른 표정과 흥분을 보여줍니다. 야외는 아이들이 온몸의 모든 감각을 쓰며 예술을 경험할 수 있는 기회를 제공합니다. 익숙한 공산품 예술도구가 아닌 풀, 나뭇잎, 솔방울, 물, 흙, 바람 등 여러 자연물이 재료가 될 수도 있고요, 나무와 하늘을 집 삼아 다양하고도 오감 가득한 아이 주도적 놀이활동을 창조해낼 수 있습니다. 나무와 풀과 하늘과 다람쥐와 민들레 꽃씨는 아이에게나 노인에게나 한결같이 영감과 행복을 주는 것만 같습니다.

그러나 아무리 자연이 아름답다 하더라도 같은 풍경을 오래 보고 있으면 어른아이 가릴 것 없이 지루함이 따릅니다. 유아는 낯선 환경이 두려워 교사에게서 떨어지지 않으려 하거나 익숙하지 않은 상황에서 무엇을 해야 할지 몰라 금세 지겨워할 수도 있습니다.[48] 아이들의 집중력은 자연을 탐색하는 것이라 해도 길지 않기 때문에, 자율적인 탐색 이후에는 마음에 드는 자연물을 모아 얼굴을 꾸며보거나 자연물 케이크를 만들거나, 동물연극놀이를 해보는 등의 활동을 준비하는 것이 좋습니다. 야외환경에서 흥미를 가질 만한 활동을 아이중심으로 생각하고 준비한다면 도입은 교사가 했더라도 자연

속에서 예술과 놀이를 통한 배움의 과정과 즐거움을 아이들 스스로 찾아낼 수 있을 것입니다.

	유아교육기관 및 내부 놀이터	지역의 문화예술 공간	공원과 숲
활동 종류	일과	견학 및 특수 활동	견학 및 특수 활동
공간 특성	익숙한 공간	문화예술 목적으로 구성된 새로운 공간	완전히 열린 새로운 공간
도구·재료	익숙한 도구와 재료	새롭거나 익숙한 도구와 재료	새로운 도구와 재료
필요한 능력	유능성	창의성	창의성
유아 정서	안정감	불안함	불안함
유아 안전	안전함	비교적 안전함	안전 감독 필요
활동 주체	유아 스스로 활동 및 정리	교사의 지도와 개입	교사의 적극적 지도와 개입

표 8 · 유아예술교육 공간의 분류와 특성

안전과 집중을 도와주는 예술수업의 환경과 도구

어떤 공간에서 예술수업을 할 것인가는 교사 혼자 정할 수 없는 것으로, 여러 가지 일정과 상황을 함께 고려해야 하는 일입니다. 유아교육기관 간에도 예산이나 차량, 학부모와 운영자의 성향 등 상황이 천차만별 다르고, 수도권과 지방의 지역 문화예술 공간이나 유아 콘텐츠, 공원이나 숲 조성 등 자원의 차이가 크기 때문에 어떤 곳에서 하는 예술수업이 더 나은 수업, 더 좋은 수업인지 환경만 가지고는 이야기할 수 없습니다. 앞에서 이야기한 것처럼 최적의 유아예술교육 환경은 외부적인 것에 의해서만 결정되는 것이 아니기에 다면적인 점검을 통해 안전하고 창의적인 수업환경을 만들어주는 것이 무엇보다 중요합니다. 다음은 유아예술수업에서 안전과 집중을 돕기 위해 고려해야 할 몇 가지 유의사항들입니다.

환경 조성에서의 유의사항

- 집중 : 유아예술교육을 위한 공간은 아이들이 오롯이 예술활동에만 집중할 수 있게 구성하는 것이 좋습니다. 예를 들어 블록이나 장난감이 가득하다면 유아에게 보이지 않도록 등지게 하거나 가림 도구로 가리거나 아예 다른 공간을 활용합니다.

- 교구함 및 교구장 : 교구함이나 교구장을 잘 이용하면 유아들이 스스로 악기나 재료를 꺼내고 정리할 수 있습니다. 아이들이 스스로 할 수 있도록 하려면 유아의 손이 닿는 높이에 있도록 하고, 아이들이 만져서 다칠 위험이 있거나 위험한 재료는 아이들 손이 닿지 않는 곳에 두고 관리합니다.

- 공간과 경계 : 공간의 크기는 실행하는 교육에 가장 적합하게 설정합니다. 여러 명이 함께 악기를 연주할 경우 악기를 놓았을 때 다치지 않고 지나다닐 정도의 공간이 필요하고, 무용을 할 때도 서로 부딪히지 않고 마음껏 팔을 벌리고 뛸 수 있는

공간이 필요합니다. 그러나 교사의 목소리가 들리지 않거나 통제되지 않을 정도로 큰 공간은 아이들에게 오히려 불안감을 주기도 합니다. 아이들은 벽이나 선, 가구 등을 경계로 인지할 수 있으므로 어디까지 허용되고 허용되지 않는지를 미리 알려 준 뒤 함께 정한 규칙으로 조절할 수 있게 해줍니다.

- 개인 공간 : 혼자 작업하는 미술이나 공예 활동의 경우 개인의 공간을 보장해주어야 합니다. 주위의 방해를 받지 않아야 하고 팔을 뻗어 손이 닿는 곳에 필요한 재료가 있어야 하지요. 친구와 재료를 나눠서 사용하는 것은 집중을 방해할 수 있어 지양해야 하지만, 부득이할 경우 순서를 기다리게 하거나 개수를 배분하는 등 교사가 개입하여 규칙을 정해줍니다.

- 안전 : 움직임이 많은 예술활동일수록 공간 전체에 대한 안전 관리가 이뤄져야 합니다. 바닥과 벽의 위험한 돌출 부분이나 미끄러운 부분, 수리가 필요한 가구나 문 등은 미리 안전관리를 해둡니다. 온도는 너무 춥거나 덥지 않게 하고, 유아들이 재료를 바닥에 쏟아 안전이 위협될 경우에는 신속하게 닦고 정리할 수 있도록 청소도구도 미리 준비해둡니다.

- 소리와 빛 : 음악을 감상하거나 소리와 언어 전달이 중요한 수업은 소음을 통제하는 데 노력해야 합니다. 악기를 두드리는 것이 아닌 점토나 재료를 두드릴 경우 재료 아래 천이나 종이를 깔아주어 다른 친구들이 방해받지 않도록 합니다. 빛의 조

절이 필요한 경우에는 어두운 곳은 조명을 통해, 밝은 곳은 커튼 등을 통해 필요한 만큼 조정합니다. 공연이나 그림자놀이 등을 진행할 경우, 암막천으로 빛을 가려주어 유아들이 활동에 집중할 수 있게 합니다.

도구와 재료에서의 유의사항

• 연령과 수준 : 유아의 연령과 수준을 고려하여 예술교육을 위한 도구를 제공해야 합니다. 이는 반드시 사전 수업기획과 함께 고려될 수밖에 없지요. 북을 두드리는 시기와 현을 튕길 수 있는 시기가 다르고, 주어진 접착종이만 붙일 수 있는 시기와 정교하게 직접 가위로 잘라 입체화할 수 있는 시기가 다르며, 신체발달과 근력의 차이에 따라 바이올린을 지탱할 수 있는 시기와 플루트를 잡을 수 있는 시기가 다르기 때문입니다. 다만 이것을 탐색해보는 정도의 수업이라면 제대로 할 수 있는지의 여부와 관계없이 다양한 악기나 재료를 교사의 도움 아래 경험해보게 할 수 있습니다.

• 안전한 도구 : 유아의 피부는 매우 순하고 예민합니다. 칼이나 송곳, 압정이나 컴퍼스와 같이 뾰족한 도구는 유용성과 관계없이 제공하지 않도록 합니다. 아기처럼 모든 것을 입에 가져가지는 않지만 유아의 호흡이나 기도를 통해 안전을 위협할 수 있는 화학물질도 피해야 합니다.

- 쉬운 조작 : 유아들이 쉽게 사용하고 조작할 수 있어야 합니다. 풀이나 물감의 뚜껑을 열기가 어렵거나, 소리 내기가 어려운 악기라면 유아들은 쉽게 흥미를 잃어버리거나 포기해버릴 수 있고, 끊임없이 선생님에게 도움을 청해 수업이 원활히 이루어지기 어려울 수도 있습니다. 넓은 벽에 물감을 색칠해야 하는 활동이라면 커다란 붓을 준비하고 물감을 미리 묽게 만들어 놓거나 아예 분무기에 물감을 풀어 놓는 등 적절한 방법으로 조작과 활동이 어렵지 않게 배려해야 합니다. 또 사전에 제공하는 도구가 작동이 잘 되는지, 유아들이 직접 조작하기에 어려움이 없는지 미리 점검하고 준비하여 유아들이 도구 조작에 집중하느라 예술활동에 방해받지 않도록 해야 합니다.
- 적절한 개수 : 유아들은 순서를 기다리기보다는 즉각적으로 반응하고 경험하기를 원합니다. 도구와 재료가 충분하지 않다면 충분하게 더 준비하거나 수업을 나눠 참여인원 수를 줄이는 등의 대책이 필요합니다. 아이들은 공유한다는 것을 잘 이해하지 못합니다. 또 아무리 재료가 많이 있어도 가장 욕심나고 갖고 싶은 재료는 바로 다른 친구가 갖고 있는 재료이기도 합니다.[49] 모든 수업에 있어서 하나의 재료로 나눠 쓰는 방식의 협동보다는 유아의 수에 맞게 재료를 준비한 뒤, 작업이나 활동을 함께하는 협동방식으로 구성하는 것이 좋습니다.
- 창의적 도구 : 만3~5세가 되면 가정이나 유아교육기관에서

사용하는 반복적인 예술도구에 익숙해지고 그만큼 흥미를 잃어가기도 합니다. 색연필, 크레파스, 흰 종이, 점토 등 어디서나 볼 수 있고 구할 수 있는 재료는 아이들의 호기심이나 창의성을 일으키기에 한계가 있습니다. 그러므로 유아예술교육에 있어 재료와 도구는 교사의 상상력이 더해져야 합니다. 한 예로, 늘 쓰는 종이 대신 현수막 천이나 신문지, 휴지 등에 물감칠을 해보거나 붓 대신 파리채나 빗자루 등을 사용하는 것을 들 수 있습니다.

우리 아이들이 세상에 나온 지는 고작 3년, 4년, 5년째. 아직 경험해보지 못한 것이 경험해본 것보다 비교할 수 없을 만큼 많습니다. 이런 아이들에게 가장 필요한 것은 거창한 장소나 도구가 아니라, 교실 안팎에서 아이들의 예술활동을 지지하고 집중하게 도와주는 것임을 다시 한 번 강조하고 싶습니다. 어릴 적 뛰놀던 곳에 다시 가보면 별것 없는 곳인데 왜 그렇게나 넓고 좋았던 장소로 기억되는지, 참 신기할 때가 있습니다. 돌아보면 그것은 단지 환경에 대한 기억만이 아니라 그곳에서 함께했던 친구들, 그리고 경험했던 활동이 긍정적인 정서로 남아 있기 때문입니다. 내가 아이라도 다시 참여하고 싶은 예술수업, 끝나는 것이 아쉬운 예술수업, 늘 기다려지는 예술수업이 될 수 있게 우리의 수업환경을 다시금 점검하고 기본부터 살펴보아야 하겠습니다.

아이 같은 상상력이
수업 내용을 결정 짓는다

나는 아이들만을 위한 영화를 만드는 것이 아니다.
나는 여섯 살이든 예순 살이든
우리 안에 남아 있는 '그 아이'를 위해 작업한다.

| 월트 디즈니 |

유아의 발달에서부터 아이중심·놀이중심의 예술교육, 교사의 준비와 역할 그리고 예술교육을 위한 환경의 점검까지, 본격적인 예술수업의 실전에 들어가기 위해 많은 것들을 살펴보고 준비하였습니다. 구슬이 서 말이어도 꿰어야 보배가 되듯, 유아예술교육도 아이중심·놀이중심의 개념과 창의적 예술 경험의 중심을 잘 꿰어 멋진 예술수업을 만들어야겠지요. 이제 유아예술교육 프로그램을 구성하는 것에 대한 실질적인 이야기를 나눠보려 합니다. 전통적인 예술교육 수업 구성 방법과 아이중심·놀이중심의 예술교육 수업 구성 방

법의 차이를 알고 적용할 수 있다면 아이의 상상력을 살리고 키우는 예술수업에도 쉽게 접근할 수 있습니다.

아이 같은 상상력으로 만드는 아이중심의 수업

예술교육에 있어서도 창의적인 수업을 한다고 할 때 대부분은 결과와 목표를 미리 정해놓고 몇 가지 도구나 재료 정도만 변화시키는 것이 일반적입니다. 그러나 이는 여전히 교사 주도적인 결과중심의 수업일 뿐, 아이의 상상력과 창의력을 열어주는 아이중심의 수업으로서는 한계가 있습니다. 그렇다면 어떻게 아이들이 놀이로 즐기면서도 창의성을 발휘하고, 여기에 스스로 배움까지 얻는 예술수업을 할 수 있을까요?

이를 위한 가장 쉽고도 중요한 단 한 가지 팁이 무엇이냐고 묻는다면 저는 망설임 없이 이렇게 대답하고 싶습니다.

"아이같이 상상합시다!"

많은 유아예술교사들은 다음과 같은 방식으로 수업을 계획합니다. 기존에 나와 있는 교재나 교구에 의존하기도 하고, 자신이 배운 경험을 바탕으로 구성하기도 하고, 검색이나 자료 공유를 통해 얻은 다른 교사의 교안을 참고하기도 하고, 그냥 자신이 생각하기에 괜찮다고 여겨지는 '감'에 따라 수업을 짜기도 합니다. 어떤 방법이 더 효과적인지 따지기 전에 먼저 생각해봐야 할 것은, 이 모든 방식의 출발점이 바로 '교사 자신'이라는 점입니다. 교사가 자신이 알고 있거나 경험한 교사중심의 지식과 환경만을 바탕으로 수업을 계획한다면 수업은 어떻게 될까요? 운이 좋으면 유아와 잘 맞을 수도 있지만, 그렇지 못할 때는 여러 가지 어려움이 생길 수도 있습니다.

수업을 준비할 때는 교사 자신의 경험과 지식을 뛰어넘어 아이를 중심으로 생각하는 상상력과 유연성을 발휘하는 것이 매우 중요합니다. 창의적인 수업을 하고자 한다면 시작에서부터 창의적으로 출발해야 하고, 아이중심의 수업을 하고자 한다면 시작에서부터 아이를 중심에 둔 상상력을 바탕으로 출발하는 것이 당연합니다. 제가 한국문화예술교육진흥원에서 진행한 아르떼 아카데미 강연[50]에서 유아문화예술 교사들과 나눈 강연 내용을 소개해보겠습니다.

저자 : 오늘은 미술수업을 합니다. 준비한 주제는 '박스로 집 만들기'입니다. 여러 가지 박스를 준비해 아이들에게 나눠주고, 집에 관한 다양한 자료를 보여준 뒤, 예쁘게 색칠해서 자기가 원하는 집을 꾸미고, 자기가 만든 집에 대해 발표하고 끝내는 것이 보통 우리가 진행하는 방식이지요.
그러나 여기서 좀 더 창의적인 수업을 짜려면 어떻게 해야 할까 모두가

고민하고 있지요. 이 수업계획안만 놓고 보면 창의적인 생각이 떠오르나요? 도대체 어떻게 접근하면 좋을까요?

대부분은 여기서 몇 가지 재료나 도구 정도를 변화시키고 그것을 창의적인 것이라 여깁니다.

'대부분은 물감을 칠하지만 나는 아이들에게 색종이나 끈을 붙이게 해봐야지. 동화책을 읽어주고 등장인물이 사는 집을 꾸미라고 하면 분명히 창의적인 수업이 될 거야.'

네, 이렇게만 해도 그냥 집 만들기 수업보다는 낫겠지요. 하지만 아이들이 수업에 어떻게 임할지는 확신이 들지 않습니다.

자, 그럼 그냥 다 같이 '박스로 집 만들기'라는 주제를 우리 선생님들 머리에서 싹 지워보도록 합시다. 그냥 지금 우리 앞에 빈 박스가 가득 쌓여 있다고 다 같이 한번 상상해보는 것입니다.

좀 이따 분명히 집 만들기를 하긴 해야 해요. 그렇지만 우리 아이들은, 혹은 우리가 아이라면 미술이고 뭐고 여기 이 공간에 들어오는 순간, 여기 쌓인 빈 박스를 보는 순간, 당장 뭐가 하고 싶을까요? 마음껏 한번 상상해보세요.

(대답이 나오지 않자)

큰 박스를 들고 힘자랑 하고 싶을 수도 있지 않을까요? 또 어떤 게 있을까요?

참여자 : 박스를 써보고 싶을 것 같아요.

저자 :   멋져요, 아이들은 빈 박스를 보면 써보고 싶겠죠!

참여자 : 쌓아보고 싶을 것 같아요.

저자 :   좋아요! 쌓고 나면?

참여자 : 무너뜨려 보고 싶을 거예요.

저자 :   무너뜨려보면 긴장이 해소되고 신이 나겠죠. 또 어떤 걸 해보고 싶을까요?

참여자 : 마음껏 색칠하고 이것저것 붙여보고 싶을 것 같아요.

저자 :   너무 예쁠 것 같네요. 다른 아이디어 있나요?

참여자 : 먹어보고 싶을 것 같아요.

　　　　(참여자들 웃음)

저자 :   멋진 생각이에요. 유아들이 박스는 먹으면 안 된다는 것을 알지만 먹는
　　　　흉내를 내면서 장난을 칠 수도 있겠어요.

참여자 : 점프해서 박스를 밟아보는 것도 신날 것 같아요.

저자 :   정말 좋아요! 그럼 아이들은 무슨 이야기를 할 것 같나요? 선생님께는
　　　　무슨 질문을 받고 싶을 것 같나요?

　　　　(이하 생략)

　　제가 강연 도중 이런 질문과 답변을 한 것은 교사와 예술가들의
아이 같은 상상력이 수업을 진정으로 풍부하게 만든다는 것을 보여
주기 위해서였습니다. 처음에 제시한 수업계획안은 우리가 일반적
으로 진행하는, 매우 익숙한 방식의 교사중심 계획안이지요. 교사들
은 여기서 무엇을 더 창의적으로 할 수 있을지 떠올리기 힘들어했
고 몇몇 교사들은 자신의 경험이나 아이디어를 바탕으로 조금 변

형된 형태를 이야기하기도 했습니다. 그러나 이 수업에서 어떤 것을 해야만 한다는 목표를 잠시 내려놓게 한 뒤, 우리 아이들이라면 혹은 우리가 아이라면 빈 박스를 보았을 때 당장 무엇을 하고 싶을지 물어보았습니다. '박스로 집 만들기'라는 과제를 치워버리고 주어진 상황, 그냥 우리 앞에 빈 박스들이 보이는 그 장면을 상상하도록 한 것입니다. 그러자 매우 재미있는 의견들이 쏟아져 나왔습니다. 우리 아이들이라면, 또 내가 아이였다면, 심지어 내가 어른이어도 (규범이나 주위의 시선 때문에 못했을 뿐이지) 시도하고 싶은 것들을 상상하고 이미지로 그려내자 별별 재미있고 창의적인 생각들이 쏟아져 나온 것입니다.

이때 제가 가장 주목한 것은 예술교사들이 쏟아낸 아이디어뿐만 아니라 그순간 개구쟁이처럼 변하여 빛나던 교사들의 눈빛과 표정이었습니다. 아이들은 아무리 어려도 교사가 '놀아주는 것'인지 진짜 '같이 놀이하는 것'인지, 교사가 '시키는 것'인지 '존중해주는 것'인지 귀신같이 알아챘다고 앞서 이야기하였습니다. 교사가 아이 같은 감정, 신나는 상상으로 준비한 수업은 교사의 경험이나 교재에 따라 추측하여 짜는 수업과는 분명 차이가 있습니다. 신나고 행복한 예술수업으로 아이들의 마음에 안타나 홈런을 칠 확률이 월등히 높아지는 것입니다.

이 같은 수업의 과정을 구조화해보면 다음과 같습니다.

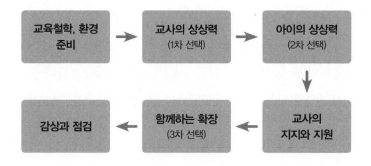

그림 6 · 아이같이 상상하여 만드는 예술수업의 모형

① 교육철학, 환경 준비 : 아이중심·놀이중심의 명확한 예술교육 철학을 예술교사 개인과 기관이 함께 공유한 뒤, 안전하고 창 의적인 교육환경을 준비합니다.

② 교사의 상상력을 통한 커리큘럼-1차 선택 : 예술교사가 아이 같이 상상한 내용을 가지고 어떤 주제, 어떤 놀이로 예술수업 을 할지 재료와 수업내용 등을 준비합니다. 단, 이때 정한 커 리큘럼은 아이와 함께하는 현장수업에서 충분히 바뀔 수 있는 '1차 선택'임을 염두에 둡니다.

③ 아이의 상상력을 통한 커리큘럼-2차 선택 : 예술수업 현장에 서 교사의 1차 선택에 따른 커리큘럼의 활동과 재료, 도구, 놀 이 등을 제공하고, 이어서 아이가 하고 싶어 하는 활동을 2차 커리큘럼으로 선택하는 것입니다. 이는 교사가 1차로 제공한 활동에 아이들이 어떻게 상상하고 확장하는지 관심을 갖고 관

찰함으로써 반영할 수 있습니다. 아이들이 선택하는 2차 활동은 교사가 준비한 것과 동일할 수도 있지만 완전히 새로운 방향이 될 수도 있음을 알고 이를 허용할 수 있어야 합니다.

④ 교사의 지지와 지원 : 아이들의 상상에 따른 2차 수업 제안과 선택을 교사가 적절히 흡수하고 반영하여 아이들이 충분히 해볼 수 있도록 지지하고 지원합니다.

⑤ 교사와 아이가 함께하는 확장으로서의 커리큘럼-3차 선택 : 교사의 1차 선택과 아이의 2차 선택을 다른 영역, 혹은 다른 놀이, 다른 교과와 융합하거나 확장하여 예술 경험을 적극적인 탐색과 놀이활동으로 확대하는 과정입니다.

⑥ 감상과 점검 : 아이들이 서로의 활동을 감상하고 교사와 아이가 함께, 혹은 수업 후 교사 스스로 점검을 하여 더 나은 아이 중심, 놀이중심의 예술수업으로 발전시켜 나갑니다.

교사중심의 전통적인 수업은 대부분 위의 과정 중에서 중간 과정 없이 ①번과 ⑥번만으로 이루어지는 경우가 많습니다. 교사가 수업을 준비하고 구성해오면 아이들은 그것을 그대로 수행하고 발표함으로써 끝이 나는 평면적인 수업이었지요. 그러나 이번 장을 통해 제시하는 아이중심·놀이중심의 예술수업 모델은 마치 교사와 아이가 한 수, 한 수 차례로 놓아가는 바둑과 같다고 할 수 있습니다. 이 같은 수업은 교사 자신의 경험과 지식이 중심이 되는 것이 아니라,

아이와 같은 마음과 머리로 상상력을 발휘하는 것에서 시작해 수업 현장에서 아이들의 상상력을 또다시 끌어안는 것으로 완성이 됩니다. 아이중심·놀이중심의 창의적 예술수업을 한마디로 정리하자면 이렇게 말할 수 있습니다.

"교사는 아이같이 상상합시다!
그리고 아이의 상상력을 허용합시다!"

정답이 없는 교육, 마음과 정서를 나누고 키우는 교육인 예술교육을 하는 교사라면 그 누구보다도 스스로의 상상력과 현장에서 만나는 아이들의 상상력을 수용하고 확장하는 유연성이 필요합니다. 또 아이같이 상상한다는 것은 '우리 아이들이라면 어떻게 하고 무엇을 좋아할까?'에 대한 상상력을 끌어내는 것인 동시에, 때로는 그 이상이 요구되기도 합니다. 유아예술교육에서는 교사 스스로 자기 내면의 아이를 끌어내어 함께하는 작업이 필요할 때도 있기 때문입니다. '내 안의 다섯 살, 내 안의 일곱 살이 이 수업, 이 도구, 이 환경을 만난다면 과연 무엇을 하고 싶을까, 무엇으로 배우고 즐기고 싶을까, 어떤 감정을 가질까, 어떤 느낌이 들까?' 가르쳐주고, 통제하고, 얌전하기를 바라며, 때로는 편하고 쉬운 길을 가고 싶어 하는 어른 교사로서의 내가 아닌, 내 안의 진짜 어린아이를 만나 물어보는 용기와 내가 만날 아이들을 떠올리는 행복한 상상력이 필요합니다.

아이 같은 상상력이 안겨주는 놀라운 변화

예술교사 스스로가 자기 내면의 아이를 만나고 또 아이들 입장에서 상상하며 아이중심·놀이중심의 예술수업을 아이들과 함께 만들어간다면, 과연 우리의 교실에는 어떠한 변화가 일어날까요? 다음과 같은 몇 가지 핵심적인 변화를 확인할 수 있을 것입니다.

첫째. "안 돼."라는 말을 하지 않을 수 있습니다.

교사에게도 아이에게도 "안 돼."라는 말은 수업시간에 받는 아주 큰 스트레스 중 하나일 것입니다. 통제를 하는 입장에서도 통제를 받는 입장에서도 전혀 유쾌하지 않을 뿐만 아니라 수업 진행과 다른 친구들에게 방해가 되기 때문입니다. "안 돼."라는 말은 친구나 교사에게 해가 되거나 위험한 상황, 그리고 수업에 방해가 되는 몇몇 상황을 제외하고는 예술수업에서 될 수 있는 한 교사의 입에 올리지 않아야 합니다. 예술교육은 정답이 없는 교육이며, 오히려 아이의 도전과 확장, 모험을 이끌어내는 것이 예술교육의 목적이기 때문입니다.

만일 교사가 자신이 계획한 수업내용대로만 진행하려 한다면 아이들의 다른 행동이나 도전에 대해 "안 돼."라고 저지하고 "계속 이거 해야지!"라고 통제할 수밖에 없겠지요. 그러나 미리 아이들이 무엇을 하고 싶어 할지 상상하여 수업에 녹여내고, 수업에서 아이들의 상상력과 확장을 허용한다면 아이들이 하는 행동에 대해 "안 돼."라고 말하는 것을 크게 줄일 수 있습니다.

둘째. 유아의 돌발행동을 예측하고 계획할 수 있습니다.

유아들의 돌발행동을 상상을 통해 사선에 예측하여 계획하고 대비할 수 있습니다. 덕분에 돌발행동을 '말썽'이 아닌 '창의성'으로 보고, 돌발행동을 하는 아이를 '말썽쟁이'가 아닌 '창의성쟁이'로 보는 관점의 변화가 생기게 됩니다.

만약 박스로 집을 꾸미는 수업을 계획할 때, 교사중심으로 생각한다면 선생님 지시에 따라 박스에 칠을 해야 하지만, 아이 같은 상상력을 발휘한다면 '내가 여섯 살이라면 박스를 쌓았다가 무너뜨려보고 싶을 거야.'라고 생각하고 그런 활동을 보조 활동의 하나로 미리 준비할 수 있을 것입니다. 그리고 그런 교사에게는 "이거 쌓아서 무너뜨려보고 싶어요."라고 말하는 아이가 말썽을 일으키거나 돌발행동을 하는 것으로는 여겨지지 않을 것입니다. 오히려 "그러면 집을 모두 꾸민 뒤 같이 쌓아서 아파트를 만들어볼까?", "이제 하나, 둘, 셋 하면 같이 무너뜨려보자." 하고 놀이 리더와 놀이 파트너가 되어 여러 가지 상상해왔던 보조 활동으로 신나게 아이들과 놀아볼 수 있을 것입니다.

예측한 사람, 준비한 사람은 상황도 감정도 모두 손 안에 둘 수 있습니다. 이런 여유를 가진 교사의 넓은 그릇 안에서 아이들은 마음껏 성장할 수 있겠지요.

셋째. 수업의 집중력을 향상시킬 수 있습니다.

아이들의 집중력이 짧다는 점은 모든 예술교사들의 고민입니다. 유아의 집중 시간은 개인차가 있기는 하지만 한 가지 활동에 대해 길어봐야 15~20분 정도로, 교사가 일반적으로 원하는 결과물을 만들어내기에는 충분하지 않습니다. 그러나 이는 유아의 아주 당연하고 자연스러운 발달 과정이기 때문에 오래 집중하지 못하는 유아들을 탓하는 것은 잘못된 일입니다. 움직이지 말고 가만히 있으라고 혼을 내거나 '무릎 손'하고 오래 버틴 친구를 '착하다. 잘했다'고 칭찬하는 것은 예술수업에서뿐만 아니라 어느 영역에서도 경계해야 합니다.

그러나 수업을 준비할 때부터 아이들이 원하는 것과 관심사를 상상하여 수업을 준비하면 집중에 대한 문제도 어렵지 않게 해결할 수 있습니다. 교사가 시키는 활동만으로 구성된 수업에서는 15분, 20분을 집중시키기가 어렵지만, 제공하는 도구나 악기, 상황과 환경, 이야기에 대해 아이들이 무엇을 하고 싶어 할지 상상하고 그것을 15분 내외의 단위수업으로 만든다면 그리 어렵지 않게 아이들의 집중력을 유지할 수 있습니다.

예를 들어 박스로 집을 만드는 활동을 한 시간 동안 할 경우, 유아들의 집중력은 금세 흐트러지게 마련입니다. 하지만 교사의 상상력과 교실에서의 아이들 반응에 따라 다양한 주·보조 활동을 15분 내외로 이어간다면 어떨까요? 빈 박스를 접고 타보며 갖고 노는 데 15분, 박스를 집으로 칠하고 꾸미는 데 15분, 박스를 쌓아 아파트 놀이를 하고 무너뜨리는 데 15분, 각자의 박스 집에 인형을 가져와 극놀이하는 데 15분 등으로 구성하는 것이지요. 이렇게 교사중심의 한 가지 활동이 아닌, 다양한 단위수업으로 활동이 확장되고 이어진다면 아이들은 자신의 짧은 집중력을 연속적으로 사용하여 흥미로운 예술수업을 경험할 수 있게 됩니다.

넷째. 아이들 개개인의 흥미와 특성을 반영할 수 있습니다.

아이들은 개성에 따라 개개인이 원하고 좋아하는 수업의 방식과 활동이 다릅니다. 예술수업을 구성할 때 무엇에 초점을 두어야 하는가는 교사의 큰 고민이기도 하지요. 특히 이런 차이는 연령이 높아질수록 더욱 커지는데, 조용히 앉아 꾸미는 개인적인 활동을 좋아하는 아이가 있는가 하면 온몸을 써서 뛰고 구르는 활동에만 적극성을 보이는 아이도 있습니다. 실제로 한 가지 영역의 예술수업에서 모든 아이를 만족시키는 활동을 구성하기란 쉽지 않지요.

그러나 수업을 준비하는 단계에서부터 아이 같은 상상력으로 아이가 어떤 활동을 하고 싶어 할까를 먼저 고려하여 수업을 구성하고, 수업현장에서도 아이들의 흐름을 반영해준다면 자연스럽게 다양한 영역과 활동이 함께 어우러질 수 있습니다. 예를 들어 교사가 계획한 '박스로 집 만들기' 수업에서 다양한 보조 활동들이 함께 구성되었다고 생각해봅시다. 꾸미기 활동을 좋아하는 아이는 빈 박스를 색칠하는 시간을 즐길 것이고, 몸으로 활동하고 싶은 아이는 박스를 써보고 쌓아보면서 활동적인 경험을 할 수 있을 것입니다. 더불어 자신이 좋아하는 활동이 아니어서 겉도는 아이가 있다면 "빈 박스를 가지고 ○○하는 활동들도 할 거예요."라고 미리 알려주어 자신이 하고 싶은 활동을 할 때까지 기다리는 힘도 키워줄 수 있습니다. 그러면 아이는 자신이 원하는 활동을 하기 위해 비록 좋아하는 활동이 아니더라도 참여해보게 되고, 이를 통해 새로운 흥미를 느끼는 경험을 할 수도 있습니다.

거듭 강조하지만 유아예술수업에는 정답이 없습니다. 미술수업에서 소근육을 잘 쓰는 아이가 옳은 것, 잘한 것이고, 무용수업에서 몸을 잘 쓰는 아이가 옳은 것, 잘한 것이 되는 예술수업이 되지 않도록 해야 합니다. 유아예술수업은 유아 개개인이 흥미를 갖고 즐거움과 성취를 통한 쾌감을 맛볼 수 있어야 하고, 교사는 모든 아이들이 이를 위한 충분한 자격과 자질이 있다는 것을 믿어야 합니다. 예술이 주는 미적 경험과 감동, 성취감과 창의적 쾌감은 언제 어떤 순간에 아이들에게 찾아올지 모릅니다. 그러므로 우리 스스로 아이와 같은 상상력을 동원하는 것, 우리가 가르칠 아이들과 우리 내면의 아이를 초청하여 예술수업을 계획하는 데 참여시키고 도움을 받는 것이야말로 유아예술교사의 핵심적인 사고과정이 되어야 합니다.

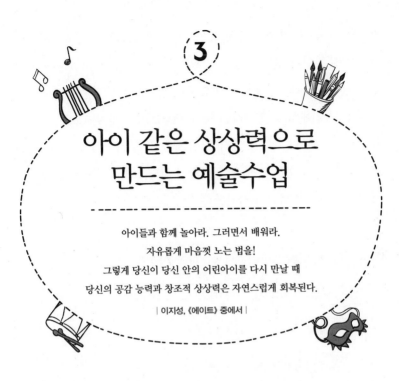

아이 같은 상상력으로 만드는 예술수업

아이들과 함께 놀아라. 그러면서 배워라.
자유롭게 마음껏 노는 법을!
그렇게 당신이 당신 안의 어린아이를 다시 만날 때
당신의 공감 능력과 창조적 상상력은 자연스럽게 회복된다.

| 이지성, 《에이트》 중에서 |

아이중심·놀이중심의 창의적 예술수업에서 아이와 같은 상상력이 중요하다는 것을 이해하였다면 이제 이 같은 접근을 통해 실제 수업계획으로 확장하는 방법을 알아보겠습니다.

교사중심 수업계획의 한계

먼저 지금까지 일반적인 유아예술교육이 어떤 단계로 구성되어

왔는지 살펴본다면 아이중심·놀이중심의 예술교육 계획을 세우는 것과 어떤 차이가 있는지 좀 더 명확하게 이해할 수 있을 것입니다.

다음 표에 나타낸 과정과 같이 주로 계절이나 각 주차에 따른 주제, 혹은 수업에서 하고자 하는 큰 주제를 먼저 정한 뒤, 그것을 중심으로 어떤 도구와 재료를 쓸지, 어떤 활동을 하고 어떤 발문과 자료로 설명을 할지 정하고, 이를 진행할 순서와 교안을 짜는 식으로 이어지는 것이 일반적인 수업계획 과정입니다.

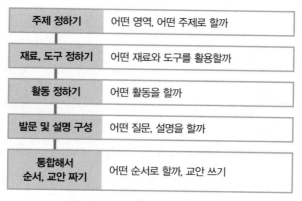

표 9 · 일반적인 유아예술교육 수업계획 과정

좀 더 구체적으로 '박스로 집 만들기'라는 미술수업을 예시로 들자면 다음과 같은 과정으로 계획이 이루어지며, 이것이 우리 모두에게 일반적이고 익숙한 과정입니다.

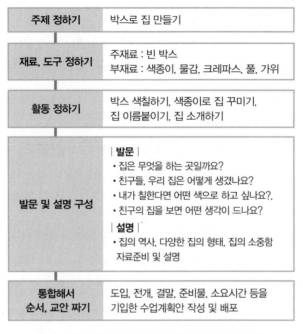

주제 정하기	박스로 집 만들기
재료, 도구 정하기	주재료 : 빈 박스 부재료 : 색종이, 물감, 크레파스, 풀, 가위
활동 정하기	박스 색칠하기, 색종이로 집 꾸미기, 집 이름붙이기, 집 소개하기
발문 및 설명 구성	| **발문** | • 집은 무엇을 하는 곳일까요? • 친구들, 우리 집은 어떻게 생겼나요? • 내가 칠한다면 어떤 색으로 하고 싶나요?, • 친구의 집을 보면 어떤 생각이 드나요? | **설명** | • 집의 역사, 다양한 집의 형태, 집의 소중함 자료준비 및 설명
통합해서 순서, 교안 짜기	도입, 전개, 결말, 준비물, 소요시간 등을 기입한 수업계획안 작성 및 배포

표 10 · 일반적인 수업계획 과정에서의 '박스로 집 만들기' 구성

　우리나라 사람들은 위와 같은 결과중심의 연역적 사고˙가 몸에 배어 있는 경우가 많습니다. 보고서를 쓰거나 무엇인가를 계획할 때 결론을 정한 다음에 그것에 대한 근거와 살을 붙여나가는 것처럼,

---

● 연역적인 수업은 정답과 목표를 설정한 다음에 아동으로 하여금 따라오게 만드는 경우가 많아, 교육학자들은 활동의 목적을 제시한 다음 어떤 방식으로 해결하거나 활동할 것인지 열린 질문을 통해 스스로 방향을 선택하고 답을 찾아가도록 하는 귀납적인 수업 운영이 창의력과 긍정적 정서 지지에 도움이 된다고 이야기한다.(Jeffrey Trawick-Smith(2012), 《놀이지도》, 다음세대, 참고)

교육계획을 세울 때에도 주제를 정한 뒤 그에 필요한 재료와 활동, 발문과 설명을 살로 덧붙여 나가는 것입니다. 이 같은 연역적 사고와 구성은 변수를 줄인다는 장점이 있지만 변수 자체가 특징이라 할 수 있는 유아와 예술에 있어서는 창의성을 방해하는 요인이 되기도 합니다. 주제와 결과를 중심으로 한 교육계획은 교사의 경험과 추측, 교재나 교구에 의존할 수밖에 없고, 시작부터 끝까지 교사가 중심이 되어 유아는 교사가 준비한 준비물과 활동 그 이상을 벗어나기가 어려워지기 때문입니다.

예술교사는 수업과정에 예술과 놀이의 특성이 얼마나 잘 녹아있는지 늘 고민해야 합니다. 위의 예시에서 종이박스를 색칠하고 집으로 꾸며보는 것은 분명 예술교육이고 미적 활동입니다. 그러나 이 책 전반에서 강조했듯 유아에게 있어 예술교육은 학습이 아닌 놀이가 될 때 그 효과를 제대로 발휘할 수 있습니다. 주체성을 가지며, 유희가 있고, 긴장에 의한 성취와 쾌감을 맛보는 활동을 할 때 진정한 놀이식 예술수업이 될 수 있습니다. 예술교사가 '박스로 우리 집을 만들어야 한다'는 주제의식과 과제 완성이라는 목표에서 벗어나지 못할 경우, 유아는 활동을 하면서 다른 창의적인 생각이나 시도를 하고 싶어도 그 이상의 도전을 할 수 없습니다.

이렇게 시작부터 교사중심으로 짜여 끝까지 교사의 계획과 진행하에 이뤄지는 예술수업은 유아들이 집중력을 잃고 억지로, 혹은 대충 하면서 교사의 눈치를 보거나 시간을 때우는 수업이 될 가능성이 큽니다. 만약 여러분 수업에서 아이들이 이 같은 모습을 보였다면 아이중심이 아닌 교사중심의 수업으로 인해 유아예술교육의 참된 가치를 잃어버린 것임을 깨닫고, 두려운 마음으로 자신의 수업을 점검해야 합니다.

아이 같은 상상력으로 만드는 예술활동

앞에서 강조한 것처럼, 교사중심으로 시작되는 수업이 아니라, 교사 스스로가 창의적 사고를 키워 아이와 같은 상상력을 발휘하고 그것을 실제 프로그램 구성에서 수업의 실전에까지 녹여내는 것이 아이중심·놀이중심 예술교육의 핵심이라 하겠습니다. 예술교사가 아이와 같은 상상력을 발휘해, 다시 말해 자신이 만날 아이들의 마음을 예측하고 자신의 내면 아이를 떠올리며 이끌어낸 상상력을 바탕으로 예술수업을 만드는 것입니다. 그렇게 되면 지금까지 일반적인 수업 구성 과정이라 여기고 교안의 제목부터 쓰던 방식은 새로운 전환을 맞게 됩니다. '아이 같은 상상력'이 투영되면서 주제, 소재, 활동, 발문 등은 순차적이고 하부적인 것이 아닌, 각각의 의미를 지니는 독자적인 요소인 동시에 상호 유기적인 영향을 주고받는 요소가 됩니다. 이를 표로 만들어보면 다음과 같습니다.

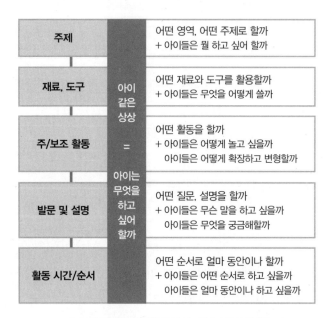

주제	아이 같은 상상 = 아이는 무엇을 하고 싶어 할까	어떤 영역, 어떤 주제로 할까 + 아이들은 뭘 하고 싶어 할까
재료, 도구		어떤 재료와 도구를 활용할까 + 아이들은 무엇을 어떻게 쓸까
주/보조 활동		어떤 활동을 할까 + 아이들은 어떻게 놀고 싶을까 아이들은 어떻게 확장하고 변형할까
발문 및 설명		어떤 질문, 설명을 할까 + 아이들은 무슨 말을 하고 싶을까 아이들은 무엇을 궁금해할까
활동 시간/순서		어떤 순서로 얼마 동안이나 할까 + 아이들은 어떤 순서로 하고 싶을까 아이들은 얼마 동안이나 하고 싶을까

표 11 · 아이 같은 상상력으로 만드는 각 요소별 구성계획

　　이렇게 활동과 관련해 주제, 재료, 활동, 발문, 순서와 시간까지 아이의 눈으로 수업을 상상하고 수업을 열어놓게 되면 그것만으로도 수업의 결이 크게 달라집니다. '박스로 집 만들기' 수업 예시를 가지고 아이 같은 상상력을 활용한 새로운 요소별 구성계획을 짜보려 합니다. 표 하나하나의 내용을 살펴볼 때 마치 여러분이 주제와 재료, 활동 등의 계획을 직접 세우는 것처럼 상상하면서 읽어내려가보기 바랍니다. 몇몇 항목을 보면서 '평소 내가 떠올리는 아이디어와 다르지 않네.'라고 여길 수 있지만 교안을 펴놓고 그냥 써내려

가는 식이 아니라, 브레인스토밍과 같은 창의적 사고기법을 활용하여 각 요소요소마다 '우리 반 아이라면~, 내가 아이라면~'이라는 가정을 끊임없이 해야 한다는 것을 염두에 두도록 합니다.

주제 중심주제 + 아이들은 무엇을 하고 싶을까	**중심주제** : 빈 박스로 집 만들기
	• 아이들은 박스라는 재질(종이)에 관심을 가질 수도 있어. • 빈 박스 재활용(리사이클링)에도 관심을 가질 수 있겠지. • 네모라는 도형, 구조도 재미있어 할 것 같아. • 아이들은 대부분 아파트에 사는데 집을 그릴 때는 모두 뾰족한 지붕 집을 그리니까, 다양한 집 이야기를 해보아도 재밌겠네. • 다양한 집(병원, 소방서, 유치원 등) 안에 있는 사람들과 물건들을 활용해 극놀이를 해도 재미있겠다.
	예측 보조주제 : 종이, 재활용, 다양한 집

재료, 도구 중심재료 + 아이들은 무엇을 하고 싶을까 / 무엇을 어떻게 쓸까	**중심주제** : 빈 박스, 색종이, 물감 등
	• 요즘은 우리 아이들이 색칠하는 것을 일로 여기는 것 같아. • 같은 색칠도 더 재미있게 하는 방법이 없을까? • 박스가 큰 편이니 작은 붓 대신 손바닥으로 칠해보고 싶어. • 손바닥에 묻는 게 싫은 친구는 큰 스펀지를 주면 어떨까. • 익숙한 색종이 대신 헌 잡지를 뜯어서 붙여보면 재밌겠다.

	• 양면테이프가 있으니 폼폼이나 나뭇잎, 스팽글 등 여러 재료를 붙여봐야지. • 다양한 눈코입 모양을 만들어 내 집에 붙여보면 어떨까. • 색칠에 집중하는 것보다 박스와 박스를 연결하는 구조물 작업을 하면 마치 건축가가 된 것처럼 신날 것 같아. • 자신만의 집이 될 수 있게 아이들 얼굴 사진을 프린트해서 잘라주거나, 집 이름을 지어 문패를 만들면 좋겠어. • 아이들이 하는 활동을 보다가 필요한 것을 갖다 줘야겠네. **예측 보조주제** : 잡지, 스펀지, 양면테이프, 나뭇잎, 폼폼이, 스팽글 등
	중심주제 • 빈 박스 꾸미고 집 만들기 • 자신이 꾸민 집 소개하기
주 / 보조 활동 중심활동 + 아이들은 무엇을 하고 싶을까 / 어떻게 놀까	• 아이들은 박스를 보자마자 그냥 만지고 갖고 놀고 싶을 것 같아. • 박스를 썰매처럼 타고 싶고, 거꾸로 머리에 쓰고 싶을 거야. • 친구들과 박스를 높이 들고 뛰고 하겠지, 힘자랑도 하고! • 박스에 구멍이 뚫려 있다면 알아서 "창문이다! 문이다!" 하고 극놀이하며 놀기도 하고, 뚫린 구멍으로 팔이나 얼굴을 넣어보겠지. • 나라도 박스를 쌓고, 쌓은 박스를 무너뜨리고도 싶을 것 같아. • 양면테이프 떼는 것을 좋아하니 스스로 양면테이프를 떼고 끈끈이 부분에 원하는 것을 골라 붙이도록 하면 좋겠어

- 박스에 물감을 칠할 때 아이들이 손이나 스펀지로 넓은 면을 직접 발라보면 붓질보다 재미있겠네.(직접 물감 튜브 짜는 것도 좋아하니까 작은 약통에 물감들을 넣어 준비해주면 되겠다.)
- 집이 만들어지는 순간 시키지 않아도 소품들을 갖고 와서 극놀이를 하고 있을 것 같아. 스스로 집을 소개하고 친구 집에도 놀러 가고.(내가 방해만 하지 않으면 될 거야. 손님으로 놀러 가줘야지.)

예측 보조활동
- 박스 재료 탐색놀이(색, 모양, 냄새 등)
- 박스에 타서 친구와 끌어주고 숨기 놀이
- 꾸민 박스를 쌓아 아파트 만들기
- 아파트 무너뜨리고 다시 쌓기 놀이
- 뚫린 구멍으로 머리와 팔을 넣고 움직이는 집이 되어 다양한 움직임 놀이
- 각자의 집에 살 것 같은 장난감 가져와서 서로 초대하고 소개하는 극놀이

발문 및 설명

중심발문과 설명
+
아이들은 무엇을
듣고 말하고 싶을까 /
어떤 이야기가
아이들의 상상력을
확장해줄까

중심발문과 설명
- 자신이 만들 집에 대한 이야기와 질문
- 친구들이 만든 집에 대한 감상과 질문
- 집의 소중함과 집의 역사, 종류

- 집에 관한 변형된 질문을 하면 재미있을 것 같아.
- 집이 없다면? 집이 아주 작다면? 집이 너무너무 크다면?
- 매일 이사를 한다면? 집이 유치원이라면? 집이 차라면?
- 내가 움직이는 집이라면 어디로 갈까요?
- 모든 집이 움직이면 세상에는 어떤 일이 일어날까요?
- 집이 움직인다면 어떤 원리로 움직일 수 있을까요?
- 우리 반 아이들 대부분이 사는 아파트에 대한 이야기도 좋겠다.

- 아파트는 얼마나 높을 수 있을까요? 몇 층에 살고 싶나요?
- 아주아주 높은 곳에 살면 어떤 일이 생길까요?
- 아파트를 좋아하는 동물과 싫어하는 동물은 어떤 게 있을까요?
- 서로의 집에 찾아가는 극놀이도 정말 재미있을 것 같아.
- 선생님이 친구네 집에 가고 싶은데 선물로 무엇을 갖고 갈까요?
- 우리 집을 누군가에게 나눠준다면 누구에게 주고 싶나요? 왜요?
- 우리 집에 누구를 초대하고 싶나요? 오면 무엇을 자랑할 건가요?
- 자료로는 다양한 종류의 집들을 준비하면 좋을 것 같아. 개미나 거미가 사는 집부터 가우디 같은 유명한 건축가의 집까지. 그리고 자동차나 나무 위, 절벽 위, 특수한 집들의 사진도 재미있겠다.
- 전환할 때를 제외하고는 따로 아이들의 놀이나 활동을 멈추고 질문이나 설명을 하지는 말아야지. 놀이 속에서 자연스럽게 발문과 설명을 하고 아이들 스스로 답을 찾을 수 있게 해줘야지.

예측 보조발문과 설명
- 아이들의 보조 활동에 따라 열린 질문 준비
- 확장수업까지 대비한 다양한 집에 대한 자료 준비

활동시간 / 순서	상상한 내용과 상황에 따라 순서와 시간 정하기
아이들은 어떤 순서로 하고 싶을까 / 아이들은 얼마 동안이나 하고 싶을까	• 박스를 보면 여러 놀이를 하고 싶겠지만 박스가 너무 상하면 집 만들기를 할 수 없으니, 박스 활동을 집 만들기 전과 후로 나누어 해야겠어. • 중간 중간에 자연스럽게 극놀이나 움직임 놀이로 연결될 경우 일부러 중단시키지 않는 게 좋을 것 같아.

- 정리하는 습관을 기르는 것도 중요하니 자신이 쓴 재료는 보관통에 넣는 시간도 준비해야겠어. 도구들이 자기 집을 찾아가는 것으로 수업을 연결해주면 집에 대한 수업의 마무리로 적절할 것 같네.
- 아이들이 어떠한 활동으로 시간을 더 쓸지 모르니 각 활동은 15분을 기준으로 하되, 일단은 아이들의 관심과 흐름을 살펴보면서 유연하게 조정할 테야.
- 아이들이 시간 내에 집 만들기를 완성하지 못하면 어떻게 할까? 원장님과 상의해서 꼭 완성작이 필요하다면 다음시간까지 이어서 두 번 하는 것도 고려해봐야겠어. 아이들이 빨리 완성하지 못했다고 해서 대신 해주거나 재촉하거나 비난하는 일은 누구에게도 도움이 되지 않아.

내용을 정리하여 순서를 간략히 정리

- **도입** : 다양한 집 사진 감상 및 이야기 나눔
- **활동**
  - 빈 박스 재료 탐색놀이
  - 박스 끌기, 들기, 숨기 등 박스놀이
  - 원하는 재료를 선택하여 박스 집 꾸미기
  - 꾸민 박스로 자유롭게 극놀이하기
  - (박스를 쓰거나 팔을 끼워 움직이는 집놀이)
  - (박스를 쌓아 아파트 만들고 무너뜨려보기)
- **마무리**
  - 극놀이로 자기가 만든 집 소개하고 친구들 집 감상과 방문 놀이
  - 재료들을 제자리(재료의 집)에 정리정돈

* ( ) 활동은 아이들의 흐름에 따라 진행

* 발문과 설명은 중간 중간 놀이 파트너로 진행

표 12 • 아이 같은 상상력으로 만드는 '박스로 집 만들기' 요소별 구성계획

우리가 기존에 예술수업 계획을 세울 때에도 아이디어를 내는 과정, 도구와 활동을 정하는 과정이 있었지만, 위의 표를 여러분이 직접 짜는 듯이 소리 내어 혹은 마음속으로 집중하여 읽어보았다면 한 가지 차이점을 느꼈을 것입니다. 바로 무엇을 중심으로 각 요소에 대한 아이디어를 내느냐 하는 점입니다. 다음의 표와 같이 아이들이 무엇을 할지, 무엇을 좋아할지를 상상하고 예측하여 도출한 아이디어는 교사의 경험이나 감, 교재, 교구에 의해 도출된 아이디어와는 출발부터 전혀 다르고, 수업계획은 물론 그 과정과 결과에서도 큰 차이를 갖게 됩니다.

	수업계획	수업과정	수업결과
교사중심 예술교육	교사의 경험과 감, 교재, 교구, 자료를 참고로 계획	교사의 지시에 따른 활동 진행	교사가 계획한 진도 및 결과물
아이중심 예술교육	교사의 창의적 사고를 바탕으로 아이 같은 상상력으로 계획	교사의 계획에 아이의 새로운 상상력이 더해짐. 교사의 부연과 도움으로 활동 확장	교사가 아이 같은 상상력으로 계획한 활동과 결과 혹은 유아들의 변형에 따른 새로운 결과

표 13 · 교사중심과 아이중심의 수업 계획, 과정, 결과 비교표

유아들은 상상력과 창의력이 무궁무진하지만 현실에서 이를 어떤 방식으로 구현할 수 있는지에 대해서는 능숙하지 않습니다. 유아들이 어떤 것을 하고 싶어 할지를 고려하여 수업을 구성하면 유아들

이 상상만 하고 실현해보지 못한 것을 직접 경험해보도록 도와줄 수 있을 뿐 아니라, 아이들이 미처 생각하지 못한 상황과 과제를 마주하게 함으로써 상상력과 창의력을 한층 더 키워줄 수 있습니다. 예시와 같이 '박스로 집 꾸미기' 활동에만 오롯이 시간을 할애한다면 아이의 상상력은 어떤 색을 더 칠할지, 어디에 칠할지, 다 칠하고 나면 어떤 모양일지 정도에 그치게 됩니다. 그러나 다양한 질문과 이야기가 이루어지고, 자신이 꾸민 집에 친구를 초대하는 놀이를 하거나, 그 집을 쓰고 움직이는 집이 되어보거나, 친구들과 같이 박스를 쌓아 아파트를 만들어보기까지 한다면 같은 박스 집 만들기 활동이라도 아이들의 뇌에서는 더 풍부하고 강렬한 창의성의 폭죽이 터지게 될 것입니다. 실제 '박스로 집 꾸미기' 활동이 움직이는 집놀이로 확장되었을 때 만5세 아이들이 하는 이야기를 한번 들어볼까요?

"이렇게 움직이면서 한 달은 미국에, 한 달은 중국에 갈 거예요."

"나는 아빠 회사에 데리러 가는 집이에요. 퇴근하면 차 타지 않고도 바로 집에 올 수 있어요."

"우리 집이랑 태영이 집이랑 이렇게 쌓으면 아파트가 돼요. 화장실에서 물 내리면 태영이 집으로 내려가요. 똥이 내려가요."

"나는 제일 큰 집이에요. 우주정거장처럼 다른 집들이 돌아다니다가 다리가 아프면 우리 집에 들어와서 놀다 가게 해줘요. 공짜로요."

이처럼 '아이들이 하고 싶은 것이 무엇일까'를 생각하면서 아이중심·놀이중심의 주제와 재료, 활동과 발문 등의 요소를 계획한다면 아이들은 창의력을 한껏 발휘하게 될 것입니다. 더불어 예술가는 자신의 수업이 창의적이어야 한다는 압박감을 줄일 수 있고, 유아교사는 바뀐 누리과정이 주는 부담과 수고를 많은 부분 덜어낼 수 있습니다. 또한 '박스를 탐색해보면서 갖고 놀고 - 박스를 집으로 꾸미고 - 꾸민 집을 입고 놀아보고 - 마을놀이로 놀아보기' 와 같은 식으로 다양한 수업이 연결되면, 유아들의 집중력을 지속시킬 수 있을 뿐만 아니라 자연스럽게 융합수업이 되는 효과도 얻을 수 있습니다.

주의할 점은 다음 활동으로 전환하기 위해 아이들을 재촉하거나 급하게 마무리 짓지 않는 것입니다. 계획한 수업내용도 언제든 바뀔 수 있음을 기억하고 아이들의 상황과 주어진 시간에 따라 잘라내기도 하고 추가하기도 하면서 유연하게 따라가도록 합니다.

계획한 교사는 당황하고 상상한 교사는 즐긴다

이렇게 아이들이 하고 싶어 할 수업을 상상하여 프로그램을 준비하고, 아이들의 상상력을 더하여 과정과 결과를 전개해가면 수업을 대하는 예술교사의 자세도 달라지게 됩니다. 심리학자들은 인간

관계나 자존감을 망치는 원인 중 하나가 바로 내가 생각하고 기대한 대로만 상황과 사람들이 움직이기를 바라는 것이라고 이야기합니다. '나는 이렇게 하길 바라는데 왜 저 사람은 저렇게 할까, 왜 내 생각과 다른 상황이 벌어질까, 왜 내 뜻대로 하지 않을까', 이런 생각이 많으면 많을수록 실망이나 좌절감, 미움과 같은 부정적 감정이 끊임없이 생긴다는 것입니다.

그러나 다른 사람들은 나의 기대를 충족시키기 위해 사는 것이 아닐 뿐만 아니라 전 세계 인구수만큼 다양한 생각과 가치관, 욕구가 존재합니다. 하물며 아직 태어난 지 10년도 채 안 된 우리 아이들은 더하겠지요. 하루에도 셀 수 없을 만큼 많은 의심과 도전, 변화를 통해 자아개념을 만들어가고 있으니까요. 그렇다 보니 유아들은 눈앞에 보이는 물건이나 상황에 대해 즉흥적이고 본능적으로 반응할 때가 많습니다. 이런 아이들에게 어떤 행동과 결과물에 대한 기대를 하거나 통제하고 싶은 마음을 가지는 것은 유아예술교육에 전혀 어울리지 않을 뿐 아니라, 교사 스스로 상처받거나 실망하거나 아이들을 더욱 통제하는 권위의식을 키우게 될 위험이 있습니다.

오히려 아이들이 매순간 바뀌면서 다양하고 새로운 모습을 보여주는 게(그것이 때로는 사고뭉치나 말썽꾸러기로 보일 수 있지만) 이상하고 당황스러운 일이 아니라 아이들의 삶에서 내일도 모레도 일어날 당연한 일임을 인정하고 그대로 끌어안기 바랍니다. 그러면 수업 중 아이들에 의한 돌발상황이 생겨도 이해가 되면서 교사 자신의 마음이 긍정적이고 편안해질 수 있기 때문입니다. 예를 들어볼까요? 수채화 물감으로 그림을 그리는 도중, 한 아이가 붓으로 자기 팔에, 심지어 친구의 몸에까지 색칠을 해주고 같이 큭큭 웃고 있다고 가정해봅시다. 또 탬버린을 두드려보는 중 누군가 발로 혹은 팔꿈치와 자기 턱, 심지어 엉덩이에 대고 탬버린을 친다면 어떨까요? 이런 상황을 마주할 때 교사는 보통 다음 세 가지 중 하나를 선택하게 될 것입니다.

첫 번째. 당황하여 아이를 제재하고 훈육한 뒤 제자리로 돌립니다. 그 사이 다른 유아들에게 일정 시간 관심을 놓치게 되고 제재당한 아이는 사기가 저하됩니다.

> "아휴, 물감을 팔에도 묻히고, 친구한테도 그러면 어떻게 하나요, 둘 다 이리로 오세요, 어서 닦아요."
> "탬버린은 손으로 이렇게 쳐야지, 발로 치면 망가질 수 있어요."

두 번째. 당황하였지만 순발력으로 상황을 넘어갑니다. 그러나 다시 아이를 제자리에 돌리고 활동의 한계는 넘지 못하게 합니다.

> "팔이랑 친구 옷에도 색칠해보고 싶었구나. 괜찮아, 그러면 이제 다시 자리에 와서 종이에 그려볼까요?"
> "탬버린을 발이나 팔꿈치로 치면 어떤 소리가 나는지 궁금했나 보네요, 이제 친구들처럼 같이 손으로 이렇게 쳐볼까요?"

마지막 세 번째, 가장 이상적인 방법은 지금까지 이야기해온 것처럼 수업을 준비할 때 이미 아이들이 하고 싶어 할 만한 것을 상상하고 예측하여 활동에 적용하는 것입니다. 오히려 아이들이 그런 기미를 보이거나 눈치를 볼 때 나중에 할 것이라고 기대를 심어줄 수도 있고, 유연하게 순서를 바꿔서 함께하도록 유도해볼 수도 있습니다.

(유아들이 몸에 색칠하고 싶을 것을 예측, 마무리 활동으로 준비)

"수채화 물감은 물에 섞어 그리지요? 물에도 잘 씻기는 물감이에요. 그래서 우리 몸이나 옷에 묻어도 잘 지울 수 있지요.

종이에 그림을 다 그렸으니까, 이제 해보고 싶은 친구들은 자기 손을 예쁜 색으로 한번 칠해볼까요? 물로 씻으면 다 지워지니까 빨간 손, 파란 손, 노란 손, 원하는 색으로 손을 한번 변신시켜봐요! 와, 멋지다!

그럼 이번엔 내가 그린 그림에 도장처럼 색깔 손을 꾹 찍어볼까요? 옆에 있는 친구와 악수도 한번 해보세요! 어떤 색이 섞였나요?"

(유아들이 탬버린을 탐색하는 방법 중 하나로 온몸을 써서 소리를 내볼 수 있게 사전활동으로 준비함)

"탬버린은 두드려서 소리가 나는 타악기지요. 손으로 박자 치는 방법을 배우기 전에, 우리 몸 어디로 쳤을 때 가장 멋진 소리가 나는지 한번 볼까요?"

(몸으로 치는 아이가 있는 것을 보고 유연하게 확장)

"손 말고 다른 곳으로도 쳐보고 싶구나! 자, 그럼 다 같이 머리로도 쳐보고, 엉덩이로도 쳐보고, 팔꿈치로도 쳐보고, 또 어디로 연주해볼 수 있을까요? 음악을 틀어줄 테니 친구들이 온몸을 써서 가장 멋지게 소리가 나도록 탬버린을 한번 연주해보세요!"

만약 교사가 물감을 준 순간 아이들이 자기 손에 바를 것을 예측하거나 내가 아이라도 그러고 싶을 것 같다고 상상하여 수업을 준비했다면 첫 번째 교사처럼 아이의 행동이 돌발행동, 문제행동으로 여겨지지 않을 것입니다. 만약 탬버린을 손으로만 쳐야 한다고 계획한 교사라면 머리나 엉덩이로 치는 아이가 당황스럽고 말을 잘 듣지 않는다고 생각될 것입니다. 그러나 미리 그것을 상상하고 예측하고 탐색활동 중 하나로 준비하였다면 어떨까요? 오히려 창의적이고 재미있는 아이로 여겨질 것입니다.

결국 예측 불가능한 상황이 벌어졌을 때나 예술교사의 계획과 다르게 수업이 흘러갈 때, 당황한 모습으로 수업을 망칠 것인가 아니면 아이들의 상상력을 존중하여 창의적이고 확장된 수업이 되도록 할 것인가는 예술교사의 선택에 달려 있습니다. 수업을 구성하는 과정에서 아이처럼 상상하고 예측하였는지, 수업을 하면서 아이들의 다양한 상상력을 존중하는지, 그리고 아이들의 호기심 가득한 특성을 어떤 시각으로 바라보는지에 수업의 질이 달려 있는 것입니다.

"당신에게도 유치원생 시절이 있었다. 그때 당신은 인류 최고 수준의 공감 능력과 창조적 상상력을 소유하고 있었다. 당신은 세상에 물들어가면서 두 능력을 잃어버렸다. 이제 되찾을 때다. 당신 안의 어린아이를 다시 발견하라. 그 아이와 대화하라. 그 아이와 마음껏 노래하고 춤추라. 때론 놀이터로 가라. 거기서 아이들과 함께 놀아라. 그러면서 배워라. 자유롭게 마음껏 노는 법을! 그렇게 당신이 당신 안의 어린아이를 다시 만날 때 당신의 공감 능력과 창조적 상상력은 자연스럽게 회복된다. 비록 어른이어도 언제나, 언제까지나 내면에 유년 시절의 자기 자신을 갖고 있는 사람은 인공지능에게 대체될 수 없다. 인공지능은 유년 시절이 없기 때문이다. 그러니 힘써 다시 아이가 돼라."

– 《에이트 : 인공지능에게 대체되지 않는 나를 만드는 법》중에서

예술교사 여러분! 힘써 다시 아이가 되기를 바랍니다. '놀아 주는' 것과 '같이 노는' 것은 분명 다릅니다. 경험이나 자료를 찾아 수업을 짜내는 것과 아이로서 하고 싶은 수업을 상상하는 것도 다릅니다. 수업의 결과물을 내기 위해 아이들을 끌고 가는 것과 수업 중에 아이들의 상상력과 의견을 반영하며 아이들과 함께 가는 것도 전혀 다릅니다. 우리 아이들에게 드러나는 표정과 태도, 말은 예술로 어떠한 정서를 경험하였느냐에 따라 달라집니다. 더욱 중요한 사실은 이 변화가 교사에게도 똑같이 적용된다는 점입니다. 교사 역시 아이들과의 즐겁고 신나는 수업을 한 번, 두 번 경험하다 보면 스스로 아

이중심·놀이중심의 창의적인 예술수업을 만들어가고 있다는 자부심과 긍지, 행복감을 찾게 되고, 표정과 태도, 말에도 변화가 드러나게 될 것입니다. 오늘의 유아예술교육 현장에서 가장 먼저 필요한 것은 바로 이렇게 아이와 교사의 표정과 정서가 변화되는 것 아닐까요? 우리가 힘써 아이가 되고, 아이같이 상상하는 예술교사가 되어야 하는 이유가 바로 여기에 있습니다.

4

예술수업을 위한
몇 가지 실전 지침

케네디 대통령은 아일랜드의 소설가 프랭크 오코너의 이야기를 자주 언급했다.
열망을 향한 예술가의 대담한 마음가짐을 그대로 보여주는 이야기였는데,
그 내용은 이렇다.
오코너와 그의 친구들은 시골길을 따라 걷고 있었다.
그런데 과수원의 높은 담이 그들을 가로막았다.
그들은 담을 넘을 수도 없었고, 여행마저 중단될 위기에 놓였다.
그때 그들은 모자를 벗어 담 너머로 던졌다.
모자를 찾기 위해서라도 담을 넘을 수밖에 없었던 것이다.

| 에릭 부스, 《일상, 그 매혹적인 예술》 중에서 |

줄리아드 음대와 링컨센터 등에서 30년 넘게 예술교육에 헌신해
온 예술교육가 에릭 부스는 지금도 우리나라를 비롯한 전 세계 예
술교사들에게 영감을 주며 현대 예술교육계의 살아있는 거장이자
가장 창의적인 예술교사로 평가받고 있습니다. 에릭 부스가 특별한
예술교육가로 여겨지는 것은 그가 예술을 전문가에 의한, 전문가를
위한 것으로 여기는 것이 아니라 학생들의 삶 가장 가까이에 있으

며, 심지어 예술이라 느껴지지 않는 평범한 삶에서도 예술을 발견하고 가르칠 수 있다고 이야기하기 때문입니다. 심지어 그는 줄리아드 음대와 링컨센터와 같이 엘리트 예술가들이 모여 있는 곳에서 일하는데도 말입니다.

최근의 예술교육, 그리고 전반적인 교육의 흐름은 학생들의 삶과 동떨어진 학문이 되는 것을 경계하는 방향으로 가고 있습니다. 수포자(수학포기자)를 만드는 교육이 아닌 삶과 연결된 수학과 과학 그리고 예술을 가르치는 방향으로 바뀌고 있습니다. 아이중심·놀이중심의 예술교육 또한 이런 흐름과 일맥상통합니다. 이번 절에서는 유아문화예술 수업을 계획하고 교안을 작성할 때 상상력과 상호작용 이외에 추가로 고려해야 할 것들에 대해 이야기하려 합니다. 모든 것을 담지는 못하겠지만 비슷한 의문을 갖고 있었다면 참고할 수 있도록 주요한 몇 가지를 살펴보겠습니다.

● Eric Booth(1950.~), 미국의 연극배우 출신으로 1970년대 말부터 30년 넘게 예술가들의 교육적 역량과 학생들의 예술성과 창의성을 키우기 위해 활동하고 있다. 2015년 미국 예술교육 분야의 가장 큰 상인 '예술교육상(ARTS EDUCATION AWARD)'을 수상하였고, 끊임없이 기술적인 예술교육이 아닌 삶과 연결된 창의적 예술교육을 강조해오고 있다. 유아에 초점을 두고 있지는 않지만, 예술가와 학생들의 삶과 좀 더 밀접한 예술교육에 관심이 있다면 그의 저서 《일상, 그 매혹적인 예술》(2009, 에코의 서재)과 《음악을 가르치는 예술가》(2017, 열린책들) 등을 참고할 만하다.

아이중심·놀이중심 수업에서도
주제가 필요한가

아이중심·놀이중심의 예술수업에서도 주제가 필요할까요? 그것도 교사 위주의 계획은 아닐까 궁금증이 생길 수 있습니다. 시기별, 혹은 연령별로 적합한 주제를 정하는 것은 수업의 방향을 명확히 하고 아이디어를 모으고 수업 준비를 하는 데 도움이 됩니다. 그래서 지금까지 거의 모든 유아교육기관은 월안, 주안, 일안의 세부적인 주제와 계획에 따라 수업을 해왔으며, 예술가들도 유아들을 만날 때 나름대로의 정해진 주제를 가지고 수업을 하는 것이 일반적이었습니다.

그런데 개정된 누리과정에서 주목할 점은 유아들이 제시하고 만들어가는 방향도 허용하고 지지해주어야 한다는 내용입니다. 만약 교사가 '우주'를 주제로 마블링 기법을 통해 행성을 표현하는 활동과 우주에 관한 여러 가지 자료를 준비하였다고 가정해봅시다. 그런데 마블링 활동을 하던 아이들이 자신의 느낌에 따라 "우리는 바다를 그렸어요!"라고 하면서 바다이야기와 바다놀이를 하고 싶어 한다면 어떨까요? 지금까지는 "그래, 바다 같을 수도 있지만 이건 멋진 행성이니 우리 우주에 대해 계속 이야기해볼까?"라고 계획된 주제로 다시 데리고 오게 마련이었습니다. 계획된 진도를 빼지 못하거나 완성작이 나오지 않으면 수업을 제대로 하지 않았다는 평가가 따라올 수 있었기 때문이지요.

그러나 이제는 유아들이 스스로 느끼고 배우고자 하는 방향을 따라가 주어도 괜찮다, 그 또한 좋은 수업이다, 라고 허용되고 지지받을 수 있는 상황이 되었습니다. 무엇보다 우리가 하는 수업은 정답과 진도가 있는 것이 아닌, 아이들의 상상력과 변형, 확장이 허용되어야 하는 예술수업인 것입니다. 교사가 설정한 주제대로 꼭 이어가야 한다는 부담을 내려놓고, "그래, 그러고 보니 정말 바다 같기도 하구나! 그럼 여기 바다에는 누가 살까요? 우주에도 바다가 있을까요? 바다는 어쩜 이렇게 예쁜 색이 날수 있을까요? 자기가 그린 바다에 이름을 붙여줘 볼까요?"와 같이 아이들의 흐름을 수용하고 확장해주는 진정한 아이중심, 놀이중심의 활동에 적극 도전해볼 때가 되었습니다.

그러므로 계절에 따라, 기관이나 교사의 의도에 따라 주제를 잡고 수업을 준비하되, 그 주제와 소재를 대할 때의 마음만큼은 '아이들이 언제든 스스로 바꿔갈 수도 있다'라는 여유와 틈을 허용하도록 합니다. 교사 스스로 이 주제와 과정을 꼭 끝내야 한다는 목표의식이나 부담감을 내려놓는 것이 필요하며, 아이들의 다양한 반응과 요구를 조금이나마 미리 예측할 때 더 큰 유연함을 가질 수 있을 것입니다.

예술수업도 수업계획안이 필요할가

때때로 수업계획안을 위해 아이디어를 내고 양식에 맞춰 작성하는 것은 바쁜 교사들에게 무척이나 번거롭고 귀찮은 일로 여겨집니다. 가끔은 예술교육 지원사업이나 학교 예술수업에서 수업계획안이 창의적인 예술수업에 방해만 될 뿐, 왜 써야 하는지 모르겠다고 이야기하는 예술교사를 만날 때도 있습니다. 이럴 때면 여러 가지 생각이 듭니다. 혹시 창의적 수업을 방임적 수업과 혼동하고 있는 것은 아닌지, 혹시 계획서를 쓰는 것이 귀찮고 어려운데 핑계가 필요한 것은 아닌지, 혹시 애초에 창의적인 계획이 없고 현장에서 즉흥적으로 쉽게 해결하려는 마음은 아닌지 하고 말입니다. 불편한 이야기일 수 있지만 우리의 마음을 들여다봐야 합니다. 그리고 명확한 대상자(학습자)가 있는 '예술교육'은 나 혼자 내 작업실에서 예술작업을 하는 것과는 엄연히 다르다는 것을 인정해야 합니다. 교사의 권위나 의무가 아닌 아이들을 만나기 위한 예술교사로서의 기본적인 역할과 자세를 말하는 것입니다.

유아예술교육에서 수업계획안은 단순한 요식행위가 아닙니다. 계획안을 작성하다 보면 기본적으로 얼마간의 시간 동안 어떠한 흐름으로 수업이 이루어질지 예측할 수 있습니다. 준비물을 구비하면서 놓치는 건 없는지 체크할 수도 있고, 수업에 대한 발문과 자료들을 챙기면서 동시에 수업 중 일어날 수 있는 다양한 상황에 대비도 할 수 있습니다. 학부모나 유아교육기관 운영자, 그리고 다른 교사들 사이에서도 수업계획안은 효과적인 소통과 공유의 수단이 됩니다. 아이들과 관계된 이들과 활동에 대해 소통하고 공유하면 다른 수업시간에도 그 활동과 관련한 융합과 확장이 이루어지는 효과를 볼 수 있습니다. 오늘 무슨 예술활동을 하였는지 담임교사와 학부모가 알고 있다면 아이들에게 질문 하나, 반응 하나도 다르게 할 수 있을 테니까요. 또 수업계획안은 몇 년이 지난 뒤에도 다시 보완해서 다른 수업에 응용해볼 수 있는 소중한 자료가 되기도 합니다. 무엇보다 문서는 생각을 글로 표현한 것이지요. 만약 진정 아이와 같은 마음으로 아이들과의 수업을 상상해본다면, 그때 떠오르는 수많은 아이디어와 즐거운 상황들을 도대체 어떻게 적지 않고 견딜 수 있을까요.

수업에서의 융통성은 언제든 허용됩니다. 오히려 이 책 전체를 통해 수업계획을 넘어서는 교사의 융통성과 창의적 사고, 역할 변화를 적극적으로 지지하고 있지요. 여기서 한걸음 더 나아가 계획안 짜는 일을, 어떻게 하면 아이와 이 소중한 예술을 나누고 함께 놀 수 있을지 상상하며 고민하는, 조금은 두렵고 설레는 과정으로 여기고 그 또한 즐겨보자고 이야기하고 싶습니다.

수업시간은 얼마나, 어떻게 구성할 것인가

기본적으로 유아교육기관이나 문화예술기관마다 주어진 수업시간이 있습니다. 수업시간은 이렇게 주어진 각 환경에 맞추어 설정하되, 기본적으로 15분 내외의 단위를 기준으로 활동을 진행하고 변형, 확장해주는 것이 좋습니다. 아이들이 아무리 자신이 좋아하는 율동이나 점프하기, 점토놀이와 같은 활동을 한다 하더라도 긴 시간 동안 변화 없이 완성에 대한 압박과 강압적인 지시가 느껴지면 언제 그것을 좋아했냐는 듯 관심을 잃게 됩니다.

그러므로 한 수업시간에 여러 가지 활동을 구성하되 이 또한 우리가 전통적으로 해온 '도입(수업소개/10분) – 전개(활동/30분) – 마무리(발표/10분)'와 같은 방식이 아니라, 아이 같은 상상력으로 끌어낸 여러 가지 활동을 고려해 시간 분배를 하도록 합니다. 이는 구슬처럼 병렬로 잇는 방식이어야 하며, 현장에서 아이들의 반응과 관심, 상황에 따라 유연하고 융통성 있게 바뀔 수 있다고 생각해야 합니다. 결국 아이들이 시간도 조절하게 될 것이라 생각하고 마음의 준비를 하는 것입니다.

'박스로 집 만들기' 수업을 하는데 만약 아이들이 여러 가지 다양한 집의 프린트물에 흠뻑 빠져 그것을 가지고 색칠하며 놀고 싶다고 한다면 그것도 '집'에 관한 충분히 좋은 수업이 됩니다. 혹은 교사가 예측한 것과 다르게 아이들이 주 활동인 집 꾸미기를 즐거워해 그 시간이 길어진다면 억지로 다음 활동으로 이어가는 대신 집중해 서 하고 싶은 것을 계속 하게 도와주는 것도 좋습니다.

새로운 누리과정에서는 일과시간표를 지키기 위해 아이들이 원 하는 활동을 중단하거나 방해하는 것을 지양하고, 좀 더 자율적으로 교실의 스케줄과 프로그램을 운용하도록 제안하고 있습니다. 이에 대해 아이들에게 규칙과 질서, 시간 지키기를 가르치는 것이 예술보 다 중요하지 않느냐 반문할 수도 있을 것입니다. 그러나 우리 사회 는 아이들에게 예술을 제외한 다른 모든 시간에 충분히, 어쩌면 과 하게 규칙과 통제를 강제하고 있지는 않은가요? 특히 새로운 시대 를 이끌어간 빌 게이츠나 주크버그와 같은 인재들이 하나에 몰입하 면 몇날며칠이 지나는지도 모를 정도로 일을 놀이처럼 창조적이고 주도적으로 즐겼다는 것도 생각해보아야 할 지점입니다.

스스로는 아무것도 하지 못하고 선생님이나 상사의 눈치를 보면 서 "이 다음은 뭐 해요? 지금은 뭘 할까요?"라고 묻는 사람이 아니 라, 창의력과 주체성을 바탕으로 삶을 이끌어나가는 아이를 키워내 는 것이 예술교사라면 마땅히 가져야 할 사명일 것입니다.

예술 감상자료는 꼭 필요할까, 필요하다면 어떠한 것을 쓸까

제가 쓴 책《행복한 인재를 키우는 예술의 힘》에서는 예술교육에 있어 '감상', '창작', '기술', 이 세 가지가 반드시 함께 어우러져야 아이들에게 진정한 예술의 힘을 줄 수 있다고 강조하였습니다. 생각해보면 우리 예술교육이 지나치게 기술에만 의존하고 강조되어왔기 때문입니다. 음악교육에서 가장 대표적인 피아노를 한번 예로 들어보겠습니다. 대한민국 여성의 절반 이상이 피아노를 수년씩 배우지만 좋아하는 피아니스트 한 명 떠올리지 못하고, 피아노 앨범 하나 제 돈 주고 사지 않으며, 피아노 연주회에 가본 적도 없고, 무엇보다 오늘 느낀 감정과 떠오르는 영감을 피아노라는 도구로 표현해본 경험조차 없는 사람이 많습니다. 그렇기에 피아노 학원을 그만두는 순간 피아노를 팔고 나이가 들어도 평생 피아노와 관계없는 삶을 살게 되지요. 이러한 기형적인 현상을 낳은 교육이 예술교육자로서 양심을 걸고 결코 '좋은' 예술교육이라고 말할 수 없습니다. 아이들에게만큼은 제대로 된 문화예술교육을 지원해야 하며, 특히 '감상', '창작', '기술'의 세 가지 예술교육 영양소가 골고루 제공되어야 합니다.

다시 돌아와 유아기 감상교육에 대해 좀 더 자세히 이야기해볼까요? 유아에게는 명화를 보고, 명곡을 듣고, 무용 영상을 감상하거나, 직접 공연장에 가서 공연을 보는 것 모두 감상교육이 될 수 있습니다. 하지만 어른이 감상하는 것처럼 보여주고 들려주며 설명하기만 한다면 흥미가 크게 떨어질 수 있습니다. 우리는 학창시절 음악, 미술 등의 감상교육을 받았지만 감상의 실제 목적과 가치는 평가와 점수를 위해 화가나 작곡가의 이름, 작품명, 작품 사조를 외우는 것에 있었습니다. 그러나 감상의 원래 가치는 누구의 무슨 그림, 누구의 어느 사조 음악인지는 몰라도 나에게 어떤 느낌을 주고 어떤 말을 걸어오는지를 느껴보는 것입니다. 그러므로 만약 유아에게 감상자료가 꼭 필요하냐고 물어볼 때 그저 교사가 설명하기 위한 것이라면 유아예술교육에는 적합하지 않다고 봅니다. 때로는 몇 가지 완성된 작품이나 결과물을 먼저 보여주면서 교사가 칭찬을 했을 때 유아들은 그것이 칭찬받을 만한 것, 좋은 것이라고 여겨 자신의 창의력을 발휘하는 대신 예시로 보았던 것과 비슷한 표현을 하는 식으로 감상교육의 역효과가 나타나기도 하기 때문입니다.

그러나 만일 예술교사가 유아에게 감상자료를 설명용이 아닌 하나의 '놀잇감'으로 제공한다면 그에 대해서는 찬성합니다. 그것은 유아의 흥미와 관심, 미적 수준을 높이는 매우 좋은 감상활동이 될 수 있기 때문입니다. 음악을 들으며 박자나 소리에 따라 움직임 놀이를 하거나, 명화들을 그림카드처럼 바닥에 깔아놓고 놀이의 도구로 사용하는 식으로 말입니다. 그러면 그것이 몇 세기에 활동한 누구의 작품인지는 몰라도 놀이를 위해 집중하면서 음악을 듣는 귀를 열고, 그림을 보는 눈을 갖게 됩니다. 또 그런 예술작품들을 생활 속 놀잇감처럼 친숙하고 편안하게 여기며 즐길 수도 있게 되지요. 우리 주변에서는 미술사, 음악사를 달달 외웠던 시절이 있었음에도 어느새 예술 감상을 어렵고 따분하게 여기며 절대 가까이 하지 않는 어른들을 어렵지 않게 만나볼 수 있습니다. 예술교사가 예술로부터 학생들의 삶을 멀어지게 만드는 장본인이 된다면, 그것은 최악의 예술교사이자 예술교육이라고 감히 단언하고 싶습니다.

그러므로 아이들과 함께하는 감상교육은 철저히 아이중심·놀이중심이 되어야 하며, 더불어 다른 친구들의 작품을 감상하는 교육도 병행되어야 합니다. 유아들에게 '감상'은 다른 친구의 이야기와 감정, 표현과 생각을 나누고 존중하는 유익한 교육 도구가 됩니다. 친구들의 작품을 보면서 누가 더 잘하고 못했는지 비교나 평가를 하는 게 아닙니다. 내 생각과 표현, 내 감정이 소중한 것처럼 친구의 생각과 표현, 감정과 작품도 소중하다는 것을 알아가는 것입니다. 이를 위해 단순히 앞에 나와 발표하는 형식보다는 작품들이 서로 연계된 활동을 하거나, 다른 친구의 작품을 여러 명이 함께 소개하고 칭찬해보는 등 놀이처럼 긍정적인 정서로 접근하는 것이 좋습니다.

한글이나 영어, 수학과 같은 영역은 정답이 있을 뿐만 아니라 잘하고 못하고 빠르고 느린 것이 연령이 높아짐에 따라 더 많이 비교가 되지요. 유아들도 명확히 설명할 수는 없지만 본능적인 느낌으로 누가 더 잘한다고 평가받고 있는지 알아차리고 우월감을 느끼거나 좌절감을 느끼기도 합니다. 그러니 예술에서만큼은 대가의 작품이나 친구의 작품이나 자신의 작품이나 모두 소중하다는 것을 평가나 비교 없이 배워야 합니다. 대가의 작품이나 친구의 작품을 통해 그들이 하는 이야기를 듣고 내 마음이 느끼는 것에도 귀를 기울일 수 있어야 합니다. 그것이 자기 안에 스며들 때 모든 사람이 가치 있고 존중받을 만한 예술작품 같은 존재라 여기고 따뜻하게 소통할 수 있으며, 이야말로 예술에서 감상이 줄 수 있는 최고의 선물입니다.

교사와 예술가의 소통은 왜 중요할까

유아교육기관 내에서 자체적으로 이루어지는 예술수업은 유아교사가 세운 계획하에 사전, 사후 활동이 이루어지는 경우가 많습니다. 통합수업이 있을 경우 동년 교사 간 협력이 필요할 때도 있지만 그 외에는 대체로 스스로 계획하여 반별로 예술수업을 진행하지요. 그러나 새 누리과정의 시행으로 혼란기를 겪고 있는 만큼 유아교육기관 내 교사들 간의 소통은 더 중요해졌습니다. 새로운 형식의 수업이나 아이들의 피드백을 다양한 방식으로 공유하면서 교육공동체를 만들고, 이를 통해 실질적인 아이중심·놀이중심 철학을 기관의 교육 분위기로 뿌리내려야 하기 때문입니다.

특성화 활동이나 지원사업을 통해 외부에서 온 예술가들이 교사로서 유아와 만날 때에는 좀 더 다면적인 소통이 필요합니다. 특히 유아교사와 예술가 간 긴밀하고도 적극적인 상호작용이 있어야 합니다. 유아들이 있는 교육기관은 국가교육정책에 따르는 엄연한 학교이기에 서로 수업에 필요한 사항들을 충분히 공유하고 점검해야 합니다. 유아교사는 사전에 기관이 자리 잡고 있는 지역이나 기관 및 아이들의 특징을 참고할 수 있게 알려주고, 예술가는 어떤 수업을 할 것인지와 준비물, 유의사항 등을 알려주어 서로 협조와 조율이 충분히 이루어지도록 합니다.

만약 물감수업을 하는데 아이들이 옷을 버릴 수도 있다는 것을 담임선생님이 몰랐다거나, 북이 필요한 것을 미리 이야기하지 않아 다른 수업에서 북을 먼저 쓰고 있다면 수업이 제대로 이뤄지기가 어려울 수밖에 없습니다. 아무리 즉흥성이 강한 예술가라 하더라도 사전에 아이들이 사용할 도구나 안전, 상황을 충분히 점검하지 않는다면 제대로 된 수업을 할 수 없습니다. 따라서 조금이라도 걸리는 부분이 있다면 유아교육기관과 충분히 소통하여 곤란을 겪는 일을 줄여야 합니다. 더불어 기관에 짧은 기간만 방문하게 되는 예술교사의 경우, 사전과 사후에 어떠한 활동을 하면 본 수업에 더욱 도움이 될 수 있을지를 기관의 유아교사에게 전달해주는 것도 효과적인 예술수업을 위한 소통의 방법입니다.

유아예술수업은 무조건 신나고 빈틈이 없어야 할까

　한국문화예술교육진흥원에서 주관하는 유아문화예술교육 지원 사업을 컨설팅하면서 느낀 것은 유아예술교육에서 예술교사 스스로가 '잘해야 한다, 많은 것을 줘야 한다'는 부담을 내려놓지 못한다는 것이었습니다. 재료나 활동이 너무 많아서 아이들이 충분히 탐색과 놀이를 하지 못해 아쉬워하는 수업도 있었고, 잠시도 쉬지 않고 다음 과정과 놀이로 이어가 아이들이 벅차하는 수업도 많았습니다.

　수업을 빈틈없이 한다는 것은 예술교사가 그만큼 아이들에 대한 관심과 열정이 높고, 재능과 전문성이 있음을 보여주기도 합니다. 쏟은 노력과 에너지를 생각한다면 박수 받아 마땅한 것이기도 하지요. 그러나 한편으로는 유아예술교육이 지니는 '유아'와 '예술'의 가치나 특성을 오해하고 있는 것은 아닌가 하는 우려가 생겼습니다. 아이들이 마음껏 놀고 표현하도록 해주어야 한다는 것을 무조건 신나게 끊임없이 움직이도록 하면서 잠깐의 빈틈도 없이 꽉 채워야 한다는 것으로 오해하는 것은 아닌가 하는 생각이었지요. 그래서 최선을 다해 꽉 찬 수업을 끝낸 뒤 숨이 차 헉헉거리는 예술교사들을 격려하면서도 컨설턴트들은 어쩔 수 없이 기본으로 돌아가 아이들을 중심에 놓고 생각해야 한다는 점을 강조할 수밖에 없었습니다.

호기심이 많고 집중력이 짧다는 아이들의 특징을 고려해볼 때 그것을 넘어설 만큼 많은 것을 부어줄 필요는 없습니다. "이제 그만 내려놓고 이거 보세요." "이제는 이거 할 차례예요."라는 말이 수업에서 많이 사용되고 있다면 아이들과 교사의 속도가 어긋나고 있다는 증거입니다. 뛰고 움직이고 땀을 흠뻑 흘릴 만큼 노는 것도 아이들에게는 중요한 시간이지만, 동시에 함께 바닥에 누워, 혹은 가만히 서 있거나 아주 느린 걸음으로 걸으며 숨을 고르고 뇌가 전환될 시간을 주는 것도 중요한 감각경험의 시간이 됩니다. 무엇보다 아이들의 활동을 탐색하면서 어떤 시간을 늘리고 무엇을 줄여야 할지 아이들의 호흡에 따라 나의 계획을 조절해나가야 합니다.

예술수업이라고 해서 무조건 신나고 즐거워야 한다고 여기거나 쉴 틈 없이 채워야 한다는 생각을 갖고 있다면, 그 열정은 존중하고 싶지만 그 또한 교사중심의 생각은 아닌지 돌아보아야 합니다. 교사의 호흡이 아닌 아이들의 호흡과 눈빛, 활동을 관찰하면서 함께 만들어가는 수업, 무조건 밀어붙이기보다는 아이들과 밀고 당기며 뛰고 앉을 때의 느낌으로 함께 맞추어가는 수업이 될 때 예술교사에게도 아이에게도 편안한 예술교육, 즐기는 예술교육, 그리고 효과적인 예술교육이 될 것입니다.

몇 가지 궁금할 만한 이야기들을 살펴보았지만, 현장에서 예술교사들을 만나면 이 책에 다 담지 못할 만큼 다양한 고민과 질문을 들게 됩니다. '유아'라는 시기의 특성이 매력적이고 특별한 만큼이나 늘 다르고 어렵게 느껴지기 때문일 것입니다. 결국 유아예술교육의 목적은 '예술가처럼 하는 것Doing like an artist'이 아니라 '예술가처럼 생각하는 것Thinking like an artist'에 있음을 강조하고 싶습니다. 예술수업을 통해 이루어야 할 일은 예술가처럼 멋지고 대단한 작품이 나오도록 하는 것이 아닙니다. 예술가처럼, 아니 이미 최고의 예술가로 지금 시기를 보내고 있는 아이들이 자신의 생각과 상상을 그대로 표현하고 즐기게 도와주는 것입니다. 그 방법은 교사가 먼저 아이처럼 상상하고 아이들의 수업흐름을 따라가는 것입니다. 이 기준을 분명하게 갖는다면 우리가 예술수업에 대해 고민하는 많은 부분이 어느 정도 정리될 수 있을 것입니다. 아이 내면의 힘을 믿는 것처럼 교사 자신의 내면의 힘도 믿어보세요. 창의성이 살아나는 예술수업을 위해 불필요한 힘은 빼고, 내면의 아이가 가진 힘, 그리고 예술의 힘을 불끈 내어보기를 바랍니다.

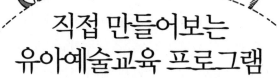

직접 만들어보는
유아예술교육 프로그램

저는 아틀리에를 지휘할 때, 꼭 지켜야 할 정말 중요한 규칙 몇 가지를 세우고는
나머지는 자율적으로 맡깁니다.
"앞에 있는 종이에 땡땡이 페스티벌을 그려주세요!"
"꼬불꼬불한 선들이 교통체증을 일으킨 모습을 보고 싶군요!"
이렇게 메가폰에 대고 소리치면 아이들이 얼마나 책임감 있게
맡은 일을 해내는지 모릅니다.
열정적으로 뭔가에 몰두하는 경험은 아이들에게 자긍심을 남깁니다.
하지만 아이들에게 뭔가를 가르치려고 이런 아틀리에를 하는 건 아닙니다.
이 모든 건 저를 위해 합니다. 제가 즐거워서 하는 예술입니다
| 에르베 튈레, 《유럽의 그림책 작가들에게 묻다》 중에서[51] |

이제 아이와 같은 상상력과 창의적 사고를 바탕으로 직접 자신
의 수업을 짜보는 연습을 해보려 합니다. 수업계획안을 작성해보는
것이지요. 비록 우리가 유아에게 맡기는 수업, 놀이가 되는 수업을
강조하고 있지만 그럼에도 교사는 수업계획안을 작성하여 계획을

보기 쉽게 시각화, 자료화하는 과정이 필요하다는 것을 앞서 이야기하였습니다. 그 교실, 그 시간을 상상하며 써내려간 한 장의 계획서는 우리가 처음 가보는 수업에서 길을 잃지 않게 도와주는 소중한 지도가 됩니다.

그러나 여기에서 예술수업 구성과정을 살펴보고 직접 짜보는 것이 절대 교안 한 장을 작성하기 위한 것만은 아닙니다. 교안은 일종의 출생증명서에 비유할 수 있습니다. 예술수업은 작은 영감과 상상력을 씨앗 삼아 그것을 키우고 확장하는 산고를 거쳐 아이들과 만날 때 비로소 생명을 얻게 됩니다. 과정과 탄생이 없다면 출생증명서를 쓸 수 없고 문서 자체가 목적이 될 수 없듯이, 예술수업과 교안은 창의적으로 만들어가는 과정에 집중할 때 제대로 된 의미를 가지게 됩니다. 늘 사용하는 교안 양식에 같은 양만큼 계획안을 작성했는데, 어떤 날은 왠지 휑하니 비어 보이고, 또 어떤 날은 가슴 뿌듯하게 가득 차 보이는 느낌이 드는 것이 바로 이 때문입니다. 칸의 여백을 채우기 위해 자료를 찾고 경험에 의지했던 기억이 있다면 이제 지워버리고, 제대로 된 아이중심·놀이중심의 마음과 준비, 설렘으로 가득 찬 예술수업을 함께 만들어보겠습니다.

● Herve Tullet(1958~), 프랑스 출신의 세계적인 베스트셀러 그림책 작가이자 창의예술교육가. 《우연놀이》 《구성놀이》 등 놀이연작 그림책을 발표하였으며, 우리나라를 비롯한 전 세계에서 전시와 예술교육 활동을 통해 영감을 주고 있다.

씨줄과 날줄처럼 엮는
예술수업 구성과정

　만약 우리가 어떤 건축가에게 지금껏 꿈꿔온 집의 건축을 맡긴다고 생각해봅시다. 건축가가 지붕에 자신이 있다고 기둥도 안 세웠는데 지붕부터 얹으려 하거나 지붕에만 엄청난 예산과 시간, 에너지를 쏟는다면 어떨까요? 또 건축하는 과정에서 단 한 번의 소통도 하지 않거나, 자기 할 말만 하거나, 자신은 전공을 했고 고객은 전문가가 아니니 자신이 지어준 대로 믿고 그냥 살라고 한다면 어떨까요? 저는 건축은 잘 모르지만 그 건축가가 명문대를 나오고 유명한 상을 받았다 하더라도 결코 그런 사람에게 제 '꿈의 집'을 맡기지는 않을 겁니다. 나름의 전문성을 갖추었지만 그 집에 살게 될 사람을 중심으로 고민하고 상상하고 점검하는 것을 중요한 과정이자 노하우로 여기는 건축가가 설계도도 제대로 그리고 집도 제대로 지을 것입니다.

　예술수업을 구성할 때에도 계획부터 실행까지 모든 과정에서 상상력과 에너지가 필요합니다. 예술 영역과 주제, 도구 등의 특성을 이해하면서 요소 하나하나를 정성스럽게 정리하는 과정을 거치되, 이 계획이 함께 수업을 하게 될 아이들 중심인지, 놀이중심인지 수시로 고민하고 점검해야 합니다. 이 과정을 정리해보자면 다음과 같습니다. 다만 이 순서는 교육환경과 상황에 따라 유연하게 바뀌기도 하고 합쳐질 수도 있습니다.

1. 출발점 설정

출발점은 예술활동의 확장을 위한 최초의 어떤 지점을 말합니다. 흔히 출발점을 주제와 같은 것이라고 생각하지만, 주제나 소재, 활동도 영감과 개념, 표현을 차용해올 근원이 필요하지요. 출발점은 그것을 얻는 바탕으로, 예를 들면 다음과 같은 것들이 있습니다.

- 공간적 출발점 : 공원, 미술관, 박물관, 유치원 등
- 장르적 출발점 : 미술, 음악, 무용, 연극 등
- 도구적 출발점 : 주방도구, 문방사우, 장난감, 자연물 등
- 타 영역 출발점 : 과학, 철학, 역사, 영어 등
- 인적 출발점 : 내부 교사나 팀의 인적 자원과 재능, 특별히 아이들과 만나게 될 사람, 기타 특정 사람 등
- 문화적 출발점 : 지역문화, 다문화, 절기문화 등
- 콘텐츠 출발점 : 공연관람, 체험전, 특정 캐릭터, 운동회 등
- 그 외 '주제 없는 예술수업', '재료를 정하지 않는 예술수업'을 하겠다는 것 자체도 하나의 큰 '출발점'을 가지는 것임.

출발점은 예술교사가 직접 선택할 수도 있지만, 견학이나 기관

행사 등 외부상황에 의해 미리 정해질 수도 있습니다. 교사에게 선택권이 있다면 교사 자신에게 먼저 영감을 주는 출발점을 선택하도록 하고, 이미 출발점이 정해져 있다면 그것을 탐색하여 아이들에게 좋은 예술적 영감을 줄 가치와 의미를 찾아내도록 합니다. 막연한 감으로 주제부터 잡는 것보다는 먼저 더 큰 틀에서의 출발점을 정하는 것이 이후 예술수업의 창의적인 확장에 좀 더 용이합니다.

2. 분석과 확장

출발점을 정하였다면 그것이 지닌 특성을 분석해보고, 그 특성에 따라 아이 같은 상상력을 가지고 예술활동으로 뻗어나가 봅니다. 아이들은 어떤 것을 하고 싶어 할지, 어떤 활동을 통해 미적 경험과 긍정적 정서를 느낄 수 있을지에 예술교사의 창의적 사고를 집중시키되, 브레인스토밍과 같이 가능한 한 많은 양의 아이디어를 내며 확장하도록 합니다.

3. 확장활동 점검

나열된 활동들에 대해 중간 점검을 하는 과정입니다. 어떤 활동이 아이중심, 놀이중심, 창의적인지, 그리고 다른 장르나 영역과의 융합이 가능한지를 살펴봅니다. 이러한 과정을 통해 유아예술교육으로서 적합한 활동과 수정해야 할 활동들이 어느 정도 구분되게 됩니다.

4. 수업명과 활동 선정

앞의 점검을 통해 걸러진 주요한 사항을 정리하는 단계입니다. 비슷한 연결점을 갖고 있는 활동들은 함께 모아 시너지를 내도록 하고, 장소, 상황이나 시간, 예산, 안전성 등을 고려해 필요할 경우 과감히 잘라내기도 하면서 주 활동과 보조 활동을 정합니다. 활동의 개수는 수업시간이 어느 정도 되느냐에 따라 달라집니다. 수업 시수가 많다면 확장활동 하나하나를 수업화할 수 있지만, 단 한 번의 수업으로 끝내게 된다면 15분 내외의 단위활동으로 정리해야겠지요.

활동이 정리되면 이어서 출발점에서의 방향과 주·보조 활동의 특성을 위주로 수업명을 정합니다. 일과수업 중 하나로 진행하는 수업이라면 학부모나 동료교사가 한눈에 무엇을 하는지 알 수 있는 수업명(예를 들면 '빨대로 만들어보는 코끼리 미술활동')도 괜찮지만, 문화센터나 지원사업과 같이 참여자를 모집해야 하는 수업이라면 활동의 특징을 좀 더 살리는 재미있는 수업명(예를 들면 '알록달록 미술관에 간 빨대 코끼리')을 권합니다.

5. 준비사항 점검

이제 수업내용이 정리되었다면, 수업활동에 필요한 발문(질문), 자료, 도구, 재료, 장소(필요시), 그리고 현장에서 가능한 확장활동에 대한 것까지 사전준비 단계를 가집니다. 매일 쓰던 재료나 교실과 같은 익숙한 장소라 하더라도 아이들이 다양한 변형과 해체, 확장의 미적 경험을 할 수 있게 교사 스스로 각 요소마다 최대한 아이와 같은 상상력과 창의적 사고를 끌어내도록 합니다. 또 각 요소들이 아이중심·놀이중심의 예술교육으로 적합한지 점검합니다.

6. 교안 작성과 공유

마지막은 교안 작성과 공유, 검토, 결재의 마무리 과정입니다. 활동명과 내용, 재료와 발문, 순서 등으로 구성된 아이중심·놀이중심의 예술교육 프로그램 하나가 탄생되었음을 교안을 통해 출생증명을 하고 공유하여 알리는 것입니다.

지금까지 소개한 이 여섯 단계를 따르다 보면 어떤 출발점을 만나고 어떤 창의적 사고과정을 거치느냐에 따라 N개의 다양하고 무한한 예술수업을 만들 수 있습니다. 출발점을 큰 틀에서 몇 가지로 설정하고 예술수업 구성과정과 날줄, 씨줄로 엮어 다음과 같은 예시를 만들 수 있습니다.

표에 있는 각 순서는 유연하게 조정될 수 있지만 기본적으로 하나의 출발점에서 시작해 분석의 과정을 거쳐 예술적 활동과 놀이로 상상하고 확장해갑니다. 그 과정에서 아이 같은 상상력을 발휘하여 주제와 활동, 재료와 발문 등을 구성하고, 아이중심·놀이중심의 수업에 어긋나지 않는지 점검하는 것도 잊지 않아야 합니다.

	1. 출발점 설정	2. 분석과 확장	3. 확장활동 점검	4. 수업명과 활동 선정	5. 준비사항 점검	6. 교안 작성과 공유
그림책 등 이야기를 통한 예술교육	어떤 그림책에서 출발할까	그림책 특징 분석 + 예술적 상상력 확장	아이중심 + 놀이중심 + 창의적 + 융합적 예술 활동인가	수업명 + 주 활동 + 보조 활동 선정	재료, 도구, 발문, 상호작용, 활동 장소, 확장활동 등 준비사항 점검	최종 교안 작성 및 공유, 검토, 결재
한 가지 장르를 통한 예술교육	어떤 예술 장르에서 출발할까	장르의 특징 분석 + 예술적 상상력 확장				
특정 주제를 통한 예술교육	어떤 주제에서 출발할까	주제의 특징 분석 + 예술적 상상력 확장				
특정 공간과 콘텐츠를 통한 예술교육	어떤 공간의 어떤 콘텐츠에서 출발할까	공간과 콘텐츠 분석 + 예술적 상상력 확장				
순수한 창작과 표현에 의한 예술교육	어떤 감정, 감각에서 출발할까	감정, 감각, 표현 분석 + 예술적 상상력 확장				

표 14 • 다양한 출발점에 따른 예술수업 구성과정 예시

예술교육 프로그램
구성 실습

이제 이 과정에 따라 위의 예시에서 첫 번째로 제시한 출발점인 '그림책 등 이야기를 통한 예술교육'을 함께 구성해보려 합니다. 다음 예시는 직관적일 수도 있는 사고의 과정을 몇 장에 걸쳐 글로 펼쳐놓은 것이기에 조금 길게 느껴질 수도 있습니다. 그러나 반복적인 훈련으로 창의적 사고를 통한 아이 같은 상상력에 익숙해진다면 이 과정은 쉽고 편리하게 예술교육을 계획하는 과정이 될 것이라 약속합니다.

먼저 여러분이 좋아하는 이야기 하나를 떠올려보세요. 그것을 가지고 가상의 예술수업 프로그램을 함께 만들어보겠습니다. 여기에서는 이야기를 통한 예술교육을 예로 들고 있지만, 만약 여러분이 실제 계획하고 있거나 실행 중인 예술교육 프로그램이 있다면 다음 과정에서 출발점에 관한 단어와 질문만 바꿔 똑같이 적용해보아도 좋습니다.

1. 출발점 설정

이번 실습의 출발점은 '이야기'입니다. 주변 사물과 움직이는 것들에 생명이 있다고 여기는 유아들은 다양한 상황에서 이야기를 듣고 지어내며 말하는 것을 즐기지요. 그림책이나 동화, 설화, 전설과 같은 이야기를 가지고 예술교육을 하는 것은 아이들이 이야기 속 다양한 상황과 인물, 감정을 만나 새로운 세계를 상상하고 만날 수 있다는 점에서 긍정적입니다.

먼저 아이와 어떤 그림책, 어떤 이야기로 만나고 싶은지 아이들의 수준과 정서를 고려하여 선택합니다. 출발점은 주제나 장르에 상관없이 예술교사 스스로에게도 예술적 영감과 정서를 불러일으키는 것이 좋습니다.

🖉 **어떤 이야기를 나눌까?** (그림책이나 이야기 제목)

_____

🖉 **왜 이 이야기로 예술수업을 하고 싶은가?**

- 나에게는 이 이야기가 _____ 한 느낌을 준다.

- 아이들에게는 이 이야기가 _____ 한 느낌을 줄 것이다.

- 이 이야기로 아이들과 만날 생각을 하면 내 마음은

  _____ 하다.

2. 분석과 확장

이제 다음과 같이 선정한 이야기(출발점)의 특성을 세부적으로 분석해봅니다. 분석은 이야기 속에 어떤 인물, 정서, 동작이나 언어, 배경과 색이 있는지 등을 꼼꼼히 살펴보는 것으로. 다면적이고 정교하게 분석할 때 더 많은 아이디어와 창의성을 펼칠 수 있습니다.

출발점을 분석한 내용을 가지고 예술 지점을 포괄적으로 찾는 '예술로의 확장'에 이어, '예술수업으로의 확장'을 통해 좀 더 구체적인 수업 활동을 상상하고 적용시켜봅니다. 이야기를 출발점으로 할 경우, 인물과 상황에 대한 특징은 연극적 요소로, 정서적 특징은 표현을 위한 이입과 방법의 요소로, 동작과 언어적 특징은 무용과 음악적 요소로, 이미지의 특징은 미술적 요소 등으로 다양하게 확장할 수 있습니다.

'아기돼지 삼형제' 이야기를 예로 들면, 인물 분석(아기돼지, 늑대) → 예술로 확장(어떤 역할로 극놀이를 할까) → 예술수업으로 확장(모두 늑대가 된다면? 늑대와 아기돼지를 번갈아 한다면?)이 될 수 있으며, 이 과정에서 아이와 같은 상상력(아이라면 어떤 역할을 하고 싶을까? 이 역할로 어떻게 놀까?)도 잊지 않도록 합니다. 다음 표에서는 각각의 과정을 보여주기 위해 칸으로 구별해놓았지만, 조금만 훈련이 되면 다양한 정보들이 순식간에 연결되므로 분석에서 수업으로까지 상상해가는 사고의 확장이 좀 더 빨라지고 익숙해질 것입니다. 자신이 선택한 이야기를 갖고 다음 표를 작성하면서 사고가 확장되는 뇌의 움직임을 느껴보세요. 단, 각 활동과 놀이는 서로 긴밀히 연결될 수 있으므로 브레인스토밍처럼 최대한 많은 아이디어를 펼쳐보도록 합니다.

이야기의 특징	예술로의 확장	예술수업으로의 확장
어떤 인물, 사물, 상황이 있나	– 어떤 역할로 놀아볼까 – 어떤 상황에 들어가 불까 – 어떤 것을 따라 해볼까 – 어떤 것을 반대로 해볼까 – 어떤 상황, 누구를 도와줄까 –	예) 모두 늑대가 되면 어떨까 – – – –
어떤 정서, 감정, 느낌이 있나	– 이 장면에서 어떤 감정이 들까 – 누구에게 감정 이입을 할까 – 그것을 색, 소리, 움직임 등 어떻게 표현하고 싶어 할까 – 아이들이 어떤 상황에서 비슷한 감정을 느낄까	예) 두려움을 숨바꼭질놀이로 표현해보면 어떨까 – – –
어떤 동작, 움직임, 언어가있나	– 반복되는 의성어, 의태어는? – 어떤 언어로 놀이를 해볼까 – 어떤 동작을 따서 놀아볼까 – 어떤 움직임을 더 표현해볼까 – 어떤 음악, 노래와 어울릴까 – 어떤 리듬, 악기와 어울릴까	예) 늑대의 '후~' 부는 소리로 리듬 따라 움직이면 어떨까 – – –
어떤 색, 모양, 배경, 환경이 있나	– 어떤 배경에 들어가 볼까 – 어떤 것을 만들어볼까 – 그림책이라면 어떤 기법으로 작가를 따라 놀 수 있을까 – 어떤 색, 모양, 무늬로 놀까 – 어떤 재료가 재미있을까 –	예) 흰 장갑을 꾸며서 늑대의 손을 만들어보면 어떨까 – –

3. 확장활동 점검

이제 아이와 같은 상상력으로 확장한 활동 하나하나를 다음의 마인드맵에 넣어봅니다. 어떤 것이 유아중심, 놀이중심, 창의적 및 융합적 활동인지는 책의 앞부분을 참고하여 구분해보는 연습을 해 봅니다. 이때 기입하는 활동은 여러 칸에 중복되어 들어가도 되고, 새롭게 만들어나가도 됩니다.

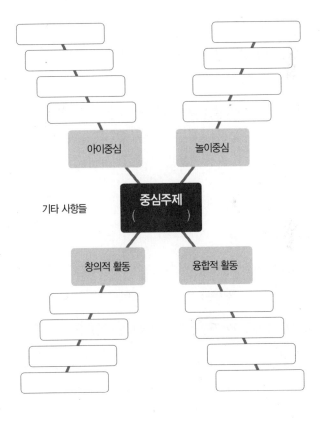

4. 수업명과 활동 선정

이제는 출발점인 하나의 이야기에서 시작한 수업이 어느 정도 머리에 그려질 것입니다. 비슷한 요소를 갖고 있거나 서로 연결되어 시너지를 낼 수 있는 활동들은 모아보고, 과하거나 정리가 되지 않는 것은 삭제하면서 주 활동과 유동적으로 흘러갈 수 있는 보조 활동을 구분합니다. 그리고 출발점의 특성과 여러 가지 활동에서 나오는 키워드를 뽑아 가장 어울리는 수업명도 만들어봅니다.

🖊 어떤 예술활동을 아이들과 꼭 함께 경험하면 좋을까? (주 활동)

🖊 어떤 예술활동이 시간과 상황에 따라 추가되면 좋을까? (보조 활동)

🖊 출발점 및 위에서 정한 활동에서 몇 가지 키워드를 뽑는다면?

🖊 위 키워드를 조합하여 가장 어울리는 수업명을 정한다면?

5. 준비사항 점검

이제 실제 수업진행을 위해 필요한 준비사항을 마인드맵으로 정리해봅니다. 어떤 자료, 재료와 도구, 발문과 상호작용, 기타 준비가 필요한지 점검하되, 이 또한 각 요소마다 '아이라면 어떻게, 무엇을 원할지' 아이와 같은 상상력을 발휘하면서 적어보도록 합니다.

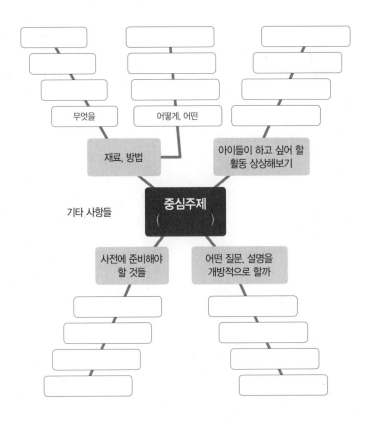

6. 교안 작성과 공유

마지막 과정은 교안을 작성하고 공유하는 마무리 작업입니다. 다음 교안은 하나의 예시로, 기본적인 틀은 비슷하지만 유아교육기관이나 지원사업에 따라 저마다 양식이 다릅니다. 사고의 확장과 마인드맵을 통해 정리된 내용들을 교안에 옮겨 적어보며 새로운 예술수업 프로그램의 탄생을 공유하고 기대해봅니다.

일시		대상연령	
수업명		수업장소	
활동목표			
자료 및 준비물			
기본 활동내용		창의적 발문	창의적 확장활동

설렘 열기(도입)
예술로 펼치기(전개)
  1. 주 활동
  2. 보조 활동
  –
  –
  –
예술아, 고마워(마무리)			

활동 시 유의점			
활동 후 자가 점검			

5장

더 나은
예술교육을 위한 점검

성장과 점검을 위한 수업 평가에 관해 이야기하고,
아이중심·놀이중심의 교육으로
변화를 꾀하고자 할 때 마주하게 되는
여러 가지 불안감과 예술교사의 내면을 살펴봄으로써
긍정적 정서와 예술적 진정성이 살아있는 예술수업,
그리고 예술교사의 성장을 기대해봅니다.

예술수업에서의 평가
:점검과 성장을 위하여

나는 특별히 누구를 치켜세우고
칭찬하는 사람이 되고 싶은 생각이 없다.
또 누구를 지칭하여 비난하는 쪽에도 끼고 싶지 않다.
현재 행복한 체하는 사람의 편에도 들고 싶은 생각이 없다.
고민하면서 길을 찾는 사람,
이런 사람의 모습이야말로
그저 가장 인간다운 모습이라고 생각한다.

| 파스칼 |

바닷길을 가는 항해사들에게 가장 중요한 것은 자신이 어디에 있는지 끊임없이 파악하는 것이라고 합니다. 망망대해인 바다는 모든 곳이 길처럼 보이는 만큼 다른 길, 틀린 길로 갈 가능성도 크기 때문입니다. 예술교육도 어쩌면 망망대해에서의 운항과 같은 것이 아닐까 합니다. 모든 곳이 길일 수도 있지만 그래서 길을 잃기도 쉬워, 늘 내 수업이 어디쯤에 있으며 어디를 향해 가고 있는지 긴장된

손으로 조종간을 잡고 뱃머리를 움직이는 느낌을 받을 때가 많기 때문입니다. 이번 장에서는 망망대해에서도 아이중심·놀이중심의 방향을 잃지 않는, 더 나은 예술수업을 위한 점검과 성장에 대해 이야기해보려 합니다. 그 가운데 먼저 교육이 제대로 이루어지고 있는지 파악하는 데 기준이 되는 평가와 점검이 유아예술교육에서는 어떤 특성을 띠며, 또 어떻게 작용할 때 효과적인지 살펴보겠습니다.

유아예술교육에서 평가의 특수성

예술교육에서뿐만 아니라 어디에서건 '평가'라는 단어는 사실 우리 모두에게 긍정적이기보다는 부정적인 감정을 불러일으키는 부담스러운 단어입니다. 평가는 우리를 좌절하게도 하고, 더 큰 발전을 이루게도 하지요. 우리는 아주 어릴 때부터 평가와 함께해왔습니다. 학교와 직장에서, 그리고 어쩌면 평생 숫자로, 언어로, 인간관계의 결과로 우리를 따라다닐 것만 같습니다.

그런데 유아예술교육에 있어 평가에 대한 이야기는 그리 쉽지 않습니다. 유아 자체가 성장과정의 연속선상에 있고, 여기에 창의적이고 자유로운 영역인 예술까지 더해지니 과연 유아예술교육에 있어 평가가 있어야 하는지, 평가가 가능한지, 무엇으로 평가할 것인지에 대한 고민이 생기는 것입니다. 다음 사항들을 한번 살펴볼까요?

1. 유아예술교육의 성과는 단기간에 수치로 드러나지 않음

유아는 청소년이나 성인과는 달라서, 예술교육에서 단계적인 진도를 통해 눈에 띄는 기술적인 향상이나 드라마틱한 정서적, 사회적 결과를 기대하기가 어렵습니다. 유아에게는 애착이나 지지, 학대나 비난의 경험도 오랜 기간을 두고 영향을 주는 것처럼, 지금 이루어지는 예술교육에서의 창의적, 정서적, 미적 경험의 효과도 유아에게 오랜 기간을 통해 영향을 주는 요소입니다. 명확한 수치나 결과물을 가지고 단기적, 정량적인 평가를 하는 것이 쉽지 않습니다.

2. 과정중심의 창의적 예술활동은 정량적 평가 자체가 어려움

수학이나 영어와 같이 지도내용이 명확한 영역은 아이들이 얼마나 알고 있는지 평가하는 것이 수월한 편입니다. 입시나 사교육 쪽에서는 얼마나 아이들의 등급과 점수를 올리고 좋은 대학에 보냈는지를 통해 가르치는 사람의 능력도 쉽게 평가할 수 있지요. 그러나 예술, 그것도 전공자를 가르치는 것이 아닌 유아를 대상으로 미적 경험과 놀이를 이끌어내는 예술교육에 있어서는 유아나 교사에 대해 정량적인 평가를 하기가 어렵습니다. 이것은 우리가 고흐의 작품을 보면서 물감을 더 많이 써서 혹은 그림 사이즈가 더 커서, 또 모차르트의 곡을 들으며 곡이 더 길어서 혹은 더 많은 음계를 써서 좋다는 식의 정량적 평가를 하는 것이 어리석게 여겨지는 것과 같습니다. 과정중심의 창의적인 유아 예술활동에 대해서도 더 많은 그림을 그리고 더 많은 노래를 배웠다고 해서 좋은 수업이라 평가할 수 없습니다.

3. 유아예술교육은 사용자와 구매자, 평가자가 모두 다름

유아와 관련된 것은 유아 가구나 의류, 장난감과 같은 소비재뿐만 아니라 문화예술 콘텐츠 및 교육에 이르기까지 사용자(유아)와 구매자(부모), 평가자(부모, 원장, 정부기관 등)가 모두 다르다는 특징이 있습니다.[52]

유아예술교육도 비용은 부모가 내지만 이용은 유아가 하며, 그것에 대한 평가나 재구매에 대한 의사결정은 부모나 교육기관 교사와 원장, 정부기관 등 또 다른 이들이 하기 때문입니다. 성인이 영어학원을 다니는 경우 사용자와 구매자, 평가자가 모두 성인 자신인 것과 비교하면 유아교육은 매우 특수한 구조입니다. 부모, 원장, 정책부서, 유아 중 과연 누구를 만족시키는 것을 기준으로 삼아야 할지 불분명하기에 유아예술교육에서의 평가는 더 어려울 수밖에 없습니다.

아이와 교사에 대한
점검과 성장으로서의 평가

앞서 살펴본 것처럼 다양한 이유로 인해 유아를 대상으로 하는 예술교육은 아이든 교사든 교육 프로그램이든 명료하고 정량적인 평가기준을 잡기가 쉽지 않습니다. 그러나 이 또한 유아예술교육의 주요하고 고유한 특성으로 받아들이는 수밖에 없습니다. 일반적인 교육에서의 평가는 학습자를 대상으로 하는 평가(학생학력평가)와 교수자를 대상으로 하는 평가(교사평가)로 나뉩니다. 그러나 유아예술교육의 특성을 받아들이고 반영한다면 교사와 아이에 대한 평가에서도 다른 접근방식이 필요하고, 좀 더 다면적인 점검이 필요합니다.

유아를 위한 도움과 점검으로서의 평가

먼저 유아에 대한 평가를 살펴보겠습니다. 유아예술교육에 있어 학습자, 즉 유아에 대한 평가는 매우 조심스러운 부분입니다. 유아예술교육에서 누가 더 잘했고 못 했다는 평가, 누가 더 예쁘게 혹은 정확하게 했다는 식의 비교와 평가는 유아가 예술을 경험하는 데 도움이 되지 않습니다.

스페인 바스크 지역에서 교육협동조합으로 운영되는 학교인 '이카스톨라[•]의 교육개발 책임자 인차우스티는 교육에서의 평가에 대해 총괄 평가가 아닌, '과정에 대한' 형성 평가로 이루어져야 한다고 강조합니다. 평가 과정은 자칫 아이들의 학습동기와 자존감에도 영향을 미칠 수 있기에, 평가가 오히려 유아 스스로 자신을 성장시키는 방법을 터득하는 데 도움이 되도록 해야 한다는 것입니다. 이에 비추어볼 때, 유아예술교육에서의 평가는 유아들의 예술 경험을 돕는 '도움'이나 유아 스스로가 자신을 향상시키고 더 큰 창의성을 이끌어내는 '점검'으로서 이해되고 인식되어야 합니다.

학습자에 대한 평가, 다른 말로 유아를 위한 도움과 점검은 결국 이 수업에서 우리가 무엇을 목표로 두었느냐를 보여주는 것이기도 합니다. 아이들은 매우 눈치 빠르게 교사나 부모와 같은 평가자의 욕구를 알아차립니다. 교사가 수업을 마무리하면서 "정말 최선을 다해주었군요!"라고 하면 최선을 다한 것이 중요하다고 생각하고, "조용히 잘 있어줘서 고마워요!"라고 하면 예술수업에서는 조용히 해야 한다고 생각합니다. 또 "끝까지 색칠해줘서 예뻐요!"라고 하면 색칠을 끝까지 해야 한다고 생각하며, "새로운 걸 발견해서 멋졌어요."라고 하면 새로운 것을 발견하는 도전을 뿌듯하게 여깁니다. 결국 예술수업을 통해 이루고자 하는 목표에 따라 교사의 도움과 지

● 이카스톨라Ikastola는 스페인 바스크 지역에서 1950년대 말부터 자생적으로 성장해온 교육협동조합이다. 가정과 학교, 마을이 함께하는 '신뢰교육'을 통해 아이들을 주체적이고 협동적인 구성원으로 키우고 있으며, 전 세계에 마을교육공동체와 혁신학교의 모델로 널리 알려져 있다.

지, 상호작용이 달라지고 아이의 활동과 예술에 대한 태도, 정서 또한 달라지는 것입니다.

그러므로 유아가 어떠하기를 바라기에 앞서 교사가 자신이 목표를 뚜렷이 가져야 합니다. 아이중심·놀이중심의 창의적 예술수업이 되도록 하겠다는 목표와 방향을 명확히 하는 것입니다. 수업의 시작에서부터 과정, 마무리에 이르기까지 이 목표를 염두에 두고 아이들에게 '도움'을 주며 '점검'해야 합니다. 그래서 아이들 스스로, 아이들 서로 간에, 그리고 아이와 교사가 예술을 통해 상호작용하는 가운데 함께 성장하는 방법을 찾고 터득해가야 합니다. 그것이 유아들에게 있어 예술교육에서의 최적의 평가, 달리 말하면 최적의 지지와 도움이 될 것입니다.

예술교사를 위한 스스로에 대한 질문과 평가

그러면 교수자, 즉 예술교사에 대한 평가는 어떨까요? 앞서 말한 것처럼 평가라는 단어가 부정적인 감정을 주기는 하지만, 동기와 의지를 꺾는 평가가 아니라면 예술교육자로서 반성과 점검을 하는 자기평가 과정은 꼭 필요하다고 봅니다. 유아기는 포비아를 가질 수 있는 시기입니다. 강아지를 보고 두려운 경험을 한 아이들은 평생 강아지를 무서워하기도 하고, 가지나 오이에 대해 좋지 않은 식감을 느끼거나 목에 걸리는 경험을 한 아이는 평생 그것을 가려 먹기도 하지요.

교육도 마찬가지입니다. 어떤 특정한 과목이 좋아지고 싫어지는 데에는 과목의 특수성 이전에 특정한 선생님의 영향이 컸다는 것을 학창시절 경험만 떠올려 봐도 알 수 있을 것입니다. 같은 맥락에서, 어쩌면 나의 예술수업이 아이들에게는 인생에서 처음 예술가를 만나는 순간, 혹은 처음 제대로 접하는 예술교육일 수도 있다고 생각하면 설렘만큼이나 두렵고 떨리면서 부담도 생겨나게 됩니다. 그러므로 외부의 평가나 조언에 얽매이기 전에 스스로 나의 예술수업을 살펴보면서 아이중심·놀이중심의 목표와 방향에 부합하는지 점검해보는 자세가 필요합니다.

앞서 소개한 이카스톨라의 교육개발 책임자 인차우스티는 수업에서 가장 필요한 점검이 바로 교사 자신에 관한 점검이기에, 교사 스스로 다음과 같은 질문을 먼저 던져보라고 이야기합니다.

- 나는 무엇을 잘하는가?
- 나를 행복하게 만드는 것은 무엇인가?
- 교사로 활동하면서 어떠한 능력과 기술을 개발할 수 있는가?
- 나를 나답다고 느끼게 해주는 것은 무엇인가?
- 내가 알고 있는 나의 재능 가운데 나를 진정으로 충만하게 하는 것은 무엇인가?[53]

우리가 예술로 아이를 만날 때, 어떤 날은 스스로가 가르치기 위해 태어났다고 생각될 정도로 엄청난 희열과 감동을 느끼기도 하고, 어떤 날은 아이에게 죄를 짓는 듯한 마음에 당장이라도 그만두고 싶은 좌절감과 자괴감을 느끼기도 합니다. 아마 역사 속 모든 가르치는 이들이 그러했을 것입니다. 그래서 위 책에서는 교사 스스로 자신에 대한 질문을 먼저 하면서 한 인간으로서의 자신을 관찰하고 탐색해야 한다고 말합니다. 이 같은 힘을 키우다 보면 결국 아이들의 기분과 재능, 행복을 관찰하고 알아차리며 도와주고 개발해주는 역량으로 이어질 수 있다는 것입니다.

교사로서 이 같은 역량을 키우게 되면 이는 더 나은 예술교사가 되기 위한 질문과 점검으로 이어질 수 있습니다. 즉 다음과 같은 질문을 통해 자신의 가능성을 확인하고 확장할 수 있습니다.

- 나는 수업에서 아이들이 어떤 모습을 보일 때 기쁨을 느끼는가?
- 나는 수업에서 아이들이 어떤 말을 할 때 행복을 느끼는가?
- 나는 아이들의 어떤 모습에서 예술을 힘을 발견하는가?
- 내가 예술수업에서 가장 유능한 부분은 무엇인가?
- 내가 수업에서 앞으로 더 확장하고 발전시켜야 할 부분은 무엇인가?
- 아이들과의 예술수업은 나에게도 충분한 예술적 영감을 주는가?
- 아이들의 추억 속에 나는 어떤 예술교사로 남기를 바라는가?
- 나와 예술수업을 함께한 아이들에게 예술이 평생 어떠한 가치로 인식되기를 바라는가?

결국 예술교사를 평가한다는 것은 교육 프로그램이나 수업의 질에 대한 평가가 아니라, 한 인간이자 예술교육자로서의 마음가짐과 삶에 대한 스스로의 점검이라고 할 수 있습니다. 예술교사의 성장에 대한 것은 이 장의 마지막 절에서 좀 더 구체적으로 살펴보겠습니다.

더 나은 예술수업을 위한 자가 점검

이제 우리의 예술수업, 즉 수업 프로그램과 환경 등 교육 내용에 관한 평가와 점검에 대해 알아보겠습니다. OECD의 한 보고서[54]에 따르면 예술교육에서의 질은 크게 '구조적 질structural quality'과 '과정적 질process quality'로 구분할 수 있습니다. 어느 한쪽에 치우치지 않고 두 가지가 동시에 충족되어야 양질의 예술교육이라 할 수 있다고 보고서에서는 이야기합니다. 먼저 '구조적 질'은 수업환경 전반에 관한 것입니다. 교사 대 유아의 비율, 교실 환경, 교사 자격 기준, 비용지원 수준, 재료와 도구 등의 정량적인 요소들이 포함됩니다. 일정 수준의 안전과 환경을 갖추기 위해서는 교사와 교육기관, 예산과 정책 등 많은 부분을 두루 고려해야 합니다. 앞서 살펴본 환경과 관련된 준비˙가 예술교사들이 관여하고 점검하며 개선해나갈 수 있는 부분

• 4장의 '1. 아이의 상상력을 키우는 교실 안과 밖 환경 만들기' 참고

일 것입니다.

'과정적 질'은 바로 우리가 지금까지 이야기한 '아이중심·놀이중심'과 같은 교육철학과, 교사와 유아 간 상호작용의 질, 창의적 프로그램의 질 등이 포함됩니다. 이 책 전반을 통해 강조하는 아이중심·놀이중심 예술교육의 중요성을 깊이 새기고, 효과적인 상호작용 방법과 창의적 사고기법, 아이 같은 상상력으로 만드는 프로그램 구성 방법 등을 참고하여 스스로 점검하고 개선해나간다면 예술교사로서 할 수 있는 가장 적절한 자기평가가 이루어질 것입니다.

이 두 가지 예술교육의 질을 더 자세히 살펴보기 위해 2019 한국문화예술교육진흥원 유아문화예술교육 지원사업에서 예술교사와 기관, 단체들을 위해 제공한 '자가 컨설팅 점검표'를 참고해보려 합니다. 모든 유아예술 교육자들이 활용할 수 있게 실행 전 계획단계와 실행 시 운영단계, 두 가지 점검표가 있는데 이 책에서는 이를 결합하여 하나로 재구성하였습니다. 지원사업 방식이 예술교사 파견과 예술기관 중심이라 일부 유아교육기관에서 활용하려 할 때 조금 다른 부분이 있을 수 있지만 기본적으로 앞서 말한 '구조적 질'과 '과정적 질'을 동시에 점검하기에 유용합니다.

더 자세한 자료는 한국문화예술교육진흥원에서 운영하는 예술교육 연구자료실인 아르떼 라이브러리(http://lib.arte.or.kr)에 공유되어 있으며, 이 책에서는 주요 내용을 중심으로 간단히 살펴보도록 하겠습니다.

영역	지표	점검사항	현 단계 점검		
			양호	보통	부족
1. 유아 문화 예술 교육 목표	1-1 목적 부합성	유아문화예술교육 프로그램의 모든 관계자는 사업의 지향점과 이에 부합하는 목적을 분명하게 인지하고 목적을 수립하고 운영하고 있는가? • 사업의 지향점: 유아가 기존의 유아교육과는 차별화된, 예술적으로 특화된 문화예술교육 프로그램을 통해 예술과 문화를 경험하고 향유할 수 있도록 함			
	1-2 목표의 적절성	유아문화예술교육의 목적에 맞는 차시별 목표를 설정하고 운영하고 있는가?			
2. 유아 문화 예술 교육 내용	2-1 주제의 고유성	유아문화예술교육의 내용에 문화시설 고유의 콘텐츠를 반영하였는가? • 문화시설 고유 콘텐츠 예시: 해양박물관-해양생물/한국소리문화의전당-판소리			
	2-2 예술 장르의 특성 반영	유아문화예술교육의 내용에 예술 장르 본연의 특성을 반영하였는가? • 통합문화예술교육의 경우에도 핵심 장르를 중심으로 통합된 각각의 예술 장르의 특성을 살려서 개발하였는지 확인			
	2-3 학습 가능성	유아문화예술교육 활동은 참여자(유아)가 학습하기에 무리가 없는가? • 프로그램 활동 주제와 목표, 내용, 활동의 개수, 소요시간이 유아의 발달 수준에 맞게 구성되어 있는지 확인			
	2-4 경험의 연계 가능성	유아문화예술교육의 내용이 영유아 교육기관의 교육 내용과 연계되어 다양한 경험으로 연결될 수 있는가?			
3. 유아 문화 예술 교육 방법	3-1 참여자 중심	유아문화예술교육의 방법은 교육자와 참여자(유아)가 수평적 관계로 프로그램에 참여할 수 있도록 참여자(유아) 중심으로 계획되었는가? 그렇게 참여하고 있는가?			
	3-2 예술성 자극	유아문화예술교육의 방법은 예술적 관심과 흥미를 불러일으켜 유아의 예술성을 자극하도록 계획되었는가? 그렇게 자극하고 있는가?			
	3-3 동기성 유발	유아문화예술교육의 방법은 예술적 자극을 통해 유아의 참여 동기를 유발하도록 계획되었는가? 그렇게 동기를 유발하고 있는가?			
	3-4 창의성 증진	유아문화예술교육의 방법이 유아의 창의성과 상상력을 증진시킬 수 있도록 계획되었는가? 그렇게 증진시키고 있는가?			

4. **유아** **문화** **예술** **교육** **실행**	4-1 참여자 반응	유아문화예술교육을 실행하는 과정에서 문화예술교육자가 참여자(유아)와 다양한 방식으로 소통하고 문화예술에 대한 참여자(유아)의 반응을 확인할 수 있도록 계획되었는가? 실제 수업 가운데 그러한 반응을 확인하고 있는가?			
	4-2 프로그램 보완	유아문화예술교육을 실행하는 과정에서 문화예술교육자가 다양한 방식으로 프로그램을 점검하고 유연하게 수정 및 보완할 수 있도록 계획되었는가? 실제 수업에서 유연하게 수정하며 보완하고 있는가?			
5. **유아** **문화** **예술** **교육** **자료**	5-1 내용 적합성	유아문화예술교육의 자료(교육키트 등)는 프로그램의 내용과 밀접하게 연계되었으며, 개발(재구성)된 교육자료는 예술적으로도 우수한가?			
	5-2 흥미 유발성	유아문화예술교육의 자료는 유아의 예술적 흥미를 유발할 수 있도록 개발(재구성)되었는가? 실제 수업에서 유아의 예술적 흥미를 유발하고 있는가?			
	5-3 활용 가능성	유아문화예술교육의 자료는 해당 문화예술교육 프로그램이 종료된 이후에도 영유아 교육기관에서 다양한 문화예술교육에 활용될 수 있도록 개발(재구성)되었는가? 실제 수업에서 그러한 가능성을 제시하고 있는가?			
6. **유아** **문화** **예술** **교육** **공간**	6-1 |문화시설| 교육공간 활용	유아문화예술교육 프로그램은 문화시설의 특징적인 실내외 공간을 적극적으로 활용하도록 계획되었는가? 실제 수업에서 적극적으로 공간을 활용하고 있는가?			
	6-2 |참여기관| 교육공간 활용	유아문화예술교육 프로그램은 참여기관에서 제공한 교육공간을 효과적으로 활용하도록 계획되었는가? 실제 수업에서 공간을 효과적으로 활용하고 있는가?			
7. **유아** **문화** **예술** **교육** **운영** **관리**	7-1(a) 개발자의 전문성	유아문화예술교육 프로그램 개발자는 유아 및 문화예술교육을 이해하고 있는가?			
	7-1(b) 교육자의 전문성	유아문화예술교육자는 유아 교수법에 대하여 이해하고 있는가?			
	7-2 관계자 간 소통성	유아문화예술교육 프로그램 개발 및 실행 단계에서 개발자와 교육자 간 원활한 소통을 위하여 노력하고 있는가? 실제 수업에서도 소통이 원활한가?			
	7-3 참여기관 협력	유아문화예술교육 프로그램에 참여하는 영유아교육 기관과 문화시설 간 원활한 협력을 위하여 노력하고 있는가? 실제 수업에서도 협력이 원활한가?			

표15 · 유아문화예술교육 자가 컨설팅 점검표[55]

위 자가 컨설팅 점검표에서는 총 7개의 영역을 통해 예술교사가 세부적으로 어떻게 예술교육을 계획하고 또 현장에서 실행하는지 점검합니다.

1. **유아문화예술교육 목표** : '과정적 질'에서 방향을 잡는 핵심으로, 아이중심·놀이중심에 목표를 두고 점검하도록 합니다.

2. **유아문화예술교육 내용** : 주제의 고유성, 예술 장르의 특성 반영, 학습 가능성, 경험의 연계 가능성 등 조금 복잡한 지표로 보일 수 있지만, 유아의 성장발달 특성과 아이 같은 상상력을 반영한 아이중심의 프로그램인지를 주요하게 점검하도록 합니다.

3. **유아문화예술교육 방법** : 참여자 중심, 예술성 자극, 동기성 유발, 창의성 증진에 관한 지표로 구성되어 있습니다. 교사와 아이가 상상력을 발휘해 한 수 한 수 놓아가듯 진행하는 수평적이고 창의적인 수업인지, 그리고 유아의 흥미와 긍정적 정서를 지지하는 놀이중심의 수업인지를 점검할 수 있습니다.

4. **유아문화예술교육 실행** : 참여자 반응과 프로그램 보완과 관련된 것으로, 예술교사의 효과적인 반영, 질문, 칭찬 등을 통한 아이들과의 상호작용을 점검합니다. 또 중간 중간 아이의 상상력을 허용하여 변형과 해체, 확장을 반영하는 유연한 수업인가도 점검합니다.

5. **유아문화예술교육 자료** : 5, 6번의 자료와 공간은 '구조적 질'의 향상과 밀접하게 관련된 것입니다. 유아예술교육에서 교육자료가 내용에

적합하고 흥미를 유발하며 다양한 활용 가능성을 제공하는지 점검하며, 더불어 재료와 도구의 안전성과 창의적 사고기법을 통한 확장성도 함께 살펴봅니다.

6. **유아문화예술교육 공간** : 예술교육이 이루어지는 유아교육기관과 다양한 야외시설을 포함하는 것으로, 효과적이고 적극적으로 그 특징을 활용하고 있는지 점검합니다.

7. **유아문화예술교육 운영관리** : 이 부분은 예술교사들의 예술 및 유아에 대한 기본적인 이해와 전문성에 대해 확인하는 것입니다. 또 예술교사와 유아교육기관 간에, 혹은 방문 견학을 하게 될 문화예술기관 간에 소통과 공유가 원활하게 이루어지는지에 대해서도 점검합니다.

일반적으로 세금으로 운용되는 모든 정부지원 체계는 전국 어디에나 공통으로 적용되는 일괄적인 평가기준을 적용합니다. 사업이 올바른 방향으로 가고 있는지, 지원금을 잘 쓰고 있는지, 사업목적에 따라 잘 하고 있는지, 계속 국가가 지원할지를 판단하는 기준이지요. 다행히도 유아예술교육은 정량적, 분석적 평가기준을 갖기 어렵다는 특성에 대한 이해가 점점 커지고 있습니다. 한국문화예술교육진흥원에서 진행하는 '유아문화예술교육 지원사업'은 이런 유아교육의 특성을 반영하여 다른 예술과 교육 지원사업과는 달리, 평가과정 자체를 두지 않기로 하였습니다. 대신 유아와 예술 분야의 전문 컨설턴트를 두어 평가가 아닌 여러 번의 컨설팅을 하고, 점검과 반성, 지지와 제안을 함으로써 프로그램의 질을 높이고 돕는 것에 중점을 두고 있습니다. 또 평가위원이나 평가체계가 없는 만큼 예산을 허투루 쓰거나 아이중심·놀이중심에서 벗어난 예술수업을 하지 않도록 위와 같은 점검표와 컨설팅, 강연 등을 제공하면서 예술교사와 팀, 기관이 스스로 점검할 수 있게 하고 있습니다. 새 누리과정에서 중요시하는 교사와 교실의 자율성, 그리고 유아예술교육의 특수성을 잘 반영한 것이라 여겨집니다.

법을 세부적이고 구체적으로 만드는 국가일수록 시민의식이 발달하지 못한 것이라는 연구자료를 본 적이 있습니다. 예를 들어 'OO을 위해 지원된 예산은 OO에만 쓴다'라는 한 줄의 법이면 충분한 나라가 있는 반면, 세세한 규정과 세부법을 만들고 감사 시스템을 돌리는 경우도 있습니다. 이 경우 그만큼 많은 사람들이 횡령과 유용을 하고 있다는 반증일 것입니다. 강제적인 법과는 다르지만, 누리과정이 개정되면서 그동안 세세하게 내려왔던 교육의 세부내용이 369에서 59개로, 무려 1/6이나 대폭 축소되었습니다. 이는 교육 방향이 평가나 통제가 아닌 자율성과 창의성에 맞춰져 있음을 보여주는 것이며, 유아교사의 역량이 높아짐에 따라서 교사 스스로 세부내용을 채울 수 있을 것이라는 신뢰를 반영한 것이라 여겨집니다. 유아예술교육과 교사에 대한 평가규정 또한 '아이중심·놀이중심의 창의적 예술활동'이라는 단 한 줄로 충분하지 않을까 하는 생각이 듭니다. 이 한 줄의 기준만으로도 아이와 함께 수만 가지 예술 수업을 그려내는 교사로 가득 찬다면 머지않아 평가규정 또한 그렇게 바뀌게 되지 않을까요?

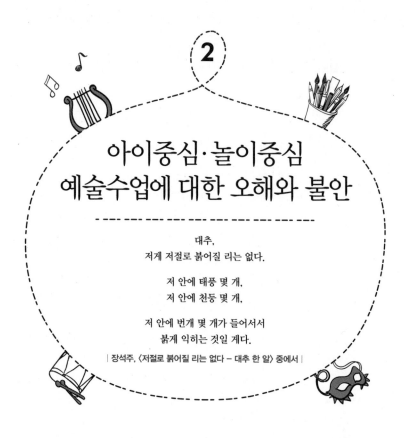

2

아이중심·놀이중심
예술수업에 대한 오해와 불안

대추,
저게 저절로 붉어질 리는 없다.

저 안에 태풍 몇 개,
저 안에 천둥 몇 개,

저 안에 번개 몇 개가 들어서서
붉게 익히는 것일 게다.

| 장석주, 〈저절로 붉어질 리는 없다 – 대추 한 알〉 중에서 |

지금까지 유아예술교육이 교사중심, 결과중심, 기술중심에서 '왜
그리고 어떻게' 아이중심·놀이중심의 창의적 교육으로 변화해야 하
는지 알아보았습니다. 특히 유아기는 상상력으로 똘똘 뭉친 시기라
는 것과, 예술은 정답이 없는 창의적 교육이라는 특성을 충분히 고
려하여 예술교사가 아이들과 함께 상상하고 만들어가는 예술수업이
얼마나 중요한지 강조하였습니다. 그럼에도 예술교사들의 마음속에

는 변화에 대한 부담과 불안이 조금은 남아 있을지도 모릅니다. 우리가 그런 교육을 받아본 경험이 거의 없고, 아무리 좋은 변화라고 해도 설렘과 함께 두려움도 찾아오게 마련이기 때문입니다. 이번 절에서는 우리가 마주할 수밖에 없는 교육현실과 아동중심·놀이중심 교육에 대한 불안 요소들을 살펴보고, 이를 뛰어넘어 더 나은 예술교육으로 나아갈 수 있는 길을 찾아보도록 하겠습니다.

나 혼자 노력한다고 교육이 변화할까요?

얼마 전 발표된 영국의 한 보고서[56]는 창의성이 필요한 산업현장의 현실을 이야기하며 창의성에 대해서도 기술 자격과 같이 등급을 매겨 우수함을 인정하는 것이 필요한 시대가 되었다고 이야기합니다. 영국의 경우 2024년까지 119,500개의 창조적인 직업이 생겨날 뿐만 아니라, 고용주 중 75%가 창의성, 의사소통능력, 문제해결능력, 탄력성을 전문적인 기술보다 중요하게 여기고 있다는 근거를 들어 창의성의 시대가 되었음을 이야기하고 있습니다. 그러나 우리나라 교육현실을 보면 창의성이나 의사소통, 문제해결능력이 아닌, 기술이나 지식을 외우는 데 거의 모든 에너지를 쏟고 있습니다.

창의적 예술수업을 강조하며 강연을 하고 책을 펴내고 정책에 참여하는 제 입장에서도 한국 특유의 결과와 경쟁 중심의 주입식 교육은 참 끈질기게 우리 교육의 발목을 부여잡고 있다는 느낌을 받습니다. 지금의 유아들부터라도 창의성과 주도성을 키우는 교육을 받도록 하기 위해 누리과정 개정과 함께 다양한 정책을 펼치고 있지만 익숙한 전통적 교육방식을 하루아침에 바꾸기란 쉽지 않습니다.

간디의 제자이자 비폭력 교육혁명가로 불리는 비노바 바베는 그의 저서 《아이들은 무엇을 어떻게 배워야 하는가》(2014, 착한책가게)에서 다음과 같이 이야기합니다.

> 우리는 교육의 중요성을 지나치게 과장해왔고, 그 결과 우리의 교육 방법은 우스꽝스러울 정도로 비정상적일 뿐 아니라 대단히 해로운 것이 되어버렸습니다. 만약 어떤 아이가 아주 똑똑하고 기억력이 좋다면 그 아이는 공부를 하라는 압박을 심하게 받습니다. 아버지는 아이의 머릿속에 얼마나 더 많은 것을 쑤셔 넣을 수 있을지를 고민하고 학교에서도 그와 똑같이 대합니다. 반면에 둔해 보이는 아이는 드러내놓고 홀대를 합니다. 똑똑하다고 인정받은 학생들은 어떻게 해서든 대학까지는 갑니다. 그러나 그 뒤에 인생의 낙오자가 되는 경우를 아주 흔하게 봅니다. 이것은 그들의 미성숙한 지성이 너무나 버거운 짐으로 꽉 들어차버렸기 때문입니다.

많은 이들이 지금의 교육 시스템이 영원할 것만 같고 쉽게 바뀌지 않을 것만 같다고 생각합니다. 많은 예술교사들은 나라가 안 바뀐다, 부모가 안 바뀐다, 주위 교사가, 우리 기관이 안 바뀐다고 비판하면서 무력감을 느끼기도 합니다. 그러나 자세히 살펴보면 우리나라에서 지금과 같은 유치원과 학교 시스템이 만들어진 것은 일제강점기 전후인 1백여 년 사이의 일입니다. 입시와 결과중심의 교육이 된 것도 겨우 50년 남짓한 일이고요. 즉, 우리 역사를 놓고 볼 때 지금의 우리 교육은 결코 바뀔 수 없는 고정불변의 것도 아니고, 오랜 기간 검증되어온 최적의 교육도 아닙니다. 오히려 한국형 교육은 시간이 갈수록 많은 문제점을 드러내고 있지요. 아이들과 청소년들의 행복지수는 꼴등이면서 자살률은 OECD 국가 중 수년째 1위*를 지키는 나라가 될 만큼 말입니다.

TV에서 아프리카 등지에서 아동에게 노동을 시키는 장면이 나오면 '아이들이 불쌍하다, 어떻게 저럴 수 있느냐' 하면서 후원을 하는 사람들이 많습니다. 그러나 사실 우리나라가 같은 선상에서 아동의 인권을 침해하고 있다는 것은 잘 인식하지 못하고 있습니다. 어린이에게 노동을 시키는 나라는 비난하면서 어린아이를 밤까지 학원에 보내고 학습지로 다그치는 우리의 모습은 괜찮다, 필요하다 여기는 사이, 수년째 유엔아동권리위원회UN Committee on the Rights of the Child, UNCRC로부터 우리나라는 아동노동을 시키는 나라들과 똑같이 아동

---

* OECD에서 매년 발행하는 자료에 의하면 우리나라는 2003년 이후 줄곧 자살률 1위를 지키다가 2018년 리투아니아가 OECD에 가입한 이후 2위(2017년 통계)로 내려갔다가 2019년 다시 1위(2018년 통계)로 올라섰다. https://data.oecd.org/healthstat/suicide-rates.htm

인권 개선에 대한 권고를 받고 있습니다. 매우 부끄러운 일입니다.
비노바 바베는 같은 책에서 다음과 같이 이어 이야기합니다.

> '교육은 의무'라는 식의 틀에 박힌 생각 대신에 '교육은 즐거움'이라는
> 아주 자연스럽고 고무적인 생각을 키워나가야 합니다. 요즘 우리 아이
> 들은 어떻게 생각할까요? 우리의 교육이 즐거움이라는 정서에서 너무
> 나 멀리 떨어져 있는 까닭에 오늘날에는 심지어 교육이 의무라고 하는
> 생각조차 찾아보기 어렵게 되었습니다. 오늘날 학교에 다니는 아이들이
> 흔히 갖는 느낌은 '교육은 곧 처벌이다.'라는 식의 노예와도 같은 정서와
> 태도입니다.
> 아이가 끊임없이 분출하는 에너지를 발현하기 시작하자마자, 아이에게
> 자립적인 성향의 조짐이 조금이라도 비치는 순간, 가족은 이제 이 아이
> 를 학교에 가둬둘 때가 되었다고 결정해버립니다. 그래서 학교는 다름
> 아닌 아이들을 가둬두는 장소가 되어버립니다. 교육이라는 성스러운 일
> 에 몸을 던진 교사들도 단지 교도소의 교도관에 지나지 않게 됩니다.
> 그 잘못은 교육의 본질에 대한 우리의 생각과, 결과적으로 우리가 의존
> 할 수밖에 없었던 체계(아니면 체계의 결여)에 있습니다. 학생들에게 배움
> 은 의식적이지 않은 자연스러운 과정이어야 합니다.

주입식으로, 통제로 이루어진 교육이 결코 좋은 결과만을 가져
오지는 않는다는 것을 우리는 자라면서 경험을 통해 알고 있습니다.

목표와 결과를 설정해놓고 하는 교육이 유아들에게는 효과적이지 않다는 것도 수많은 학자들과 현장 전문가들에 의해 증명되고 있습니다. 그럼에도 왜 다시금, 그리고 끊임없이 교육의 부정적인 현실을 마주하고 고민해야 할까요? 너무나 잘 아는 이야기이고 변화해야 한다는 것도 인정하는데, 혹시 이제는 익숙하다 못해 무뎌진 것은 아닐까요? 교육 변화에 대한 열망보다 교사로서의 부담이 더 커진 것은 아닐까요? 변화가 어려울 것이라 단정 짓고 현실을 외면하고 싶은 것은 아닐까요? 누리과정의 개정뿐만 아니라 유치원과 학교에서도 창의적이고 주도적인 융합교육을 강조하는 등 교육을 변화시키려는 움직임이 이어지고 있습니다. 지금까지 우리 교육이 지닌 문제점을 개선하여 아이들에게만큼은 시대에 적합한 교육, 꿈꿀 수 있는 교육을 받게 해주겠다는 열망과 노력이 곳곳에서 드러나는 것이라 생각됩니다.

우리 예술교사들 마음속에 '이렇게 변하지 않는데 나 혼자 노력한다고 변할 수 있을까?'라는 의구심이 생길 수 있습니다. '노력해봤는데 생각처럼 쉽게 변하지 않아요. 저만 상처를 받아요.'라는 마음이 들 수도 있습니다. 만약 이런 생각을 한 번이라도 한 적이 있다면 여러분은 어려움 속에서도 아이들을 위해 좋은 수업, 좋은 교육을 만들려고 노력해본 멋진 교사들입니다. 더불어 감히 확신하건대, 그런 멋진 교사들이 분명 곳곳에 있습니다. 오늘날 사회와 교육의 변화 속에서 여러분과 똑같이 설렘과 불안함을 느끼며 고민하고 아파하고 보람을 찾고 아이들을 끌어안으면서 변화와 성장을 열망하는 수많은 정책가와 교사, 예술가와 학부모들이 우리나라와 세계 곳곳에서 여러분과 함께하고 있습니다. 언젠가 여러분이 "나 혼자 노력한다고 변할 수 있을까요?"라고 물어온다면 여러분은 결코 혼자가 아니라고, 그러니 교육도, 예술교육도 반드시 변할 것이라고 자신 있게 이야기할 것입니다.

아이중심·놀이중심 예술수업에 대한 불안과 오해 넘어서기

지금의 교육현실을 넘어서기 위해 창의적인 교육으로 변화하는 것은 찬성하지만, 한편으로는 과연 아이에게 수업의 주도권을 함께 쥐어주는 아이중심 수업, 그리고 무엇인가 가르치는 것이 아닌 것만 같은 놀이중심 수업이 효과적일까, 교육이 될 수 있을까, 내가 잘할 수 있을까와 같은 의문이 들 수도 있습니다. 걱정과 불안은 덮어놓기보다 밖으로 꺼내어 실체를 살펴보고 길을 찾으면서 긍정적인 정서로 바꾸어줄 필요가 있습니다. 아이중심·놀이중심 교육에 대한 불안은 주로 다음과 같은 내용일 것입니다.

- 예술은 전문가가 가르쳐야 하는 것이 아닌가 하는 불안

- 아이중심 교육의 경우 예술적 배움이 있을 것인가 하는 불안
- 놀이중심 교육의 경우 놀이가 예술수업이 될 수 있을지에 대한 불안
- 열린 수업에서 아무것도 가르치지 않았다는 죄책감과 불안
- 예술적 결과물이 없으면 안 된다는 죄책감과 불안
- '놀이로서의 예술' 대 '기술 향상을 위한 예술교육' 사이에서의 갈등
- 내 수업이 창의적인 예술수업인가에 대한 불안
- 학부모나 유아교육기관장이 만족할 예술수업인가에 대한 불안
- 유아들이 예술수업을 재미없어 하지 않을까 하는 불안
- 예술수업 중 다치거나 다툼이 생기지 않을까 하는 불안[57]

가르치는 일을 즐기고 아이를 사랑하는 마음이 강한 교사일수록 위의 항목 하나하나가 모두 내 마음과 같다는 느낌을 더욱 크게 받을 것입니다. 그러나 찬찬히 살펴볼까요? 이것은 비단 아이중심·놀이중심의 예술수업에서만이 아니라, 아이와 함께하는 수업 전반에서 누구나 늘 느끼는 불안이기도 합니다. 위 항목에서 '예술'이라는 단어만 빼면 모든 항목이 유아들을 대할 때 교사나 주 양육자가 가지게 되는 고민이기도 합니다. 그러니 우리가 아이중심·놀이중심의 예술수업과 관련해 가지는 고민은 어쩌면 아이중심·놀이중심의 방향에 대한 의심과 불안만이 아닐 수도 있습니다. 그 이전에 아이들을 사랑하고 교실에 애정이 있는 교사로서 가지게 되는, 더 나은 교육에 대한 아주 건강하고도 발전적인 고민인 것입니다. 따라서 여러분 스스로에 대

한 믿음을 갖기를 바라며, 불안과 오해를 불러일으키는 사항들에 대해 다음과 같이 단호하게 답하고자 합니다. 주위에 아이중심·놀이중심의 수업에 대해 불안해하는 교사나 교육기관 운영자, 학부모가 있다면 다음의 답변들을 내면화하여 아이중심·놀이중심 예술수업의 중요성을 충분히 설명하고 알려주기 바랍니다.

- **예술은 전문가가 가르쳐야 하는 것이 아닌가 하는 불안**

  : 예술은 전문가가 가르쳐야 하는 것이 아닙니다. 유아는 이미 최고의 예술가로서의 시기를 살고 있다는 것을 믿고 아이들과 함께 상상하고 놀이하는 교사가 가르칠 수 있습니다.

- **아이중심 교육의 경우 예술적 배움이 있을 것인가 하는 불안**

  : 아이중심 수업은 아이를 방치하는 것이 아닌, 아이와 교사가 유기적으로 함께 만들어나가는 수업방식으로, 유아 스스로의 도전 및 유아와 유아, 유아와 교사의 상호작용을 통해 충분한 예술적 배움과 성장을 이룰 수 있습니다.

- **놀이중심 교육의 경우 놀이가 예술수업이 될 수 있을지에 대한 불안**

  : 놀이중심의 예술수업은 아이를 그냥 놀리거나 방치하는 부정적 개념이 아닙니다. 놀이를 통한 교육은 유아기에 가장 적합한 교수법이자 창의성과 상상력을 키우는 효과적이고 전문적인 예술 접근법입니다.

- **열린 수업에서 아무것도 가르치지 않았다는 죄책감과 불안**

  : 수업에서 배우는 것 중 시험이나 언어로 나타낼 수 있는 것은 일부

일 뿐입니다. 열린 수업에서 아이들은 비록 겉으로 드러나지는 않지만 도전, 응용, 확장, 융합, 사회성, 창의성, 미적 능력, 자기효능감 등 수많은 것들을 배웁니다. 죄책감과 불안 대신 아이가 열린 수업을 통해 더 창의적으로 배운다는 믿음을 갖고 열린 수업을 하는 예술교사로서 스스로의 자존감을 높여야 합니다.

- **예술적 결과물이 없으면 안 된다는 죄책감과 불안**

  : 예술적 결과물은 있으면 좋지만, 없다 하더라도 과정에서 충실하게 실컷 미적 경험을 하였다면 그에 만족하면 됩니다. 예술교사로서 자책해야 하는 것은 결과물을 만들지 못하는 것이 아니라, 시간 내에 결과물을 뽑아내기 위해 아이들을 재촉하거나 대신 해주거나 놀이를 통제하는 것입니다.

- **'놀이로서의 예술' 대 '기술 향상을 위한 예술교육' 사이에서의 갈등**

  : 예술교육의 3대 요소는 감상, 창작, 기술이라는 것과, 유아기에는 스스로 가작, 창작, 놀이를 하면서 배우는 것이 가장 효과적인 예술교육 방법임을 잊지 않도록 합니다. 놀이냐 기술이냐라는 이분법적 갈등보다는, 예술교사와 아이들의 상상력을 중심에 두고 그때그때 필요한 놀이와 기술을 함께 수용하고 확장해나가도록 합니다.

- **내 수업이 창의적인 예술수업인가에 대한 불안**

  : 창의적인 예술수업은 내 경험이나 교안에 의지하는 것이 아닌, 최대한 아이와 같은 혹은 내면의 아이를 통한 상상력을 동원하여 준비하는 데서 시작됩니다. 그렇게 준비해간 수업을 교실에서 아이들과 함

께 변형하고 융합하고 확장하면서 나머지를 완성해가는 것입니다. 그 과정을 이해하고 실행하려는 노력만으로도 충분히 창의적인 예술수업이 될 수 있습니다.

- **학부모나 유아교육기관장이 만족할 예술수업인가에 대한 불안**

: 이 부분에 있어서는 소통과 지혜가 여러 모로 필요합니다. 모두가 창의적 예술수업을 반긴다면 더할 나위 없이 좋겠지만 그렇지 않다면 요령도 필요합니다. 혹시 예술수업에서 결과물과 발표회가 모든 것이라 여기는 학부모나 원장선생님이 아직도 있다면, 수업에서는 아이들과 함께 충만하고 즐거운 예술수업을 즐기면서 동시에 그것을 모아 지혜롭게 전시나 발표에 활용하는 등의 방법을 찾는 것입니다. 예술교사가 그러한 사람들을 충분히 설득하기 힘들다면 당분간은 지혜롭게 감수해야 할 부분입니다. 시간이 걸리기는 하겠지만 예술교육에 대한 사람들의 인식도 분명히 바뀌어갈 것입니다.

- **유아들이 예술수업을 재미없어 하지 않을까 하는 불안**

: 유아들은 날씨와 계절만 바뀌어도, 혹은 하루 동안에도 수시로 기분과 흥미가 바뀌는 감정덩어리들입니다. 내 수업에서 아이들이 많이 웃는 것도 좋고, 집중하느라 입이 벌어진 줄도 모르는 것도 좋지만, 실패하고 또 도전하느라 잔뜩 인상을 쓰고 있는 것도 좋습니다. 예술수업이 늘 혼을 빼놓는 유튜브 영상이나 게임처럼 재미있을 수는 없습니다. 직설적인 유아에게 "재미없어요!"라는 이야기를 듣는 날이 있다 하더라도, 다음에는 더 재밌고 멋진 예술수업을 해보자고 아이와

함께 다짐하고 격려하는 씩씩한 교사가 되기를 응원합니다.

- **예술수업 중 다치거나 다툼이 생기지 않을까 하는 불안[58]**

  : 한순간도 눈을 뗄 수 없는 유아들은 예술수업에서뿐만 아니라 밥을 먹고 유치원 차에 타고 자유놀이를 하는 시간 하나하나에서 안전에 대한 불안을 갖게 합니다. 그러나 큰 사건이 아니라면 유아들에게 일어나는 갈등과 문제 상황은 또 다른 배움의 기회가 되기도 합니다. 그러니 충분히 안전한 환경을 마련하는 것은 필요하지만 지나치게 안전과 다툼을 우려하여 소극적이거나 통제 위주로 수업을 할 필요는 없습니다. 장애물을 모두 없애는 것이 아니라 장애물을 잘 피하는 법이나 장애물을 함께 넘는 방법, 장애물을 오히려 창의적이고 예술적인 다른 존재로 만드는 방법 등을 상상력 넘치는 아이들과 함께 찾아가 보는 것도 좋을 것입니다.

만약 '아이중심·놀이중심'이 아닌 '교사중심·학습중심'의 예술수업을 하라고 한다면 어떨까요? 혹은 어떠한 간섭과 지침도 없으니 완전히 교사 마음대로 하라거나, 반대로 교육부에서 내려준 교안을 토씨 하나 변경하지 말고 똑같이 하라고 한다면, 과연 예술수업과 관련한 고민과 불안은 사라질까요? 아마 오히려 더 많은 걱정과 갈등이 생겨날 것입니다. 그러니 적절하고 적당한 걱정과 고민은 오히려 우리를 성장시킬 것이라 믿고, 아이중심·놀이중심이라는 예술교육의 변화와 흐름 속에 편안히 몸을 맡겨보기 바랍니다.

교실의 변화를 이끄는 교사 내면의 힘 키우기

가르침은 마음에 감동을 주고, 마음을 열게 하며,
심지어 마음을 깨뜨리기까지 한다.
교사가 가르침을 사랑하면 할수록
그것은 가슴 아픈 작업이 된다.
가르침의 용기는
마음이 수용 한도보다 더 수용하도록 요구당하는
그 순간에도 마음을 열어놓는 용기이다.

│《가르칠 수 있는 용기》 중에서 │

예술교사가 되어 아이들과 만나다 보면 개인적으로 아이를 좋아하든 가르치기와 예술을 좋아하든 상관없이 생각보다 많은 어려움과 마주하게 됩니다. 이는 아이들로 인한 문제 때문만은 아닙니다. 주위 사람이나 환경에서 비롯된 스트레스에서부터 불안하고 만족스럽지 못한 고용상황과 처우, 예술교사로서 스스로의 자질에 대한 의심이나 좌절, 자존감 하락 등 많은 것이 복잡하게 얽혀 있지요. 오롯이 아이들과의 수업에만 집중하기가 쉽지 않습니다. 그러나 이런 어려움을 만날 때 제대로 내면을 바라보고 성장의 밑거름으로 삼지 못한다면 우리 아이들뿐만 아니라 예술교사 자신에게도 깊은 상처로 남을 수 있습니다. 이번 절에서는 예술수업과 아이들 이전에 가장 중요한 자기 자신, 바로 교사들의 내면에 대해 살펴보려 합니다. 이 책의 마지막인 이번 절에서 예술교사들이 가지는 두려움의 실체를 대면하며 용기를 얻는 법과 스스로를 다독이는 내면의 힘을 키우는 법까지 함께 나눌 수 있다면 그보다 좋은 마무리는 없을 테니까요.

가르칠 수 있는 용기는 나 자신에게로 달려가는 용기

교사의 직무를 사전적으로 설명하자면 '가르치는 업무'로 요약할 수 있습니다. 그러나 흔히 교사에게 요구되는 역할은 이것을 훨씬 뛰어넘는 것일 때가 많습니다. 예를 들어 교사는 지식이 풍부하고 긍정적이며, 아이들을 독려하고 포용하며, 열정적이고 사려 깊고 도덕적이어야 한다는 것 등이 그에 해당하지요. 여기에 '유아'와 '예술'이 더해진 교육을 하는 교사라면 유아의 전인적 성장과 예술의 향유, 창의성 발현과 같은 가치까지 훨씬 더 큰 역할이 더해집니다. 유아예술교사가 된다는 것은 어쩌면 단순히 내가 미술을 전공했거나 악기를 잘할 수 있어서 그것을 알려주고 가르쳐주는 것 이상을 의미합니다.

그래서 실제로 많은 교사와 예술교육자들이 자신의 직업을 선택할 때 지식이나 기술을 가르치는 것 이상의 가치를 추구하는 데 목적을 두곤 합니다. '교사'에 대한 그러한 사회적 인식으로 인해 조금 더 나은 사람이 되기 위해 노력하기도 하고 가치 있는 일에서 오는 기쁨과 보람을 얻기도 하지만, 때로는 그 높은 기준 때문에 두려움과 좌절감을 느끼기도 합니다. 다행인 것은 아이들과 수업을 사랑하는 수많은 교사들이 거의 비슷한 감정을 느끼고 있다는 점입니다.

교직생활 30년째이지만, 아직도 공포는 내 주위에서 어른거린다. 교실에 들어갈 때마다 마음 한구석에서 공포가 고개를 쳐든다. 내가 통제하기 어려운 상황을 만났을 때, 가령 바보 같은 질문이 나왔을 때, 말도 안되는 갈등이 벌어졌을 때, 내가 헤매기 때문에 학생들도 헤매는 강의를 할 때 공포는 어김없이 찾아온다. 껄끄러운 강의를 가까스로 마친 날은 강의가 끝난 지 한참 후까지도 나는 여전히 공포를 느낀다. 나쁜 교사라는 의식에 나쁜 사람이라는 느낌마저 추가된다.

나의 공포는 곧 학생들의 공포와 짝을 이룬다. 그러나 교사 초년 시절 나는 학생의 공포라는 측면은 아예 생각조차 하지 못했다. 사방의 공격에 노출된 채로 강단에 서 있던 나는, 노트 뒤나 무리 속에 숨어 있는 학생들이 아주 안전한 위치에 있다고 생각했다. 나는 나의 학생 시절을 회고

함으로써 학생들도 두려워한다는 것을 기억했어야 했다. (…)

가르침은 마음에 감동을 주고, 마음을 열게 하며, 심지어 마음을 깨뜨리기까지 한다. 교사가 가르침을 사랑하면 할수록 그것은 가슴 아픈 작업이 된다. 가르침의 용기는, 마음이 수용 한도보다 더 수용하도록 요구 당하는 그 순간에도 마음을 열어 놓는 용기이다. 그리하여 교사, 학생, 학과는 배움과 삶이 요구하는 공동체의 옷감으로 짜여지는 것이다. (…)

가르칠 수 있는 용기,

그것은 곧 나 자신에게로 달려가는 용기이다.

위 내용은 미국의 교육 지도자이자 사회운동가인 파커 J. 파머가 쓴 《가르칠 수 있는 용기》의 몇 구절입니다. 처음 책에서 이 내용을 접했을 때 30년 이상을 가르치는 일에 헌신해온 유명한 교육자도 수업 때마다 공포를 느낀다는 용기 있는 고백에 저 또한 늘 부족함을 느끼는 한 명의 예술교육자로서 얼마나 큰 위로를 받았는지 모릅니다. 책의 제목에서도 이야기하듯 가르친다는 일, 교사로서 아이들과 만난다는 일은 용기가 필요한 일입니다. 이는 다시 말하자면 가르친다는 일에는 용기가 필요할 만큼 두려움과 공포, 죄책감과 수치심 등의 부정적인 정서가 깃들 수 있다는 것입니다. 심지어 가만히 앉아 있으니 안전할 것만 같은 아이도 사실은 함께 두려워하며 공포를 느낀다는 것은 교사에게 불편한 사실로 다가옵니다. 결국 교사에게 아이는 바꾸거나 통제해야 할 대상이 아니라 설렘과 두려움을 똑같이 가지고 수업시간을 엮어나가는 교육의 파트너인 것입니다.

이런 맥락으로 볼 때 예술교사가 가장 먼저 지녀야 할 진정한 '용기'는 내가 가지고 있는 두려움과 불안함을 그대로 인정하는 것입니다. 사람들은 대개 두렵지 않은 척 더 과장된 행동을 하거나, 다른 사람과 상황을 탓하거나, 그럴 수밖에 없는 핑계를 찾는 것으로 자신의 두려움을 인정하지 않고 피하려 합니다. 우리는 전통적으로 눈물이나 감정을 참고 숨기라고 교육받아왔고, 부정적인 감정을 인정하면 약한 사람이 되는 것이라는 인식에 익숙해져 있기 때문입니다. 그러나 최근 이 같은 문화가 마음과 정신에 해로우며 심지어는 병의 원인이 된다는 것이 드러나고 있습니다. 감정과 정신건강에 대한 수많은 책에서도 감정을 아기처럼 다독이고 보살필 것을 강조하고 있지요. 그러므로 가장 먼저 예술교사로서 나의 두려움과 불안함을 끌어안고 다독이는 용기를 갖기 바랍니다. 첫 번째 용기가 생겨날 때 비로소 두 번째 용기도 쉽게 가질 수 있습니다.

두 번째는 바로 아이들과 함께 배우겠다는 용기입니다. 만약 내가 예술교사로서 두려움과 불안함이 있는데도 그것을 인정하는 첫 번째 용기를 갖지 못한다면 어떻게 될까요? 그 빈틈에는 반드시 두려움을 숨기고자 하는 권위의식이나 통제, 그리고 두려움을 주는 대상이라 여겨지는 이들에 대한 비난이 자리 잡게 됩니다. 때로는 그 비난이 상사나 학부모를 넘어 우리 아이들을 향하기도 하지요. 산스

크리트어로 교육을 뜻하는 '비나야^{vinaya}'라는 말은 '겸손의 덕'을 의미합니다. 교사 자신이 완전하지 못하고 두려움이나 부족함이 있는 존재라는 것을 인정할 때, 비로소 '나는 아이와 함께 오늘도 배우고 성장한다', '나는 아이에게서 배우는 일도 주저하지 않는다'라는 겸손과 용기를 가질 수 있습니다. 이것이야말로 바로 이 책 전반에서 이야기하는 아이와 한 수 한 수 놓아가는 수업, 예술가 대 예술가로 만나는 수업을 하는 데 없어서는 안 될 용기이지요. 겸손의 덕을 가진 예술교사는 내려놓은 마음의 공간만큼 내적인 편안함과 성숙을 채울 수 있습니다.

예술교사가 가져야 할 세 번째 용기는 '나는 좋은 교사, 쓸모 있는 교사, 잘해낼 수 있는 교사'라는 긍정적 자아상을 갖는 용기입니다. 교사의 마음에 무엇이 얼마나 쌓여 있는지는 무의식중에 하는 말과 행동, 수업에서의 긴장과 돌발상황에 그대로 드러나게 됩니다. 똑같은 교안이라 하더라도 교사 각각이 어떠한 자아상과 자존감을 갖고 있는지에 따라 수업의 공기와 분위기, 예술적 경험의 질에서 전혀 다른 결과를 낳을 수 있습니다.

예술교사의 긍정적 자아상은 늘 밝고 웃는 사람을 말하는 것이 아닙니다. 두려움이나 부정적 감정은 모든 인간이 자연스럽게 가질 수 있는 것이고, 이를 덮고 억지로 웃거나 밝은 체하는 것은 누구에게도 도움이 되지 않기 때문입니다. 예술교사의 긍정적 자아상은 자신이 지닌 두려움과 불안을 인정하는 용기, 그리고 아이들과 함께 배워나가려는 용기에서 시작됩니다. 오히려 이 같은 과정을 성장의 기회로 여길 때 자연스럽게 배어 나오는 감사와 미소인 것입니다. 그러므로 무엇보다 아이들에 스스럼없이 하듯, 자기 자신에게도 칭찬을 아끼지 않길 바랍니다. '나는 좋은 교사, 쓸모 있는 교사, 잘 해낼 수 있는 교사'라고 정말 그렇게 믿어질 때까지 소리 내어 칭찬하기 바랍니다. 그런 예술교사와 함께할 때 아이들은 선생님의 삶의 자세까지 자연스럽게 모델링할 것입니다. 틀리지 않고 완벽하게 잘 하는 것이 아닌, 실패도 해보고 실수도 해보다가 다시 툭툭 털고 일어나 도전하고 성장해나가는, 선생님과 같은 용기를 가지고 자라게 될 것입니다.

내적 성장과 창의성을 방해하는 요소 이겨내기

이제는 예술교사들이 가져야 할 용기에 힘입어 좀 더 자신 있고 당당하게 우리의 내적 성장과 창의성을 방해하는 요소[59]들을 마주해 봅시다. 하나하나 살펴보다 보면 내가 갖고 있거나 나와 가까운 이들에게 있는 요소들을 발견하면서 불편한 감정이 들 수도 있습니다. 그러나 이 또한 용기 있게 끌어안기를, 내적 변화를 위한 점검과 성장의 기회로 삼기를 바랍니다.

심리적 타성

우리의 성장과 창의성을 방해하는 첫 번째 요소는 '심리적 타성 psychological inertia'입니다. 심리적 타성은 자신이 가진 지식과 경험 내에 서만 방법을 찾는 관습적인 사고방식으로, 새롭고 혁신적인 접근을 방해합니다. 일부 유아교사들은 기존의 보육자료나 교재, 보육자료 사이트에 있는 수업정보에서 벗어나기 어려워하기도 하고, 일부 예 술을 전공한 교사들은 자신의 전공과 전공수업 때 배운 수업방식을 벗어나지 못하기도 합니다. 유아교사이기 때문에 예술수업은 특별 한 교재 없이는 할 수 없다고 여기거나, 무용을 전공해서 혹은 미술 을 전공해서 동요 부르기나 연극은 할 수 없다고 여기는 것이지요.

앞에서 모든 변화는 설렘과 두려움을 동반한다고 이야기했습니 다. 다행히 두려움보다 설렘이나 기대가 더 클 경우 변화의 흐름에 맞춰 실패와 도전을 기꺼이 반복하며 성장하지요. 그러나 반대로 두 려움과 방어적 심리가 더 크다면 변화 대신 기존의 관습을 고집하거 나 더 못한 이전 상태로 되돌아갈 수도 있습니다. 마치 아이가 숟가 락과 포크를 사용하는 것을 자랑이자 즐거움으로 받아들일 경우 수 천 번의 반복을 통해 능숙하게 해나가지만, 정서적 두려움으로 인 해 그것을 거부할 때 다시 숟가락이나 포크를 사용하지 않는 유동식 이나 젖병을 꺼내어 무는 것처럼 말입니다. 하물며 우리는 아이들과 함께 예술이라는 경계 없는 영역을 탐색해나가는 예술교사들입니 다. 심리적 타성을 갖게 된다면 예술을 탐색할 만한 창의적 사고 자체가 멈추는 것입니다.

심리적 타성을 뛰어넘기 위해서는 의식의 주파수를 긍정적 정서에 맞춰 놓아야 합니다. 어떤 상황에 맞닥뜨렸을 때 수많은 감정과 생각 중 최대한 긍정적이고 도전적인 정서를 선택하는 것입니다. 예를 들어 새 누리과정에 맞춰 예술수업을 연구하고 고민해야 하는 상황에서 '귀찮은 일, 괜한 일'로 여기는 부정적이고 방어적인 정서와 '나와 아이를 위한 일, 누가 알든 모르든 우리나라 예술교육을 진보시키는 데 한몫하는 일'이라는 긍정적, 도전적 정서가 함께 떠오를 수 있습니다. 이때 온 힘을 다해 후자의 긍정적 감정을 선택하는 것입니다. 우리에게 주어지는 상황은 선택할 수 없지만 우리의 감정만큼은 선택할 수 있습니다. 새로운 변화, 새로운 상황에서 두려움과 설렘이 함께 찾아올 때, 설렘과 긍정적 정서를 선택한다면 심리적 타성 따위에는 영향받지 않고 더 큰 성장을 이룰 수 있을 것입니다.

잘못된 문제정의

예술교사의 성장과 창의성을 막는 두 번째 요소는 '잘못된 문제정의wrong problem definition'입니다. 이는 문제를 다양한 관점에서 제대로 검토하지 못하고 표면에 드러난 것만을 문제로 삼아 문제의 본질과 무관한 것을 탓하고 해결하려 드는 것을 말합니다. 자신의 귀찮음이나 두려움을 덮기 위해 수업 시수나 재료 탓을 하기도 하고, 교사는 원장 탓을, 원장은 교사 탓을 하기도 합니다. 또 제도나 나라를 탓하기도 하고 심지어는 유아나 부모들의 수준과 성격을 탓하기도 합니다. 수업구성이나 상호작용 방법을 고민하고 창의적 방법을 찾는 대신, 통제가 쉬운 수업, 준비가 필요 없는 편한 수업으로 구성하고는 어쩔 수 없었다고 이야기할 때도 있습니다.

당연히 환경과 주변 사람은 예술교사와 수업에 큰 영향을 끼칩니다. 실제로 불안정하고 부정적인 조직과 환경 문제로 어려움을 겪는 교사도 많습니다. 그러나 잘못된 문제정의가 위험한 이유는 대부분 부정적인 언어 습관으로 자리 잡기 때문입니다. 아마 주변에서 어떤 환경이나 사람을 탓해서 다른 환경으로, 그곳에서도 또 다른 환경으로 옮겨갔는데, 어디에서나 끊임없이 문제를 느끼고 그것을 탓하는 사람을 본 적이 있을 것입니다. 잘못된 문제정의가 부정적 언어로 이어져 습관이 된다면 가까이 있는 사람들의 마음을 괴롭게 하고 시간과 에너지를 빼앗을 뿐만 아니라 조직 내에서 따돌림이나 분열을 일으킬 수도 있습니다. 잘못된 문제정의를 하는 사람과 건설적인 비판을 하는 사람은 다음 두 가지를 통해 구분할 수 있습니다. 하나는 비판만 하느냐, 비판뿐만 아니라 현실적이고 중재적인 대안도 함께 제시하느냐이고, 다른 하나는 상대방만 무조건 바뀌기를 바라느냐, 대안을 현실화하기 위해 자신도 함께 노력하느냐입니다.

잘못된 문제정의와 부정적인 언어 습관을 가진 사람이 가까이 있다면 조금 거리를 두어도 괜찮습니다. 그 비난이 언제든 아이들이나 나에게도 향할 수 있기 때문입니다. 또 만약 나에게 이런 요소가 있다면 어떠한 환경이나 사람에게 문제가 있다 하더라도 성급하게 비난하기보다는 정확한 분석과 문제정의를 하려고 노력해야 합니다. 여기에 우리만의 창의적 사고를 살려 창의적인 대안을 만들고 제시하면서 긍정적인 분위기가 되도록 함께 노력한다면 더없이 좋겠지요. 참 신기한 것은 세상 어느 곳에 가더라도 문제는 꼭 있다는 것입니다. 어떤 문제를 피하면 다른 문제가 또 나타나게 마련이지요. 비록 뼈아프더라도 지금의 문제를 다각도로 성찰하고 긍정적인 해결방법을 찾아내는 지혜와 창의성이 필요합니다.

다양한 지식의 부족

세 번째 요소는 '다양한 지식의 부족lack of interdisciplinary knowledge'입니다. 이것은 교사가 여러 가지 상황에 대해 다양한 학문적, 경험적 지식이 부족하고, 그것에 접근할 수 있는 방법이나 도구가 없다고 여기는 것입니다. 만약 지식이 부족한 것을 넘어 그것을 채우기 위한 습득의 의지나 노력마저 없다면 사람은 자연스럽게 타협하면서 쉬운 길을 찾게 됩니다. 또는 손쉽게 남을 탓하거나, 지식의 부족함을 숨기기 위해 권위와 서열에 의존하게 되기도 하지요.

유아와 함께 예술수업을 하기 위해서는 여러 가지 공부가 필요합니다. 유아기에 대한 지식에서부터 상호작용 방법과 상상력, 창의력을 활용한 예술교육 방법까지. 또한 예술 장르 간 융합뿐 아니라 수학, 과학, 생활, 예절, 전통, 지역과 같은 영역을 융합예술수업의 출발점으로 삼기 위해서는 다양한 분야에 대한 지식도 필요합니다. 지금은 무엇에 관한 것이든 지식을 얻기 가장 좋은 시대라고 이야기합니다. 무용이나 연극, 그림, 음악 등에 대한 다양한 시청각 자료뿐만 아니라 우리 지역과 전 세계 곳곳, 심지어 어제 나사NASA에서 발표한 연구 보고서까지 조금만 관심과 노력을 기울인다면 유튜브나 구글 등의 채널을 통해서 지식을 얻고 원하는 각종 자료를 확보할 수 있습니다. 교사 스스로 진정한 앎에 대한 호기심과 열정을 되살리기만 하면 됩니다. 지식의 부족에서 오는 모순과 한계에서 벗어나 상상력과 창의성 가득한 예술교사로서의 자존감을 찾고, 더불어 평생 배우며 살아가야 하는 아이들에게 배움의 즐거움도 알려주기 바랍니다.

모순 회피

네 번째 요소는 '모순 회피avoiding contradiction'입니다. 이는 갈등이나 문제가 생겼을 때 제대로 모순을 찾지 못하거나 어려움을 회피하는 경향으로, 다른 오류들처럼 단순하고 단편적인 해결방법밖에 내놓지 못하게 됩니다. 유아예술수업을 하다 보면 마음과는 다른 상황을 자주 만나게 됩니다. 최선을 다해 준비했는데 아이들이 지겨워할 때도 있고, 일부 학부모나 원장님이 창의적인 수업이 아닌 학습적이고 진도만 나가는 식의 수업을 요구할 때도 있습니다. 또 아이 주도적인 활동을 하려고 충분히 열린 수업을 시도했는데 아이들은 교사의 지시만 기다리는 수동적인 모습을 보일 때도 있고, 마음먹고 판을 펼쳐

주었는데 손에 묻는 것이 싫다며 아이들이 거부할 때도 있지요.

이렇게 자신의 마음이나 노력, 방향과는 다른 모순들이 생겨날 때 교사 또한 사람인지라 상처받고 좌절감을 느끼게 됩니다. '내가 다시는 이렇게 하나 봐라.' 하면서 부정적이고 감정적인 결론을 내버리기도 하지요. 그래서 모순 회피는 누구보다도 마음이 약하거나 상처를 쉽게 받는 예술교사, 또는 완벽주의적인 예술교사들에게 쉽게 나타납니다. 그러나 이럴 때에는 잘못된 문제정의의 상황과 마찬가지로 모순과 문제를 끊임없이 마주할 용기가 필요합니다.

'내 수업이 늘 완벽할 수는 없어. 내가 늘 완벽할 수는 없어.'

'우리 아이들이나 주변 사람들은 모두 자신의 생각이 있어. 그들은 내가 원하는 대로 하지 않을 수도 있어. 무엇보다 그들은 내가 원하는 대로 하기 위해 존재하는 게 아니야.'

이 같은 생각으로 매순간 상황과 문제를 통해 새롭게 배우고 성장해갈 수 있음을 받아들여야 합니다. 좌절하거나 회피하지 않고 창의적인 방법을 통해 모순을 극복하는 경험을 쌓아갈 때 비로소 어떠한 상황에서도 흔들리지 않는 단단함을 갖출 수 있습니다. 그리고 아이들도 그런 교사를 보며 성장하고 단단해질 수 있습니다.

지금까지 살펴본 것 외에도 '고도의 전문성'과 '과도한 정보', '압도적 영향력' 등이 예술교사의 창의성과 성장을 가로막고 저해하는 요인으로는 꼽힙니다.[60] 그러나 유아와 맞지 않는 수준이라면 고도의 전문성도 내려놓을 수 있는 용기, 많은 것을 알고 있어도 아이의 관심과 흐름에 맡겨보는 용기, 예술계나 교육계의 시선과 평판에 신경 쓰기보다는 유아에게 예술의 힘과 행복을 나눠주는 수업인지에 신경 쓰는 용기가 필요하지 않을까요? 예술교사들이 애써 용기와 긍정을 선택할 때 비로소 창의성과 성장을 가로막는 방해 요소들은 걸림돌이 아닌 디딤돌이 될 수 있을 것입니다.

예술교사의 내적 성장을 위한 확언

지금까지 살펴본 내용들을 통해 용기가 조금은 더 생겨났기를 바랍니다. 비록 여러분 한 명 한 명을 알지는 못하지만, 아이중심·놀이중심의 예술교육이 궁금해서 이 책을 손에 들고 소중한 시간을 내어 여기까지 읽어왔다는 그 사실만으로도 여러분이 얼마나 성장과 변화를 위해 노력하는 예술교사인지 알 수 있을 것 같습니다. 마음 같아서는 한껏 감사와 응원의 표현을 하고 싶지만 현실적으로 불가능하지요. 그래서 다음과 같이 예술교사 여러분이 직접 스스로를 칭찬하고 응원하며 스스로에게 감사의 마음을 전할 수 있는 방법을 나누고자 합니다. 바로 예술교사를 위한 확언affirmation입니다.

확언은 다짐을 하는 말로서 자신이 갖고자 하는 정서와 바라는 상태를 만드는 데 도움을 줄 수 있습니다. 특히 긍정적이고 확신에

찬 현재 진행 및 완료형의 확언은 우리의 정서와 현실을 한층 더 힘 있게 만들어줍니다. 말의 힘은 위대하지요. 칭찬과 감사의 말은 힘이 더욱 크다는 것을 유아를 대하는 교사들은 모두 잘 알고 있습니다. 그런데 유독 자신에 대해서만은 인색하고 엄격할 때가 많습니다. 우리 아이들에게는 장점을 찾아 칭찬해주면서 말입니다. 나에 대해 자신감이 넘치는 교사나 스스로를 사랑하지 못하는 교사 모두 칭찬하고 존중해주는 말이 필요합니다. 다른 사람으로부터 듣는 것도 중요하지만 그보다 먼저 나 자신에게서 듣는 칭찬 말입니다.

나의 하루에 대해, 아이들을 만날 때, 예술교사로서 할 수 있는 세 가지 확언을 간단히 소개합니다. 다음 확언들을 매일 아침 하루를 시작할 때나 수업을 하기 전, 혹은 필요할 때마다 활용하기를 바랍니다. 주의할 것은 자기 자신이 직접 들을 수 있게 소리를 내어 말하고, 비록 모든 말이 나의 상태나 감정과 맞지는 않다 하더라도 최대한 천천히, 집중하여 칭찬과 격려를 해주는 것입니다.

교실을 살리고 예술을 꽃피우며 아이를 행복하게 하는 힘은 먼저 교사가 자기 자신을 살리고 꽃피우며 행복을 선택하는 데에서 시작될 것입니다. 누구보다도 우리 예술교사 여러분이 가장 먼저 행복하기를, 최선을 다해 살아내기를, 그래서 곳곳에서 아이들과 예술로 향기 가득한 꽃 활짝 피워내기를 진심으로 바라며, 이 책의 긴 여정을 마칩니다.

나의 하루에 대한 긍정확언

나는 나를 사랑합니다.

나는 오늘을 주신 것에 감사합니다.

나의 오늘은 어제와도 다르고 내일과도 다른 새로운 날입니다.

나는 오늘에 집중하고 최선을 다합니다.

나는 오늘의 역할에 감사합니다.

나는 오늘의 축복을 충실하게 느낍니다.

나는 오늘의 감정을 적극적으로 받아들입니다.

나는 오늘이 미래보다 가치 없다 여기거나 소홀히 하지 않습니다.

나는 미래를 위해 오늘의 행복을 담보하지 않습니다.

나는 오늘에 집중하고 오늘을 사랑합니다.

나는 부정적인 생각을 내려놓습니다.

나는 불안한 생각을 내려놓습니다.

나는 일어나지 않은 일에 대한 걱정을 내려놓습니다.

나는 다가오지 않은 미래에 대한 불안을 내려놓습니다.

나는 오늘 그렇듯 미래에도 행복할 것입니다.

나는 지금 그렇듯 미래에도 잘 극복하고 있을 것입니다.

나는 일어나지 않은 미래 일을 걱정하지 않고 미리 준비합니다.

나는 부정적인 사람들의 말에 흔들리지 않습니다.

내가 긍정적인 선택을 하기에 아무도 나를 흔들 수 없습니다. 걱정은 걱정하는 사람들의
몫입니다.

나는 오늘의 행복을 즐기는 사람입니다.

나는 오늘의 일과 감정과 상황이 조용히 흘러가도록 지켜봅니다.

나는 나의 오늘과 나의 지금을 사랑하는 사람입니다.

아이들에 대한 긍정확언

나는 우리 반 아이들을 사랑합니다.

나는 우리 반 아이들이 가난하거나, 장애가 있거나, 실수가 많거나, 부모에게마저 비난받는
  아이라 하더라도 사랑합니다.

우리 반 아이들은 나를 사랑합니다.

우리 반 아이들은 내가 가난하거나, 장애가 있거나, 실수가 있거나, 가족과 상사, 다른
  이들로부터 비난받더라도 나를 사랑합니다.

우리 반 아이들은 내가 선생님임을 기뻐하고 자랑스러워합니다.

나도 아이들이 우리 반 아이들이어서 기쁘고 자랑스럽습니다.

나는 우리 아이들과의 수업시간에 행복할 것을 선택합니다.

나는 우리 아이들과 함께 배워나갈 것을 선택합니다.

나는 우리 아이들과 사랑과 감사의 긍정적 정서를 나눌 것을 선택합니다.

나는 우리 아이들을 모든 상처와 어려움으로부터 지킬 수 없지만 지지와 격려로 극복해
  나가는 과정을 함께해 줄 수 있습니다.

나는 아이들이 내가 원하는 대로 하지 않을 수 있음을 받아들입니다.

나는 아이들은 자신만의 생각과 의견, 욕구, 감정을 가짐을 받아들입니다.

우리 반 아이들은 실수를 반복하면서 멋지게 배워나가고 있습니다.

우리 반 아이들에게서는 미처 몰랐던 새로운 장점과 개성이 매일 발견됩니다.

우리 반 아이들에게는 멋진 미래가 기다리고 있습니다.

우리 반 아이들은 자라서 사회에 쓰임 있는 사람이 됩니다.

우리 반 아이들은 건강하고 선한 영향력을 주는 사람이 됩니다. 그러나 아이들의 미래를
  위해 결코 오늘의 행복을 미루지 않습니다.

우리 반 아이들이 이 세상에 온 것은 각각 아주 중요한 이유가 있습니다.

우리 반 아이들은 세상에서 가장 아름다운 것을 누릴 권리가 있습니다.

우리 반 아이들은 누구보다 가치 있는 존재들입니다.

나와 우리 반 아이들이 만난 것은 그야말로 큰 행복이자 기적입니다.

예술교사로서의 긍정확언

나는 내가 예술교사인 것이 감사합니다.

나는 내가 아이들과 예술로 만나는 것이 자랑스럽습니다.

나는 예술교사로서 자신감과 자존감을 가집니다.

나는 강하고 현명하며 열정이 넘칩니다.

나는 긍정적인 생각을 하고 긍정적인 말을 선택합니다.

나는 오늘도 나 자신과 아이들을 행복하게 하는 선택을 합니다.

나는 실수와 실패가 있더라도 기꺼이 받아들이고 극복합니다.

나는 창의적인 사람입니다. 창의적인 수업에 가장 적합한 예술교사입니다.

나는 창의적 예술교육을 통해 더 나은 미래를 만드는 데 기여하고 있습니다.

나는 나의 전공이나 경험, 주위 시선에 갇히지 않는 용기가 있습니다.

나는 유연하고 변화하고 배우며 성장하는 것을 기뻐합니다.

나는 아이처럼 상상하고 아이와 함께 노는 수업이 설레고 기쁩니다.

나의 예술수업에서는 매일매일 멋지고 신기한 작은 기적들이 일어납니다.

나는 아이들이 어떤 감정이든 가질 수 있다는 것을 존중하며, 이 감정을 느끼고 표현하고
　해소하는 데 예술이 도움이 된다는 것에 기쁨을 느낍니다.

나는 아이들이 최고의 예술가로 살고 있음을 존중하고 받아들입니다.

나는 아이들에게서 배우는 것을 주저하지 않으며, 재미와 영감을 얻습니다.

나는 아이들 내면의 스스로 배우는 힘을 존중하고 자랑스럽게 여깁니다.

나는 아이들이 예술과 놀이로 행복하게 자란다는 것에 행복을 느낍니다.

나는 아이들에게 진정한 예술의 힘과 가치를 알려주기 위해 작은 것이라도 예술가로서의
　삶을 포기하거나 놓지 않을 것을 선택합니다.

그래서 나는 예술과 감사, 행복은 어디에나 있음을 내 삶으로 알려줍니다.

나는 더 성장하고, 더 번영하며, 더 좋은 사람이 되어가고 있습니다.

나는 멋진 변화의 과정에 있고 멋진 삶을 살아낼 자격이 충분히 있습니다.

나는 누구보다 나를 사랑하며, 대견한 마음으로 아낌없이 칭찬합니다.

에필로그

최근 OECD에서는 교사를 평생 배워야 하는 학습자로서 고찰한 연구 보고서[61]를 발표하였습니다. 그 결론을 축약하면 다음과 같습니다.

아무리 좋은 교육 시스템이라 해도 교사의 질을 넘어설 수 없다. 그렇기 때문에 최고의 교사를 유치하고 개발하고 유지하는 것은 교육 시스템에 있어서 매우 어렵고도 중요한 과제다. 성공적인 교육이 이뤄지는 학교는 '모든 교사들이 일하기 원하는 곳', '아이디어를 완전히 실현할 수 있는 곳', 그리고 '신뢰할 수 있는 곳'이다.

지금까지 이 책 전반을 통해 아이중심·놀이중심의 창의적 예술교육에 대한 가치와 방법을 나누었고, 이를 위해 가장 중요한 것은 결국 현장에 있는 예술교사라고 강조하였습니다. 예술교사가 유아 스스로의 힘을 믿어주면서, 창의적 사고와 내적 성장을 향해 용기 있게 나아갈 때 예술수업의 변화가 이뤄진다는 내용이었지요. 어떤 좋은 시설이나 값비싼 도구, 아이디어 넘치는 교안이라도 수업의 질은 교사의 질을 넘어설 수 없기에 예술교사의 역할과 성장을 중요하게 여기는 것은 당연합니다.

그러나 이 책을 마무리하면서 OECD의 보고서 내용을 언급한 데에는 이유가 있습니다. 아무리 교사가 중요하다 하더라도 미래 인재를 키우는 일을 교사의 역량에만 의존하거나 교사에게 모든 짐을 지울 수 없기 때문입니다. 교육과 사회가 변화하려면 그 이상의 많은 역할과 노력이 필요합니다. 아이들이 창의적이고 주체적인 예술 꽃을 피우는 것이 예술교육의 목적과 방향이라면, 예술교사는 꽃을 피워 낼 단단하고 넓은 그릇 역할을 합니다. 여기에 따뜻한 햇볕과 적절한 물, 적당한 기온과 시기에 맞춰 성장을 뒷받침해주는 역할이 교육정책이 될 것이고요. 기본적인 토양이나 공기처럼 아이중심·놀이중심 예술교육의 가치와 중요성을 인식하고 지지해주는 토양으로서 사회적 관심과 환경도 필요합니다.

다음 그림처럼 살아있는 양질의 예술교육을 싹 틔우고 꽃피워 열매 맺는 것은 우리 모두의 몫이자 공동의 과제입니다.

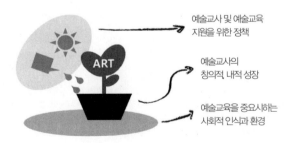

예술교사 및 예술교육
지원을 위한 정책

예술교사의
창의적 내적 성장

예술교육을 중요시하는
사회적 인식과 환경

아이와 함께한다는 것은 마치 유리공을 만지는 것과 같은 집중과 에너지가 필요한 일입니다. 그런데 유아예술교사들은 긴 노동시간과 많은 기타 업무, 그리고 많은 아이들과 함께해야 하다 보니 수업 연구와 준비에 할애할 시간과 에너지가 부족할 수밖에 없습니다. 한정된 에너지가 분산되면 직무 만족도가 낮아질 수밖에 없고, 교사의 에너지도 빨리 소진되며 이는 결국 교육의 질 저하로 이어집니다.[62] 예술교사가 충분한 동기부여와 함께, 양질의 예술수업을 계획할 시간과 환경을 가질 수 있도록 정책적 지지와 지원이 필요합니다.

또 교육은 교사와 부모, 사회의 철학이 함께 갈 때 더 큰 시너지를 낼 수 있습니다. 예술과 놀이를 통한 교육에 대해 새로운 관점을 공유하는 것이 필요합니다. 2020년부터 개정된 누리과정의 핵심인 아이중심·놀이중심 교육은 주도성, 유희성, 확장성, 즉흥성, 창의성, 과정중심, 긍정적 정서 등 예술과 같은 특성과 효과를 가집니다. 자연스럽게 아이중심·놀이중심 유아교육은 예술교육과 연결되지요. '세계교육미래지표WEFFIWorldwide Education for the Future Index를 통해 미래교육 실천국가 1위에 빛나는 핀란드는 세계에서도 '문해율'이 가장 높은 나라입니다. 유치원 교육에서 읽기나 쓰기를 가르치지는 않

• '문해율(文解率)'은 글을 통해 개념을 이해하고 필요한 정보를 얻는 있는 사람의 비율로, 글자 자체를 모르는 '문맹률(文盲率)'과는 다른 의미를 가진다. 우리나라 문맹률은 매우 낮지만, 모르는 글자가 없는데도 글이 주는 정보나 개념을 이해하지 못하는 실질 문맹률은 75% 수준으로, 문해력은 OECD 국가 중 최하위다. 문해율은 교육, 독서, 언어 차이 등으로부터 비롯된다는 견해가 있다.

지만 핀란드 아이들은 고등학교를 졸업할 때가 되면 제2외국어인 영어까지 유창하게 하게 됩니다. 오로지 아이중심의 예술과 놀이 활동을 통해 스스로 언어능력을 높이고 언어와 이미지, 글을 이해하는 능력을 키워나가고 있습니다.

이 같은 교육에 대한 부러움과 필요성, 목마름을 모두 느끼고 있지만 사회적 관심과 공유는 여전히 매우 낮은 상태입니다. 지금까지 유아교육기관 자체로, 혹은 문화센터나 주민센터 등 일부 기관에서 진행되어온 소극적인 부모교육을 넘어서야 합니다. 정부에서부터 언론과 미디어, 교육기관, 문화예술기관, 예술교사 개인에 이르기까지 더 많은 곳에서 더 다양한 온라인, 오프라인 채널을 통해 교육의 변화와 그 이유를 공유하는 노력이 필요합니다. 아이중심·놀이중심의 교육으로 변화하는 것을 환영하고, 창의적인 예술교육을 지지하고, 이에 발맞춰 육아의 질을 높여가는 길을 부모와 가족, 이웃이 함께 가야 합니다.

마지막으로 새로운 시대를 대비한 이 같은 교육의 변화와 흐름은 그 다음 단계까지 함께 고려되어야 합니다. 개정된 누리과정을 통해 예술로, 놀이로 자라는 아이들을 생각하면 절로 미소가 지어지지만 동시에 걱정도 따릅니다. 유아들이 수년 내 진학하게 될 초등학교, 중학교, 고등학교에서 변화된 누리과정과 예술로 자란 아이들을 받아들일 준비를 하는 것이 시급하기 때문입니다. 아이의 주도성과 창의성을 중심에 둔 창의적 학교를 고민해야 할 뿐만 아니라, 방과 후나 취미활동의 수준을 넘어 융합인재교육 차원에서 예술교육에 대해 연구하고 새로운 교육정책을 마련하는 것도 필요합니다. 더 나아가 이렇게 자란 우리 아이들이 사회로 나갈 때쯤에는 창의적이고 개방적으로 인재를 수용하면서 조화를 이룰 수 있는 산업과 사회 전반의 변화와 준비도 필요하겠지요.

> "이제 우리는 단순히 '우리의 아이들에게 어떤 지구를 물려줄 것인가?' 하는 고민만으로는 충분하지 않다. 이에 더해 '우리의 지구에게 어떤 아이들을 물려줄 것인가?'까지 고민해야 하는 것이다."
>
> — 피에르 라비,《피에르 라비의 자발적 소박함》중에서

우리는 보석과도 같이 소중한 우리 아이들에게 새로운 시대를 위해 어떠한 능력과 어떠한 가치, 어떠한 사회를 물려주어야 할까요? 그리고 새로운 시대, 새로운 사회에는 어떠한 아이들을 키워내고 어떠한 사회구성원을 물려주어야 할까요? 이 책은 아주 작은 시작과 도움에 지나지 않습니다. 인류의 본능이자 삶이며 정서와 성장의 바탕으로서 늘 함께해온 창의성과 예술 속에서 우리 모두 함께 그 길을 찾아가야 할 것입니다.

주

1) Rosalind Charlesworth(2016), *Understanding Child Development 10th edition*, Cengage Learning

2) Arts and Humanities Research Counci(2016), *Understanding the Value of Art & Culture l*

3) Schonkoff(2000), *From Neurons to Neighborhoods: The Science of Early Childhood Development*, National Research Council

4) Barnett(2013), *Equity and Excellence: African-American Children's Access to Quality Preschool*, Center on Enhancing Early Learning Outcomes

5) 김창환(2013),《미래사회 변화와 문화예술교육: 교육계 변화를 중심으로》, 2013 문화예술교육포럼 자료, 문화체육관광부

6) 한국문화예술교육진흥원(2015),《유아 문화예술교육 프로그램 분석을 통한 발전방안 연구 보고서》

7) 박응희, 이병준(2012), "평생교육으로서의 문화예술교육 질 관리의 딜레마", 문화예술교육연구, 7권 4호

8) Bockhorst, H. & Fuchs, M. & Zacharias, W.(1996). *Qualitäten und Qualitätsstandards. Ein Resümee des Werkstattgespräche. In: Bundersvereinigung Kulturelle Jugendbildung e.V(Hg.)(1996). Qualitäten in der kulturellen Bildungsarbeit. Theoretishe Annäherung und folgen für die Praxis. Schriftenreihe der Bundesvereinigung Kulturelle Jugendbildung Band 37.* Arbeitshilfe 4/96. Remscheid. 31-35.

9) 유혜영(2002),《예술교육》, 학연사.

10) 한국문화예술교육진흥원(2013),《유아 문화예술교육 실태 조사 연구》

11) 이경화(2018),《유아중심·놀이중심 교육과정 바로보기》, 2018 유치원누리과정 컨설팅지원단 워크숍 자료 중 인용

12) Harter, S.(2003). *The development of self-representations during childhood and*

adolescence. In M. R. Leary, & J.P. Tangney(Eds.), Handbook of Self and Identity, (pp. 610?642). New York: Guilford.

13) Kostelnik, M. J., Whiren, A. P., Soderman, A. K., & Gregory, K. M. (2009).《영유아의 사회 정서발달과 교육》.(박경자, 김송이, 권연희, 김지현 옮김) 서울: 교문사.(원전은 2002년에 출판).

14) 피터 N. 스턴트(2017),《인류는 아이들을 어떻게 대했는가》, 삼천리

15) 세계의 교육현장 - 서울 G20 특집. 영국 크리에이티브 파트너, EBS, 2012

16) 양옥승(2005), 아동중심 교육과정의 의미 탐구, 한국유아교육학회 25권 2호

17) Maria Montessori(2013), *The Montessori Reader*, Simon and Schuster

18) 유한나, 엄정애 (2014), 교사의 놀이 개입에 대한 유아의 생각과 기대, 한국교원교육연구, 31권 2호 (통권67호) pp.255-284

19) Kendrick, M.(2005), *Playing house: A sideways glance at literacy and identity in early childhood Journal of Early Childhood Literacy*, 5(1), 5-28

20) Van Hoorn, Nourot, Scales., & Alward(2007), *Play at the center of the curriculum, Upper Saddle River*, New Jersey: Merrill/Prentice Hall

21) 이숙재(2014),《영유아 놀이의 이론과 실제》, 창지사

22) What's Wrong with America's Playgrounds and How to Fix Them An Interview with Joe L. Frost(2008), American Journal of Play, Vol. 1 No. 2

23) 권정윤, 정미애(2019), OECD 8개국 국가수준 유아교육과정의 놀이와 학습 관점 탐구, 유아교육연구. 제39권 제1호, p.195-226

24) Joe L. Frost & Barry L. Klein(1979), *Children's Play and Playgrounds*, Boston : Allyn and Bacon

25) Richard Dattner(1974), *Design for Play*, The MIT Press

26) 강민정 (2016), 한국교원교육연구, 제33권 제3호, pp.189-211

27) 황옥경(2015), 외국의 아동놀이 정책 : 영국을 중심으로, 교육연구정보 제68호, pp.37-51

28) Harold L. Buddy Alkire(2009), *Playground Safety - Are Your Children's Play Areas Safe?*, American Society of Safety

29) David A. Sousa & Tom Pilecki(2014),《STEAM 융합인재교육의 이론과 실제》, 다빈치books, (P 131 재구성)

30) Bahrick, L. E., & Lickliter, R.(2002), *Intersensory redundancy guides early perceptual and cognitive development*. In R. V. Kail(Ed.), *Advances in child development and behavior*, Academic Press

31) 백령 외(2013),《2013 어린이 통합예술교육과정 설계 매트릭스 개발 연구 보고서》, 서울문화재단/ 백령(2015),《통합예술교육이란 무엇인가?》, 커뮤니케이션북스, 재인용

32) Brittain, W.L. 1979, *Creative, art, and the young child*. NY : Macmillan

33) Jeffrey Trawick-Smith(2012),《놀이지도 : 아이들을 사로잡는 상호작용》, 다음세대

34) Lay-Dopyera, M., & Dopyera, J.E.(1987), *Strategies for teaching. In C. Seefeldt(Ed.), The early childhood curriculum: A review of current research*. New York: Teachers College Press.

35) Johnson, J. E., Christie, J. F., & Wardle, F.(2005), *Play, development, and early education. Boston*, MA : Allyn and Bacon.

36) Susan Kontos and Amanda Wilcox-Herzog(1997), Teachers' Interactions with Children: Why Are They So Important?, Young Children Vol. 52, No. 2 (JANUARY 1997), pp. 4-12

37) 허미애(2008), 유아교사의 사고성향 수준과 질문의 관련성에 관한 연구: 이야기나누기 시간에서의 언어를 통한 문제해결과제 수행을 중심으로, 幼兒教育學論集. 제12권 제2호(2008. 4), pp.233-257

38) 앞의 논문 (이야기 나누기 수업사례 1) 재구성

39) 앞의 논문 (이야기 나누기 수업사례 2) 재구성

40) 앞의 논문 (이야기 나누기 수업사례 3) 재구성

41) 전경원(2000),《유아과학교육》, 서울: 학문사

42) 김수향(2008), 교사 - 유아간 이야기 나누기 시간에 나타난 교사의 질문방법 및 언어적 상호작용 분석, 兒童教育. 제17권 제1호 (2008년 2월), pp.81-94

43) Marjorie J. Kostelnik(2017),《영유아의 사회정서발달과 교육》(교문사) 중 [표4-6 효과적인 칭찬 과 비효과적인 칭찬의 비교] 재구성

44) Lay-Dopyera, M., & Dopyera, J.E.(1987), *Strategies for teaching. In C. Seefeldt(Ed.), The early childhood curriculum: A review of current research*. New York: Teachers College Press.

45) Teresa M. Amabile(1998), "How to Kill Creativity", Harvard Business Review, Sep·Oct 1998.

46) 한국문화예술교육진흥원(2015), 유아 문화예술교육 프로그램 분석을 통한 발전방안 연구 중 '유아 문화예술교육 프로그램 운영 만족도 및 요구 조사' 설문결과

47) Campbell, S. D., & Frost, J. L.(1985), *The effects of playground type on the cognitive and social play behaviors of grade two children*. In J. L. Frost and S. Sunderlin (Eds.), When children play(pp. 81-88). Wheaton, MD: ACEI.

48) Bilton, Helen(2003), *Outdoor Play in the Early Years*, David Fulton Publishers, Ltd.

49) Marjorie J. Kostelnik(2017),《영유아의 사회정서발달과 교육》, 교문사

50) 한국문화예술교육진흥원, '아이들과 함께 만들어가는 유아문화예술교육' 오프닝 강연 (2019. 8)

51) 최혜진(2016),《유럽의 그림책 작가들에게 묻다》, 은행나무

52) 김태희,고정민(2014), 어린이공연에서 구매자와 사용자의 선호요소 차이에 관한 연구, 예술경영연구. 제32집, pp.5-30

53) 아마이아 안테로 인차우스티(Amaia Antero Intxausti)(2019),《학교와 마을을 잇는 교육공동체 이카스톨라 이야기》, 착한책가게

54) OECD(2012). *Starting Strong III*. Paris: Author.

55) 한국문화예술교육진흥원, 2019, 2019 유아 문화예술교육 지원사업 프로그램 컨설팅 평가지표 및 자가점검표

56) The Edge Foundation(2018), Towards a Twenty-First Century Education System

57) 이정희, 권혜진, 백선희(2018)《놀이로 자라는 유치원》중 '놀이에 대한 교사의 불안' 참고, 도서출판기역

58) 위와 같음

59) 김은경(2016),《창의적 공학설계》, 한빛아카데미(주), 표 재구성

60) 김동하(2016), 디자인 창의성의 저해요소, 디자인학연구 2016, vol.29, no.3, 통권 119호. pp. 77-95

61) TALIS 2018 Results(Volume I) Teachers and School Leaders as Lifelong Learners(OECD, 2019)

62) 박상희, 문수경, 이무영(2006), 보육교사의 소진 결정요인에 관한 연구, 열린유아교육연구, 11권, 6호